Andreas Kapphan
Das arme Berlin

Stadt, Raum, Gesellschaft

Herausgegeben von

Hartmut Häußermann
Detlev Ipsen
Thomas Krämer-Badoni
Dieter Läpple
Marianne Rodenstein
Walter Siebel

Band 18

Andreas Kapphan

Das arme Berlin

Sozialräumliche Polarisierung, Armutskonzentration und Ausgrenzung in den 1990er Jahren

Springer Fachmedien Wiesbaden GmbH 2002

Gedruckt auf säurefreiem und alterungsbeständigem Papier.

Die Deutsche Bibliothek – CIP-Einheitsaufnahme
Ein Titeldatensatz für die Publikation ist bei Der Deutschen Bibliothek erhältlich

ISBN 978-3-8100-3549-3 ISBN 978-3-663-09535-4 (eBook)
DOI 10.1007/978-3-663-09535-4

Ursprünglich erschienen bei Leske + Budrich, Opladen 2002

Inhaltsverzeichnis

Vorbemerkung ... 9

1. Einleitung ... 11

1.1 Soziale Polarisierung und Stadtentwicklung ... 11

1.2 Fragestellung, Gliederung und Methode ... 13

2. Polarisierte Gesellschaft: Armut und soziale Ungleichheit im gesellschaftlichen Wandel ... 15

2.1 Soziale Ungleichheit und gesellschaftlicher Wandel ... 16

2.2 Grundlagen einer Soziologie der Armut ... 19

2.3 Die Messung von Armut ... 20

2.4 Die Dynamik von Armut ... 24

2.5 Die Kultur der Armut ... 26

2.6 Die neue städtische Armut ... 28

2.7 Die Debatte der ‚exclusion sociale' ... 31

2.8 Soziale Ungleichheit, Armut oder soziale Ausgrenzung? ... 34

3. Polarisierte Stadtentwicklung: zur Erklärung der sozialen Segregation und deren Veränderung ... 37

3.1 Anfänge der Erforschung sozialräumlicher Strukturen: Stadtentwicklung und Segregation in Chicago ... 39

3.2 Das Filtering-Modell des Wohnungsmarktes ... 41

3.3 Die Akteursperspektive: Barrieren auf dem Wohnungsmarkt ... 44

3.4 Der segmentierte Wohnungsmarkt ... 47

3.5 Aufwertung und Abwertung von Stadtteilen ... 50

3.6 Wohnungsmärkte und Segregation in der polarisierten Stadt ... 52

3.7 Möglichkeiten der politischen Steuerung von Segregation ... 54

4. Muster der Segregation in der Stadtentwicklungsgeschichte Berlins ... 59

4.1 Die Residenzstadt ... 59

4.2 Die Industriestadt: Villen und Mietskasernen ... 61

4.3 Die Dienstleistungsstadt: Moderne Wohnviertel für die neue Mittelschicht ... 66

4.4 Stadtentwicklung im ‚Dritten Reich' 68
4.5 Die geteilte Stadt 70
4.6 Stadtentwicklung in Ost–Berlin 72
4.7 Sozialer Wandel und Segregation in West-Berlin 74
4.8 Kontinuität und Wandel der sozialräumlichen Muster in Berlin 78
5. Armut und Arbeitslosigkeit in den 1990er Jahren 83
5.1 Arbeitsmarktentwicklung 83
5.2 Arbeitslosigkeit und Sozialhilfebezug 90
5.3 Einkommensentwicklung und Niedriglohn 95
6. Neue Muster der Segregation 101
6.1 Wohnungsbautätigkeit nach dem Fall der Mauer 101
6.2 Bevölkerungsentwicklung 103
6.3 Wohnungsüberhang und Mobilität 106
6.4 Entdichtung und Randwanderung als langfristiger Trend der Stadtentwicklung 108
6.5 Umfang und Richtung der Wanderungsbewegungen 112
6.6 Die soziale Selektivität der Wanderungsbewegungen 124
6.7 Segregation von Zuwanderern 132
6.8 Selektive Mobilität und neue Muster der sozialen Segregation 135
7. Armutskonzentration und Ausgrenzung: Die Rolle des Stadtteils 139
7.1 Zusammenfassung der bisherigen Ergebnisse 139
7.2 Fragestellung an die Untersuchung 141
7.3 Ausgrenzung und die Rolle des Stadtteils für die Lebensbewältigung von armen Haushalten: Untersuchungsdesign 143
8. Soziale Ausgrenzung und die Rolle des Stadtteils: Ergebnisse der Untersuchung 155
8.1 Die sechs Untersuchungsgruppen in den Quartieren 155
8.2 Integration in den Markt 165
8.3 Kontakte und Netzwerke im Gebiet 169
8.4 Ausgrenzung und die Rolle des Stadtteils 173
9. Städtische Polarisierung, Armutskonzentration und Ausgrenzung: ein Fazit 179
Literaturverzeichnis 185

Tabellenverzeichnis

Tabelle 4.1: Ausbildungs- und Berufsstatus der Erwerbstätigen in Berlin 1991 80

Tabelle 5.1: Erwerbstätige und Erwerbspersonen in Berlin 1991-2000 85

Tabelle 5.2: Sozialversicherungspflichtig Beschäftigte in Berlin 1989-1997 87

Tabelle 5.3: Pendler in Berlin:
Sozialversicherungspflichtig Beschäftigte am 30.6.2000 88

Tabelle 5.4: Erwerbstätigenquote und Erwerbslosenquote in Berlin 1997.............. 89

Tabelle 5.5: Arbeitslose in Berlin 1990-1999 (jeweils September) 91

Tabelle 5.6: Bevölkerung in Berlin
nach überwiegendem Lebensunterhalt 1991-2000 94

Tabelle 5.7: Monatliches Einkommen der Erwerbstätigen in Berlin
nach Bezirken in den Jahren 1991-2000 (in % der Erwerbstätigen) 98/99

Tabelle 6.1: Entwicklung der Einwohnerzahl in der Region Berlin 1980-2000 104

Tabelle 6.2: Ausländer in Berlin
nach Staatsangehörigkeit 1991, 1994, 1998 und 2000 106

Tabelle 6.3: Wanderungsvolumen
in Teilräumen von Berlin 1994-1999 pro 1000 Einwohner 116

Tabelle 6.4: Wanderungssaldo
in Teilräumen von Berlin 1994-1999 pro 1000 Einwohner 118

Tabelle 6.5: Wanderungssaldo mit dem Umland
in Teilräumen von Berlin 1994-1999 pro 1000 Einwohner 122

Tabelle 6.6: Wanderungssaldo der Erwerbstätigen
in Teilräumen von Berlin 1994-1999 pro 1000 Einwohner 126

Tabelle 6.7: Erwerbstätigenindex bei Wanderungen
in Teilräumen von Berlin: 1994-1999 128

Tabelle 7.1: Arbeitslose in Berlin und den Untersuchungsgebieten
am 30. Juni 2000 nach ausgewählten Merkmalen 144

Karten- und Abbildungsverzeichnis

Karte 4.1: Berliner Stadtteile und Stadttore um 1760 60

Karte 4.2: Dreiviertelring der Arbeiterwohngebiete um 1910 63

Karte 5.1: Arbeitslosenanteil
in den Statistischen Gebieten von Berlin Juni 2000 93

Karte 6.1: Die Bezirke Berlins: Ost-West-Grenze und Innenstadtgebiete 114

Karte 6.2: Wanderungsvolumen 1994-1999 117

Karte 6.3: Wanderungssaldo 1994-1999 119

Karte 6.4: Wanderungssaldo mit dem Umland 1994-1999 123

Karte 6.5: Wanderungssaldo Erwerbstätiger 1994-1999 127

Karte 6.6: Erwerbstätigenindex bei Wanderungen 1994-1999 129

Karte 6.7: Ausländeranteil 1999 und Zuzug von Ausländern
1994-1999 in den statistischen Gebieten von Berlin 134

Abbildung 6.1: Berechnung der Erwerbstätigenquote
bei Wanderungsprozessen am Beispiel des Statistischen Gebietes 75:
Neukölln-Reuterplatz 1994-1999 130

Vorbemerkung

Die Faszination für die Stadt Berlin und ihre sozialen Strukturen und Milieus hat mich nach meinem Zuzug im Jahre 1988 als Student zur Stadtforschung geführt. Das hier vorliegende Buch widmet sich der ‚dunklen Seite' der Stadt, die doch so offen sichtlich ist. ‚Das arme Berlin' ist das Ergebnis mehrjähriger Forschungsarbeiten, die ich 1995 begann und 2001 an der Humboldt-Universität zu Berlin als Dissertation eingereicht habe.

In der Arbeit werden empirische Daten aus unterschiedlichen Quellen analysiert. In Kapitel 5 und 6 greife ich auf amtliche Statistik und eine Sonderauswertung des Statistischen Landesamtes Berlin zu Wanderungsvorgängen in Berlin zwischen 1994 und 1999 zurück, welche für Gutachten im Auftrag des Stadtentwicklungssenators bereits bearbeitet wurden (vgl. IfS/S.T.E.R.N. 1998, IfS 1999, 2001). Kapitel 7 und 8 beruhen u.a. auf weiterführenden Untersuchungen, die im Rahmen des EU-Forschungsprojekts ‚URBEX' an der Humboldt-Universität in Beteiligung des Verfassers durchgeführt wurden (vgl. Dorsch et al. 2000; 2001a). In diesem Projekt wurden in zwei Berliner Stadtteilen Interviews mit Experten und Bewohnern durchgeführt, die für die hier vorliegende Arbeit ausgewertet und aufbereitet wurden.

Mein Dank gilt an vorderster Stelle Prof. Hartmut Häußermann für die langjährige fruchtbare Zusammenarbeit am Arbeitsbereich Stadtsoziologie der Humboldt-Universität und für die Betreuung der Dissertation. Besonders verpflichtet bin ich auch Pamela Dorsch und Ingo Siebert, die mit mir gemeinsam am URBEX-Projekt gearbeitet und diskutiert haben. Stefanie Stolper hat die hier abgedruckten Karten bearbeitet. Gedankt sei auch der Vielzahl von Kolleginnen und Kollegen, mit denen ich während der Ausarbeitung der Arbeit in anregenden Diskussionen stand.

Last but not least muss ich Julia Gerometta und Peter Podjavorsek erwähnen, die das Manuskripte gelesen, mit mir diskutiert und Korrekturen angeregt haben, und die mich während der Schreibphasen emotional unterstützten. Ich danke auch meinem Sohn Marco, dass er mich daran erinnert hat, die Arbeit letztendlich abzuschließen.

Andreas Kapphan — Berlin im August 2002

1. Einleitung

1.1 Soziale Polarisierung und Stadtentwicklung

Städte befinden sich weltweit in einer historisch wahrscheinlich einzigartigen und schnellen Veränderung. Folgt man aktuellen wissenschaftlichen Studien, so verändern sich die deutschen Städte immer stärker in die Richtung der amerikanischen Stadt, von einer „Amerikanisierung“ der Stadtentwicklung wird allenthalben gesprochen. Diese Metapher gilt nicht nur der Zunahme von großen Einkaufszentren in und am Rand der Stadt, sondern vor allem auch dem inneren Zerfall der Stadt, Verwahrlosung, Kriminalität und dem Zerbrechen einer städtischen Gesellschaft. Es ist das Gespenst einer polarisierten Stadtgesellschaft mit seinen Extremen, welches in dem Bild der ‚Amerikanisierung‘ beschworen wird: den innerstädtischen Ghettos, in den USA mit überwiegend schwarzer und verarmter Bevölkerung, und den ‚Gated Communities‘, den abgeschlossenen Vorstadtsiedlungen, die lediglich den besser gestellten Weißen ein Dach über dem Kopf bieten.

Auch in den USA ist die Wirklichkeit komplexer als dieses polare Bild einer Gesellschaft, auch in den USA stellen das Schwarzenghetto und die abgeschlossenen weißen Vorstadtviertel nur die zwei konträren Formen von Lebensalltag und städtischen Umwelten in einer polarisierten Gesellschaft dar. Alle Befunde der deutschen Forschung widersprechen der These, dass sich auch hier Ghettos entwickelt haben. Vielmehr ermöglichen die staatlichen Sozialversicherungssysteme in der BRD auch eine finanzielle Absicherung der Armen und Arbeitslosen. Doch obwohl das schiere Überleben der besonders Benachteiligten in unserer Gesellschaft gesichert ist, mehren sich die Hinweise darauf, dass in vielen Städten starke Konzentrationen von Armen und Arbeitslosen entstanden sind, die Anlass zur Sorge geben. Die Frage ist nämlich, ob die unserer Gesellschaft zu Grunde liegenden Gerechtigkeits- und Gleichheitsvorstellungen durch die zunehmende Konzentration sozialer Problemlagen verletzt werden. Entsteht durch die konzentrierte Armut ein Milieu der Ausgegrenzten, welches dauerhaft von der ökonomischen und sozialen Entwicklung im Land abgehängt ist?

Die These der sozialräumlichen Polarisierung der Städte wurde in den USA in Zusammenhang mit der Globalisierung (vgl. Sassen 1996), der Krise der altindustriellen Zentren und der Entstehung einer städtischen ‚Unterklasse‘ (Wilson 1987) diskutiert. Diagnostiziert wurde eine Spaltung der Stadt (Fainstein et al. 1992) und eine sozialräumliche Polarisierung, die in den Konzepten der „dual city“ bzw. „quartered city“ (Marcuse 1989) zusammengeführt wurde. In Deutschland wurde in den 1990er Jahren die These der sozialräumlichen Polarisierung mehrmals untersucht (Alisch/Dangschat 1998; Häußermann/Kapphan 2000; Keim 1999; Keller 1999). Im Zuge des Arbeitsplatzabbaus im produzierenden Gewerbe und dem Wandel von der Industrie- zur Dienstleistungsgesellschaft nimmt Arbeitslosigkeit und die soziale Ungleichheit in den Städten zu. International agierende Unternehmen im Dienstleistungsbereich stellen neue Arbeitsplätze, die aber aufgrund des „Mismatch“ von Qualifikation und Anforderung nicht an die ehemaligen Arbeitnehmer der ‚Altindustrien‘ vergeben werden. Da Arbeitsplatzabbau und neue Unternehmen im Dienstleistungsbereich vor allem in den großen Städten konzentriert sind, und die neue „Dienstleistungsklasse“ (Noller/Ronneberger 1995) hier auch eine starke Nachfrage nach einfachen Dienstleistungen stellt, polarisiert sich die soziale Struktur der Großstädte zwischen Arbeitslosen und prekär Beschäftigten einerseits und den Dienstleistungseliten andererseits. Im Zusammenhang mit der Polarisierung wird auch eine verstärkte Nachfrage nach gehobenen Wohngebieten festgestellt, die die Segregation nach sozialen Kriterien verstärkt (vgl. Alisch/Dangschat 1998).

Nach Freyberg bringen städtische Modernisierungsprozesse gerade in den ökonomisch erfolgreichen Städten eine scharfe soziale Spaltung und sozialräumliche Trennung hervor, wie er am Beispiel von Frankfurt am Main zeigt (1996, 72). Die wirtschaftliche Entwicklung in Hamburg führt nach Alisch und Dangschat ebenfalls zu einer sozio-ökonomischen Polarisierung und zu einer Vertiefung der sozialen Segregation (1998, 118). Allerdings ist nicht selbstverständlich, dass eine Zunahme hochqualifizierter und gut bezahlter Tätigkeiten automatisch zu einer Steigerung schlecht bezahlter Tätigkeiten führen muss, vielmehr können durch die steigende Nachfrage nach hochqualifizierten Arbeitnehmern auch andere Teile der Beschäftigten von den Gewinnen profitieren und hiervon ein Anreiz zu vermehrter Qualifikation ausgehen (vgl. Hamnett 1994). Es muss auch hinterfragt werden, ob die zunehmende Segregation in den globalen oder zumindest prosperierenden Städten wirklich auf die Polarisierung der Einkommen zurückzuführen ist, denn auch in Städten mit einer schrumpfenden ökonomischen Basis sind Polarisierungstendenzen und zunehmende Segregation festgestellt worden (vgl. Breckner et al. 1989).

Neue sozialräumliche Strukturen entstehen in den Städten durch ein Zusammenspiel unterschiedlicher Faktoren. Durch Veränderungen auf dem Arbeitsmarkt werden immer mehr Menschen arbeitslos und sind auf die staatlichen Versorgungssysteme angewiesen. Gleichzeitig werden die Städte zum

Zielpunkt einer zunehmend internationalen Migration, in deren Verlauf sich die demographische Struktur der Bevölkerung verändert. Durch die Mechanismen auf dem Wohnungsmarkt werden die Verlierer auf dem Arbeitsmarkt und die neuen Zuwanderer in städtischen Teilräumen konzentriert, während die ökonomischen Aufsteiger und etablierten Familien die verarmten Stadtteile verlassen. Der Rückzug des Staates aus der Wohnungsversorgung führt dann dazu, dass die Prozesse der Segregation weitgehend ungesteuert auftreten, und eine soziale Regulierung immer weniger möglich ist.

1.2 Fragestellung, Gliederung und Methode

In dieser Arbeit soll der Frage nachgegangen werden, wie die Zunahme von Armut und die soziale Polarisierung in der Stadt erklärt werden kann. Daran anschließend wird untersucht, wie die Konzentrationen von Armen entstehen und welche Prozesse zur Verarmung dieser Gebiete beitragen. Schließlich soll dargestellt werden, welche Folgen sich aus dieser Konzentration für die Lebenschancen der betroffenen Bevölkerungsgruppen ergeben. Mit dem Begriff der Ausgrenzung ist in der wissenschaftlichen Debatte der 1990er Jahre ein Begriff etabliert worden, der über die bloße Beschreibung von Armut hinaus den Anspruch erhebt, die Lebenssituation der vielfach ausgeschlossenen, räumlich konzentrierten und ökonomisch überflüssigen Bevölkerungsgruppen angemessen zu beschreiben. Inwieweit dieser Begriff tauglich ist, die neue Dimension städtischer Armut zu erfassen, soll ebenfalls geprüft werden.

Die empirische Darstellung erfolgt am Beispiel der Stadt Berlin in den 1990er Jahren. Berlin erlebte in den zehn Jahren nach der politischen Wende in der DDR einen tiefgreifenden Umbruch. In diesen Jahren hat sich die Stadt schneller verändert als andere Städte in Deutschland, und es kann davon ausgegangen werden, dass im Wandel Berlins all jene Kräfte besonders ausgeprägt sind, die typisch sind für die aktuellen Veränderungen der sozialen Struktur von Städten und der Stadtentwicklungsprozesse. Trotz gewisser Besonderheiten bietet die Berliner Situation ausreichend Befunde, die Aussagen über die Entwicklung sozialräumlicher Polarisierung und sozialer Segregation in Städten erlauben. Dies ist gerade auch deswegen möglich, weil sich in Berlin als ehemals geteilte Stadt in den beiden Stadthälften ganz unterschiedliche Rahmenbedingungen für die aktuellen Transformationsprozesse boten. Der gesamtgesellschaftliche und ökonomische Strukturwandel verändert die Rahmenbedingungen von Stadtentwicklung allgemein, und führt somit zu Stadtentwicklungsprozessen, deren Ausprägungen weitgehend unabhängig von der Besonderheit einzelner Stadttypen sind.

Im zweiten Kapitel wird zunächst dargestellt, welche theoretischen Konzepte zur Charakterisierung und Messung von sozialer Ungleichheit und Armut entwickelt wurden. Dabei soll der Begriff der Ausgrenzung eingeführt werden, der im achten Kapitel wieder aufgegriffen wird. Im dritten Kapitel wird der Frage nachgegangen, wie durch Wohnungsmarktmechanismen eine räumliche Segregation von Bevölkerungsgruppen in der Stadt geschaffen wird und wie die Konzentration von Armut in einer polarisierten Stadt entsteht. Im vierten Kapitel wird dann am Beispiel von Berlin dargestellt, wie sich die sozialräumliche Struktur in der Geschichte der Stadt verändert hat, und welche räumlichen Muster sozialstruktureller Verteilung 1990 in der wiedervereinten Stadt bestanden. Anschließend wird die ökonomische Entwicklung in den 1990er Jahren in Berlin anhand der amtlichen Statistik untersucht und die sozialstrukturelle Veränderung in den 1990er Jahren unter besonderer Berücksichtigung der Entwicklung von Armut dargestellt (Kapitel 5). Im sechsten Kapitel werden die räumlichen Verteilungsmuster untersucht und auf der Basis der Umzugsbewegungen in der Stadt analysiert, wie sich neue Muster der Segregation entwickeln und wie die beschriebenen Wanderungsvorgänge zur Entwicklung von Armutskonzentrationen beitragen. Kapitel 7 fasst die bisherigen Ergebnisse zusammen, anschließend werden zwei Gebiete exemplarisch ausgewählt und dargestellt, die in Kapitel 8 eingehend untersucht werden. Das Kapitel widmet sich schließlich der Frage, welche Folgen sich aus der Konzentration von Armut und Arbeitslosigkeit für die betroffenen Gruppen in den Quartieren ergeben. Dabei wird der Begriff der Ausgrenzung für die Beschreibung der Lebenssituation instrumentalisiert. Das neunte Kapitel bietet ein Fazit der Ergebnisse und Befunde zur sozialen Polarisierung, Armutskonzentration und Ausgrenzung.

2. Polarisierte Gesellschaft: Armut und soziale Ungleichheit im gesellschaftlichen Wandel

Der aktuelle gesellschaftliche Wandel in Deutschland geht einher mit wachsender Armut und zunehmender sozialer Ungleichheit. Mit dem „ersten Armuts- und Reichtumsbericht der deutschen Bundesregierung", der im Jahre 2001 erschien, ist dies eindrucksvoll und datenreich bestätigt worden (BMAS 2001). Die Schere der Einkommensentwicklung ist auseinander gegangen, und die Gesellschaft strebt einer zunehmenden Polarisierung entgegen. Diese Polarisierung wird zumeist in Verbindung gebracht mit der Globalisierung der wirtschaftlichen Aktivitäten und Kapitalströme, andererseits mit einem Wandel zu einer Dienstleistungsgesellschaft, in der die produzierenden Industrien in hohem Maße Beschäftigte entlassen.

Der ökonomische Wandel wirkt sich in verschiedenen Teilen des Landes unterschiedlich aus. Vor allem in den Gemeinden, die vormals einen hohen Beschäftigtenanteil im produzierenden Gewerbe hatten, findet der Arbeitsplatzabbau konzentriert statt (vgl. Häußermann und Siebel 1987, 44ff.). Da sich die Kriterien für optimale Standorte neuer Produktionstechnologien von denen der Altindustrien unterscheiden, siedeln sich neue Unternehmen im Dienstleistungsbereich oftmals nicht in den alten Zentren an. Die Tendenz der räumlichen Verlagerung wird auch dadurch unterstützt, dass neue Arbeitsplätze vor allem im Bereich der Forschung, Entwicklung und des Managements entstehen, die am Unternehmenssitz konzentriert werden. In einigen Großstädten nehmen die Arbeitsplätze im industrieorientierten Dienstleistungsbereich also zu, während in anderen Städten lediglich alte Industriearbeitsplätze in der Produktion abgebaut werden, ohne dass neue Beschäftigungsfelder entstehen (vgl. Breckner et al. 1989; Häußermann/Siebel 1987). Hierdurch ergibt sich eine Polarisierung der räumlichen Struktur zwischen prosperierenden Städten im Süden der Bundesrepublik und den altindustriellen Städten im nördlichen Teil.

Die These der Polarisierung der Gesellschaft hat sich zunehmend zu einem politischen Kampfbegriff entwickelt, der auf eine besonders problematische Entwicklung verweisen soll. Wenn der Begriff jedoch für die Analyse sozialer Ungleichheit sinnvoll verwendet werden soll, dann muss er so definiert werden, dass damit nicht einfach soziale Ungleichheit oder ein hoher Anteil von Arbeitslosen gemessen wird. Von Polarisierung soll daher gesprochen werden, wenn sich die soziale Ungleichheit in der Gesellschaft vergrößert, also ein Prozess festzustellen ist, in dem der Abstand zwischen den Extremen in der Gesellschaft größer wird. Dies kann entweder dadurch geschehen, dass sich bei einer Einkommenspolarisierung der Abstand zwischen Armen und Reichen vergrößert oder aber dadurch, dass der Anteil der Reichen und/oder der Armen in der Gesellschaft größer wird. Denkbar ist zum Beispiel, dass sich in der Gesellschaft eine größere Einkommensungleichheit entwickelt, die nur dadurch zustande kommt, dass der untere Bereich der Einkommen wächst und ärmer wird.

Die These der sozialen Polarisierung kann mit Daten von Hauser (1999) analysiert werden, der zeigt, dass die Verteilung der Einkommen in der westdeutschen Gesellschaft zwischen 1973 und 1995 ungleicher geworden ist. Gestiegen ist vor allem der Anteil jener Personen, deren Einkommen weniger als 50% des Durchschnitts beträgt: von 6,5 auf 11,9% der Bevölkerung (ebd. 5). Der Anteil derer, die über mehr als das doppelte der durchschnittlichen Einkommen verfügen, nimmt ebenfalls zu, allerdings weniger ausgeprägt von 4,2% (1973) auf 4,9% (1995). Im Ostteil Deutschlands lässt sich eine ähnliche Entwicklung zwischen 1991 und 1995 darstellen, die Spreizung der Einkommen begann hier allerdings auf einem sehr niedrigen Niveau.

Die soziale Polarisierung der Einkommensverteilung kommt also vor allem durch eine Zunahme niedriger Einkommen zustande. In Ostdeutschland konnte eine Einkommenspolarisierung bisher nur in Ansätzen festgestellt werden. Zurückzuführen ist die Einkommenspolarisierung vor allem auf steigende Arbeitslosigkeit. Diese hat auch in Ostdeutschland dazu geführt, dass eine wachsende Anzahl von Haushalten nur sehr geringe Einkommen hat. Armut, Arbeitslosigkeit und soziale Ungleichheit hängen also aufs Engste zusammen.

2.1 Soziale Ungleichheit und gesellschaftlicher Wandel

Soziale Ungleichheit liegt nach Hradil dann vor, „wenn Menschen aufgrund ihrer Stellung in sozialen Beziehungsgefügen von den ‚wertvollen Gütern' einer Gesellschaft regelmäßig mehr als andere erhalten" (1999, 26). Die Dimensionen, die für die Messung sozialer Ungleichheit herangezogen werden können, sind materieller Wohlstand, Bildung, Macht und Prestige, sowie Arbeits-, Wohn-, Umwelt- und Freizeitbedingungen (ebd. 27). Soziale Ungleichheit ist allerdings kein personenbezogenes Merkmal, sondern bestimmt sich über das wechselseitige Verhältnis von sozialen Gruppen in der Gesellschaft. Die besondere Problematik zeigt sich darin, dass Menschen allein aufgrund der Zugehörigkeit zu einer bestimmten Gruppe von Privilegien oder Benachteiligungen betroffen sind. Nach Kreckel (1992) zeigt sich soziale Ungleichheit überall dort, wo durch ungleichen Zugang zu erstrebenswerten sozialen Gütern bestimmte Gruppen privilegiert oder benachteiligt werden und dies damit Auswirkungen auf ihre Lebensqualität hat. Ins Zentrum der Ungleichheitsforschung treten damit soziale Gruppen, die in besonderem Maße von Benachteiligung (und Armut) oder Privilegien (und Reichtum) betroffen sind.

Soziale Ungleichheit verändert sich durch sozialen Wandel. Diese Veränderungen vollzogen sich in der Geschichte z.B. im Umbruch von einer agrarischen zu einer industriellen Gesellschaft. Historisch lassen sich die feudale und ständische Schichtung der vorindustriellen Zeit unterscheiden von einer Klassengesellschaft, in der die Position innerhalb der Gesellschaft durch die Stellung im Produktionsprozess und den Besitz an Produktionsmitteln bestimmt ist.

Die vorindustrielle Gesellschaft wies deutliche Unterschiede zwischen städtischen und ländlichen Gebieten auf. Die ländliche Gesellschaft war vom Adel und Klerus beherrscht, eine mittlere Gruppe bildeten die freien Bauern, die unterste Gruppe stellten die Bauern ohne Land sowie die Leibeigenen. Die städtische Gesellschaft zeichnete sich ebenfalls durch drei Gruppen aus, die wiederum in sich unterteilt werden können: die Patrizier (adlige Ministeriale, Fernhandelskaufleute und freie Grundbesitzer), die Bürger (Handwerker, Händler und städtische Beamte) und die unterbürgerlichen Gruppen (Bedienstete, Gesellen, Tagelöhner, Bettler sowie zunftlose Berufsgruppen). In einigen Städten stellten Militärangehörige, Bedienstete des Hofes, Geistliche sowie Juden quantitativ bedeutsame Gruppen, die innerhalb der gesellschaftlichen Schichtung jeweils eine Sonderposition einnahmen (vgl. Hradil 1999, 44ff.). Das Verhältnis dieser sozialen Gruppen zueinander war jedoch keineswegs stabil. Hradil verweist darauf, dass sich zum Ende des Mittelalters innerhalb der Städte eine Verstärkung der Ungleichheiten ergab. Am Beispiel der Stadt Rostock belegt er, wie sich die Vermögen der steuerpflichtigen Bevölkerung im 15. und 16. Jahrhundert auseinander entwickelten (ebd. 58).

Durch die Industrialisierung wurde der sozialstrukturelle Aufbau der Gesellschaft umfassend verändert. Mit dem Manufaktur- bzw. Industrieunternehmertum und dem Industrieproletariat entstanden neue gesellschaftliche Gruppen. Vorausgegangen war der Industrialisierung die Freisetzung der Bauern zum Beginn des 19. Jahrhunderts, die den Übergang von einer agrarischen zu einer industriellen Gesellschaft erleichterte. Die Folgen dieses Transformationsprozesses waren vielfältig, sie erfassten soziale und ökonomische Beziehungen (vgl. Polanyi 1978) und hatten ein enormes Städtewachstum sowie neue soziale Konflikte zur Folge (vgl. Reulecke 1985). Die soziale Ungleichheit zwischen dem Proletariat und dem Kapital als Synonym für die Klasse, die im Besitz der Produktionsmittel stand, war Anlass für die revolutionären Gedanken von Marx und Engels. Die in der Mitte des 19. Jahrhunderts geprägten Begrifflichkeiten und Theorien bestimmen bis heute eine Vielzahl politischer und wissenschaftlicher Diskurse.

Der kurze historische Abriss zu sozialer Ungleichheit verdeutlicht, dass soziale Ungleichheit kein stabiles Gebilde ist, sondern sich durch gesellschaftliche Transformation verändert und in bestimmten historischen Phasen jeweils ein neues Gesicht annimmt. Auch die Gruppen, die in der sozialen Gliederung der Gesellschaft jeweils oben oder unten stehen, verändern sich, jede Phase hat eigene Gewinner und Verlierer. Derzeit verschiebt sich die ökonomische Basis der Gesellschaften immer stärker in den Dienstleistungsbereich.

In ihrem Buch „Dienstleistungsgesellschaften" gehen Häußermann und Siebel (1995) auf den gesellschaftlichen Wandel von einer Industrie- zu einer Dienstleistungsgesellschaft ein. Im Zuge des ökonomischen Wandels sind Tätigkeiten, bei denen selbst kein Produkt erzeugt wird, sowohl in der Industrie, als auch in der gesellschaftlichen Organisation bedeutsamer geworden. Die Dienstleistungstätigkeiten bilden keinen einheitlichen Wirtschaftssektor, vielmehr stellen sie eine Restkategorie nicht-produzierender Tätigkeitsfelder dar, die sich in einen konsumorientierten und einen produktionsorientierten Bereich untergliedern lassen. Während der erste Bereich vor allem Haushalte und den Endverbraucher mit Diensten versorgt (Reproduktionsdienste: Reinigung, Gaststätten, Handel, Körperpflege etc.) stellt der zweite Bereich dem produzierenden Gewerbe Leistungen bereit (Werbung, Verwaltung, Beratung, Forschung & Entwicklung u.a.). Viele Bereiche der staatlichen Verwaltung und des Bildungswesens, aber auch Lieferdienste entziehen sich allerdings einer klaren Zuordnung zu einem der beiden Bereiche. In der Bundesrepublik Deutschland stellen Dienstleistungstätigkeiten seit den 1970er Jahren die Mehrzahl der Beschäftigten, in den USA und Schweden war diese Entwicklung bereits zuvor eingetreten.

Häußermann und Siebel vertreten die These, dass im Wandel zu einer Dienstleistungsgesellschaft die soziale Ungleichheit zunimmt. Am Beispiel der USA zeigen die Autoren, dass mit der Zunahme von Dienstleistungstätigkeiten eine Polarisierung der Einkommensverhältnisse und eine Zunahme der Armut einher geht (Häußermann/Siebel 1995, 81ff.). So entstand in den USA das Problem der ‚working poor', jener Beschäftigten, die trotz Erwerbsarbeit über ein so geringes Einkommen verfügen, dass sie unter der Armutsgrenze leben. Im Gegensatz zu den USA entwickelte sich in Schweden – durchaus vergleichbar mit der DDR – durch die Ausweitung der Frauenbeschäftigung eine höhere Beschäftigtenquote im Dienstleistungssektor. Hierbei ergab sich eine deutlich „geschlechtsspezifische Aufteilung des Arbeitsmarktes in einen männlich dominierten privaten und einen weiblich dominierten staatlichen Sektor“ (ebd. 191). Die hohen Beschäftigungszahlen im staatlichen Dienst leistungssektor führten in Schweden allerdings nicht zu einer polarisierten Einkommensverteilung, sondern wurden durch hohe Steuern und eine starke Durchstaatlichung des Alltagslebens finanziert.

Beide Beispiele machen deutlich, wie sich durch sozialen Wandel die gesellschaftlichen Gefüge verändern und zu sozialer Ungleichheit führen können. In den USA hat der soziale Wandel zu einer neuen Form der Armut durch die Entwicklung eines niedrig bezahlten Dienstleistungssektors geführt. In Schweden werden entsprechende soziale Unterschiede durch staatliche Regulierung vermieden. Die Befunde für Deutschland deuten darauf hin, dass hier eine andere Entwicklung eingetreten ist. Die Beschäftigungsrückgänge im produzierenden Gewerbe führten hier zu hohen Arbeitslosenzahlen und einer neuen Dimension von Massenarbeitslosigkeit und Armut (vgl. Kronauer et al. 1993).

2.2 Grundlagen einer Soziologie der Armut

Die Beschäftigung mit sozialer Ungleichheit ist eines der Kernthemen der Soziologie. Armutsforschung hingegen fristete als Bestandteil der ‚Randgruppenforschung‘ ein Schattendasein, oder wurde innerhalb von Sozialstrukturanalysen und in Auftragsforschung behandelt. Barlösius kritisiert gar, dass es kaum „genuin soziologische Untersuchungen über Armut“ gebe (1995, 530), sondern sich das fachliche Wissen über Armut vor allem aus Armuts- und Sozialberichten sowie praxisorientierten Beiträgen zur Sozialarbeit speise. Diese Kritik trifft im Wesentlichen sicher zu, sie überzeichnet aber die Mängel, denn – wie auch Barlösius feststellt – gibt es durchaus eine Reihe von Erkenntnissen, die die Armutsforschung gewonnen hat, vor allem bei der Definition ihres Gegenstands. Schon Anfang des 20. Jahrhunderts hat etwa Georg Simmel die Rolle des Armen in der Gesellschaft und dessen Verhältnis zur Gesellschaft thematisiert und damit einen Grundstein für die wissenschaftliche Beschäftigung mit Armut gelegt.

Simmel betrachtet in der „Soziologie der Armut“ letztere als gesellschaftliche Beziehung und gesellschaftlichen Bezeichnungsvorgang. Seiner Auffassung nach ist „die Armut nicht an und für sich, als ein quantitativ festzulegender Zustand zu bestimmen, sondern nur nach der Reaktion, die auf einen gewissen Zustand hin eintritt“ (Simmel 1906, 54). Armut stellt also einen Relationsbegriff dar, der die Beziehung von Armen zur Gesellschaft beschreibt. Der Arme sei zwar objektiv dadurch gekennzeichnet, dass „dessen Mittel zu seinen Zwecken nicht ausreichen“ (ebd. 50), hierauf setze jedoch zusätzlich eine gesellschaftliche Reaktion der Hilfeleistung ein. Diese stellt einen Kategorisierungsprozess der Gesellschaft dar, der dem Individuum einen Platz in der Gruppe der Armen zuweist. Wer langfristig oder dauerhaft auf die Hilfe von anderen angewiesen ist, ohne diese Leistung erwidern zu können, gilt nach Simmel als arm. Der Arme ist demnach ein Individuum, dessen soziale Beziehungen durch den Akt des Beschenkt-Werdens gestört sind, weil das Prinzip der Reziprozität sozialer Beziehungen außer Kraft gesetzt ist.

Simmel widmet sich auch der Frage, ob die Armen eine eigene soziale Klasse konstituieren. Indem der Arme Objekt einer gesellschaftlicher Definition ist, kann sich auch keine eigene soziale Klasse konstituieren, er ist nicht mehr als eine Restkategorie der Gesellschaft. „Die eigentümliche Ausschließung, die der Arme seitens der ihn unterstützenden Gemeinschaft erfährt, ist das Bezeichnende für die Rolle, die er innerhalb der Gesellschaft, als ein besonders situiertes Glied derselben spielt: indem er technisch ein bloßes Objekt der Gesellschaft ist, ist er im weiteren soziologischen Sinne ein Subjekt, das einerseits wie alle anderen die Realität derselben abbildet, andererseits, wie alle anderen, jenseits der überpersönlichen abstrakten Einheit derselben steht“ (Simmel 1906, 36). Nach Simmel ist Armut also die Folge sozialen Handelns und eines gesellschaftlichen ‚Labelling-Prozesses‘, ohne dass sich hierdurch auch eine gemeinsame Identität herausbildet.

Seit dem Aufsatz von Simmel im Jahre 1906 hat sich die Gesellschaft grundlegend geändert, und damit auch ihre Beziehung zur Armut. Durch die Einführung einer staatlichen Armenvorsorge bzw. einer Sozialhilfegesetzgebung und das Etablieren von Standards der Hilfegewährung hat sich die Diskussion um Armut vor allem dahingehend entwickelt, ob die gesellschaftliche Definition von Armut auch die wirklich Hilfsbedürftigen erfassen und diese ausreichend unterstützen kann. Mit der Einführung von generalisierten Unterstützungssystemen hat sich die Diskussion um Armut also einem neuen Feld zugewandt: der Messung von Armut.

2.3 Die Messung von Armut

In der derzeitigen deutschen Armutsforschung spielt die soziale Beziehung zwischen Armen und Nicht-Armen nicht mehr die zentrale Rolle. Ausgangspunkt neuerer Untersuchungen zu Armut ist vielmehr, Erkenntnisse über die

Struktur der armen Bevölkerungsgruppe und ihre Größe zu sammeln, um hieraus unter anderem ableiten zu können, ob sich Struktur und Quantität der Armut über die Zeit ändern. Die Wissenschaftler kommen hierbei allerdings zu unterschiedlichen Schlüssen, da sie von verschiedenen Armutsdefinitionen ausgehen. Wichtig ist deshalb, vorab zu klären, was unter Armut überhaupt verstanden werden soll.

Unterscheiden lassen sich zunächst absolute und relative Armutsdefinitionen. Beide setzen an den Einkommen und Vermögen an, die den überwiegenden Anteil der verfügbaren Ressourcen in den Haushalten ausmachen. Bei dem Begriff der absoluten Einkommensarmut wird versucht zu definieren, was zu einem lebensnotwendigen Minimum in einer Gesellschaft gehört. Allerdings weicht dieses in Deutschland z.B. von dem in Afrika ab, absolute Einkommensarmut ist also historisch und zwischen Gesellschaften nicht vergleichbar (vgl. Jacobs 1995). Bei den relativen Armutsindikatoren – genauer gesagt: Indikatoren der Einkommensarmut – wird diese Kritik aufgenommen und Armut daher als Relation zu gesamtgesellschaftlichen Einkommensverhältnissen definiert. Üblicherweise wird ein Einkommen in Höhe von 50% des durchschnittlichen Einkommens in einer Gesellschaft verwendet, um Armut abzugrenzen, gebräuchlich sind aber auch die 40%-Grenze (strenge Armut) und die 60%-Grenze (oft als „Einkommensschwäche" bezeichnet) (vgl. hierzu Hanesch et al. 1994, 22ff.; Dietz 1997, 57ff.; Andreß 1999, 71ff.). Durch die Festlegung einer relativen und damit bezüglich des absoluten Wertes weitgehend willkürlichen Grenze ist – so die Kritik – die relative Armutsdefinition allerdings eher ein Maß für soziale Ungleichheit als für Armut.

Als absolutes Armutsmaß wird in Deutschland häufig die Höhe des politisch festgelegten Sozialhilfeanspruchs angesehen. Dieser Betrag entspricht quasi einem staatlich anerkannten Existenzminimum. Wird dieser Betrag unterschritten, sind die betroffenen Personen berechtigt, Hilfeleistungen zu erhalten. Die Sozialhilfe entspricht in ihrer Höhe ungefähr dem 50%-Anteil des durchschnittlichen Einkommens, sie ist zwischen 1963 und 1992 aber hinter der allgemeinen Einkommensentwicklung zurückgeblieben, die relative Wohlfahrtsposition sank von 53% (1963) auf 48% (1992) des durchschnittlichen Einkommens im Westteil der Bundesrepublik (Hauser 1995, 8). Die Sozialhilfequote hat sich in diesem Zeitraum verdreifacht, sie stieg zwischen 1963 und 1992 von 1,3 auf 4,7% an.

Misst man die Armutsentwicklung nach der relativen Einkommensarmut, so zeigt sich, dass 1973 in der Bundesrepublik Deutschland 6,5% der Bevölkerung ein Einkommen unter der 50%-Grenze hatten, 1988 waren es bereits 8,8%, 1995 dann sogar 11,9% (Hauser 1995, 8; ebd. 1999). Das Ausmaß der relativen Einkommensarmut ist also, trotz der rechnerisch ungefähr gleichen Einkommenshöhen wie die der Sozialhilfebezieher, mehr als doppelt so hoch wie der Anteil der Sozialhilfebezieher. Je nach Betrachtungsweise stellt sich also der Anteil der armen Bevölkerung sehr unterschiedlich dar.

Häufig wird der Sozialhilfebezug als politisch gesetzte und allgemein anerkannte Armutsdefinition verwendet. Dies ist aus zweierlei Gründen problematisch. Zum einen wenden die staatlichen Stellen immer wieder ein – und dies mit gewissem Recht, denn hierdurch erlangt die Sozialhilfe immerhin ihre politische Legitimation –, dass es sich beim Sozialhilfebezug nicht um Armut, sondern um bekämpfte Armut handelt, da Haushalte durch die staatlichen Leistungen vor Armut geschützt und ihr sozio-kulturelles Existenzminimum gesichert wird (vgl. z.B. BMAS 2001, XXII; siehe auch Neumann 1999, 27). Die zunehmende Zahl von Sozialhilfebeziehern wird allerdings dadurch zum Politikum, dass immer mehr Menschen auf Sozialleistungen zurückgreifen müssen, weil sie selbst durch bezahlte Arbeit nicht genug verdienen, um ihren Lebensunterhalt zu bestreiten. Gleichzeitig kann angenommen werden – und dies ist der zweite Grund, den Sozialhilfebezug nicht als Armutsindikator zu verwenden –, dass aufgrund der hohen Diskrepanz zwischen der Sozialhilfequote und relativer Einkommensarmut viele Betroffene ihren Anspruch auf Leistungen, aus welchen Gründen auch immer, nicht geltend machen.

Es gibt unterschiedliche Ansichten darüber, wie stark der Anteil der Armen in der Sozialhilfestatistik unterschätzt wird und wie hoch die ‚verdeckte Armut' oder ‚Dunkelziffer der Armut' ist. Hauser (1995) geht von 33-50% aus, Neumann spricht für die Bundesrepublik im Jahr 1995 sogar von 52,3%, die ihren Anspruch auf Sozialhilfe nicht geltend machen (1999, 29). Die Quote sei mit 70% insbesondere in Ostdeutschland hoch, das bedeutet, dass von den Anspruchsberechtigten lediglich 30% ihr Recht auf Sozialhilfe tatsächlich eingelöst haben. Die Gründe für dieses Verhalten sind bisher nur unzureichend erforscht. Insbesondere Scham – daher wird die verdeckte Armut auch oftmals als „verschämte Armut" bezeichnet – spielt dabei nachweislich eine große Rolle: die Angst, in der Gesellschaft als Sozialhilfebedürftiger identifiziert zu werden, und die dadurch befürchtete Stigmatisierung. Darüber hinaus sind aber auch andere Barrieren für eine Nicht-Inanspruchnahme von Sozialleistungen bedeutsam, etwa die Unkenntnis der Rechte, Abneigung und Angst vor Ämtern, das Gegenrechnen von Leistungen und Zeitaufwand, vermeintlich kurzfristige Notlagen, Sprachbarrieren und psychische Probleme.

Jacobs (1995) unterstreicht die quantitative Bedeutung verschämter Armut und macht darauf aufmerksam, dass es sich bei den „verschämten Armen" keineswegs nur um ältere Personen handelt, wie oftmals angenommen wird. Nachweislich gibt es Schamgefühle bei individueller Armut in allen Altersgruppen, und auch bei denen, die Sozialhilfe beziehen. Einer Untersuchung von Jacobs und Ringbeck zufolge macht es nur 26% der Sozialhilfeempfänger nichts aus, von Sozialhilfe zu leben. Aber selbst unter diesen ist es der Hälfte der Befragten peinlich, wenn andere von ihrem Sozialhilfebezug erfahren (ebd. 411). Ferner ermitteln Jacobs und Ringbeck, dass 15% der Sozialhilfebezieher über ein gesunkenes Selbstwertgefühl klagen, was auch für jene gelte, denen der Sozialhilfebezug nach eigener Aussage nichts ausmacht. Jacobs schließt daraus, dass Sozialhilfebezug für fast alle Bezieher problematisch sei, und dass es sich bei denjenigen, die behaupten, dass es ihnen nichts ausmache, meist um eine Schutzbehauptung handele (ebd. 411).

Bei dem Versuch, seine Befunde in ein wissenschaftliches Armutskonzept zu integrieren, rekurriert Jacobs auf Simmel. „Armut ist, folgt man Simmel, eine Konstellation, die durch Hilfe nicht beseitigt, sondern aufrecht erhalten wird. Materielle Einschränkungen allein begründen Armut nicht. Auf Hilfe angewiesen zu sein, bedeutet eine unfreiwillige Abhängigkeit und verletzt deshalb das Selbstwertgefühl" (ebd. 412). Jacobs bezieht sich in dieser These auf den Begriff der Dankesschuld in der Theorie des sozialen Ausgleichs. Die Dankesschuld wird auf eine Reziprozitätsnorm zurückgeführt: Kann sie nicht geleistet werden, führt dies zu Wut und Aggression. Daher wägen Berechtigte die Kosten und Nutzen des Bezugs von Sozialhilfe ab, wobei Kostenaufwand, Statusverlust und der Verlust von Autonomie (Rechenschaft ablegen), auch gegenüber Verwandten, ein Rolle spielen (ebd. 415).

Die Begriffe der relativen und absoluten Einkommensarmut orientieren sich beide an den verfügbaren Ressourcen im Haushalt – und hierbei vor allem dem Einkommen. Kritiker bemängeln allerdings, dass eine Definition von Armut auch den unterschiedlichen Lebenslagen und Bedürfnissen der Individuen Rechnung tragen müsse. Bei dem so genannten Lebenslagenansatz werden deshalb auch andere Bereiche der Unterversorgung berücksichtigt: Wohnungslosigkeit oder Unterausstattung der Wohnung, Krankheit, Bildungsdefizite, Arbeitsplatzsicherheit u.a. (vgl. insbesondere Andreß/Lipsmeier 1995; Andreß 1999, 107ff.). Andreß/Lipsmeier (1995) haben hierzu einen Deprivationsindex entwickelt, der aus dem Fehlen von den im Haushalt als notwendig erachteten Merkmalen zustande kommt. Durch die subjektive Bewertung des Lebensstandards der Befragten kann ein Armutsindikator gebildet werden, der es möglich macht, die Entwicklung und die Struktur von Armut zu erfassen und dennoch auch die subjektive Betroffenheit der Haushalte im Auge zu behalten. In der Studie von Andreß (1999) wird die Tauglichkeit des Ansatzes überzeugend unter Beweis gestellt.

Der Lebenslagenansatz misst wohl am genauesten, was auch umgangssprachlich als Armut verstanden wird und ist sicher der differenzierteste Ansatz zur Armutsmessung. Allerdings ist er nur durch aufwändige Befragungen umzusetzen, eine leicht verständliche, kleinräumige und zeitnah vorhandene Armutsmessung ist mit diesem Ansatz nicht möglich. Auch wenn die anderen

Armutsindikatoren immer nur Teilaspekte der Lebenssituation von Armen berücksichtigen können, so sind sie doch zeitnah und meist auch kleinräumig verfügbar. Dies macht sie für Untersuchungen über Armut und sozialstrukturelle Veränderungen so attraktiv. Mit der Sozialhilfedichte und der relativen Einkommensarmut lassen sich verschiedene Zeitpunkte und unterschiedliche Teilräume vergleichen. Sie geben Hinweise auf Armut, sind allerdings wenig differenziert und bieten kaum Möglichkeiten einer detaillierteren Analyse von Armutssituationen. Die subjektive Betroffenheit von Armut, die der Lebenslagenansatz erfasst und die auch bei Jacobs 1995 thematisiert wird, stellen einen Aspekt dar, der in den Untersuchungen zur Ausgrenzung eine bedeutende Rolle spielt.

2.4 Die Dynamik von Armut

Die bislang vorgestellten Armutsdefinitionen beschreiben eine Situation, in der sich die untersuchte Gruppe zum Zeitpunkt der Datenerhebung befindet. Beim Vergleichen der Daten unterschiedlicher Zeitpunkte wird häufig darauf hingewiesen, dass eine wachsende Zahl von Menschen Sozialhilfe bezieht und von Armut betroffen ist. In der Studie „Zeit der Armut" haben Leibfried, Leisering und die Mitarbeiter der Bremer Langzeitstudie erstmals in Deutschland die Sozialhilfeverläufe von Hilfeempfängern über einen längeren Zeitraum untersucht. In dieser Längsschnittuntersuchung stellen sie fest, dass lediglich eine Minderheit der Sozialhilfefälle eine langjährige Bezugsdauer aufweist und für die Meisten der Sozialhilfebezug nur eine sehr kurze Lebensphase darstellt. Anhand einer 10%-Stichprobe der Sozialhilfebezieher der Stadt Bremen aus dem Jahr 1983 verfolgten Leibfried, Leisering et al. (1995) die Sozialhilfekarrieren über einen Zeitraum von 6 Jahren. 46% der Fälle bezogen nur im ersten Jahr nach dem Ziehen der Stichprobe Sozialhilfe. Immerhin 40% der Empfänger weisen im Untersuchungszeitraum mehrere Bezugs episoden auf, daher wurde die gesamte Zeit zwischen erstem und letztem Bezug der Sozialhilfe für die Berechnung der Bruttobezugszeiten mitgezählt. Bei 32% der Stichprobe liegen diese denn auch bei 4 bis 6 Jahren (Leibfried, Leisering et al. 1995, 81), d.h. sie waren während dieser Zeit entweder ununterbrochen, immer wieder oder aber mindestens zwei Mal Sozialhilfebezieher. Eine zweite Stichprobe wurde 1989 gezogen und lieferte ähnliche Ergebnisse. Nun waren die Kurzzeitbezieher noch stärker repräsentiert und die Langzeitfälle von über 4 Jahren machten nun nur noch 22% aus, allerdings handelte es sich absolut um eine höhere Zahl von Langzeitfällen (Ludwig et al. 1995).

Im Sample der Bremer Langzeitstudie sind ein Drittel aller Empfänger „Wartefälle“, also Personen, die Leistungen – insbesondere Arbeitslosengeld und Rente – bei anderen Versicherungsträgern beantragt, aber noch nicht bekommen haben (Ludwig et al. 1995, 26). Der hohe Anteil von Kurzzeitbeziehern in der Sozialhilfe ist also darauf zurückzuführen, dass diese temporär einspringt, wenn andere vorgelagerte Sicherungssysteme noch nicht zahlen. Die zentrale These, dass die Bezugszeiten im Schnitt immer kürzer werden, lässt sich mit den Daten zunächst belegen, allerdings ist diese steigende Zahl auch auf vermehrte Arbeitslosigkeit zurückzuführen, die sich in der Sozialhilfestatistik durch eine Vielzahl von „Wartefällen“ bemerkbar macht. Die Zahlen zeigen auch, dass gleichzeitig die Gesamtzahl der Langzeitbezieher mit mindestens 4 Jahren Bezugszeit zunimmt, bei einem Zeitfenster von 6 Jahren. Anders ausgedrückt: Die Zahl der Langzeitbezieher steigt zwischen 1983 und 1989 deutlich an, die Zahl der Kurzzeitbezieher (unter einem Jahr) allerdings noch stärker.

Die These von Leibfried, Leisering et al. (1995), dass Kurzzeitbezug immer häufiger wird und hierbei zwar immer mehr Personen kurzfristig in die Sozialhilfe rutschen, diese aber für viele keine dauerhafte Abhängigkeit bedeutet, kann durch die Bremer Langzeitstudie bestätigt werden. Allerdings muss an dieser Stelle die Verwendbarkeit des Sozialhilfeindikators zur Beschreibung von Armut in Frage gestellt werden. Die Aussage „Armut und Sozialhilfebezug erweisen sich in allen westlichen Gesellschaften als verzeitlicht“ (Ludwig et al. 1995, 29) setzt die Dauer des Sozialhilfebezugs mit Armut gleich. Ein Verschwinden aus der Sozialhilfe wird demzufolge mit einem Ausstieg aus der Armut gleichgestellt. Diese Argumentation ist jedoch methodisch unscharf und inhaltlich falsch. In vielen Fällen, und dies stellen Leibfried, Leisering et al. (1995) sogar selbst dar, bedeutet das Ende von Sozialhilfebezug nur den Übergang in ein anderes Versicherungssystem, zum Bezug von Krankengeld, Rente oder Arbeitslosengeld. In anderen Fällen schließen sich neue Phasen prekärer Armut durch niedrigbezahlte Arbeit an, denen oftmals wieder Phasen von Arbeitslosigkeit folgen. Die Aussage, dass sich die untersuchten Personen zu einem späteren untersuchten Zeitpunkt nicht wieder in der Sozialhilfestatistik finden, ist vor allem eine Aussage über die Leistungsfähigkeit und Vielschichtigkeit vorgelagerter Versorgungssysteme, und weniger über die Armutsverläufe von Individuen.

Ein weiterer Punkt, den Leibfried, Leisering et al. (1995) nicht thematisieren, ist die räumliche Konzentration von Sozialhilfebeziehern. Erhalten in einem Stadtteil nämlich 15 oder 20% der Bewohner an einem Stichtag Sozialhilfe, so wäre eine Verteilung der Bezugsdauer, wie sie Leibfried, Leisering et al. (1995) feststellen, nur denkbar, wenn in einem Zeitraum von 6 Jahren alle Bewohner mindestens einmal Sozialhilfe beziehen würden. Anders gesagt: Die Wahrscheinlichkeit ist hoch, dass in Gebieten mit hoher Sozialhilfedichte auch die Länge des Bezuges zunimmt. Dies haben auch Farwick und Voges (1997) festgestellt, die die Daten der Bremer Langzeitstudie für die Bremer Stadtteile ausgewertet haben. Sie stellen fest, „dass mit zunehmender Armut im Wohnquartier ein gravierender Anstieg der Verweildauer in Sozialhilfebedürftigkeit zu beobachten ist“ (ebd. 30). Die Konzentration von Armut und die Dauer von Sozialhilfebezug hängen also eng zusammen, und es wird angenommen, dass die Konzentration von Armut auch Auswirkungen auf die Bewältigung der Armutssituation hat.

2.5 Die Kultur der Armut

Dass Dauer und Konzentration von Armut derart miteinander verflochten sind, hat die These bestärkt, dass der Stadtteil einen Einfluss auf die Bewältigung von Armutslagen hat. Ein Grund könnte sein, dass sich die Armen mit der Zeit von der Gesellschaft abwenden und keine Möglichkeit mehr haben, in ein Leben ohne Armut zurückzufinden. Diese Argumentation geht hauptsächlich auf den amerikanischen Anthropologen Oscar Lewis zurück, der in den 1960er Jahren Feldstudien in verschiedenen Ländern, vor allem in Mexiko und Puerto Rico, durchführte und dort das theoretische Konzept der „Kultur der Armut“ entwickelte. In diesem Konzept beschreibt er die Entstehung einer eigenständigen Subkultur in den Slums der Städten, die spezifische Merkmale und Strukturen, einen eigenen „way of life“ aufweisen, der von Generation zu Generation weitergegeben wird (Lewis 1966).

Die zentrale These von Lewis ist, dass sich in der Armut bestimmte Handlungsweisen und Wertorientierungen herausbilden, die ein Beharren in der Armutssituation fördern, und zwar unabhängig von den gesamtgesellschaftlichen Rahmenbedingungen. Auch wenn diese sich verbessern würden, so Lewis` These, wären die Betroffenen also nicht in der Lage, ihre Situation zu verändern. Als charakteristisch für die Kultur der Armut nennt Lewis schlechte Wohnverhältnisse, gewalttätiges Verhalten, uneheliche Beziehungen, geringe Zukunftsplanung, misstrauische Haltung gegenüber staatlichen Institutionen und der geringe Organisationsgrad in der Bevölkerung, dem er eine besonders negative Qualität bescheinigt: „It is the low level of organization that gives the culture of poverty marginal and anomalous quality in our highly organized society“ (Lewis 1966, 21).

Lewis beschreibt die Kultur der Armut als sowohl Adaption wie auch Reaktion der Armen auf ihre marginale Position innerhalb einer hoch individualisierten, kapitalistischen Klassengesellschaft, und vermutet daher, dass es in der sozialistischen Gesellschaft Cubas eine Kultur der Armut nicht gebe (Lewis 1966, 20ff.). Die Kultur der Armut stelle eine Strategie dar, sich den unerreichbaren Werten der Mehrheitsgesellschaft zu entziehen: „It represents an effort to cope with feelings of hopelessness and despair that arise from the realization ... of the improbability of their achieving success in terms of the prevailing values and goals“ (ebd. 21). Die besondere Bedeutung seiner These liegt darin, dass Lewis darstellt, dass diese Hoffnungslosigkeit und Verzweiflung in der Subkultur der Armut bereits im Kindesalter an die nächste Generation weitergegeben wird und sich hierdurch vererbt. „By the time slum children are age six or seven they have usually absorbed the basic attitudes and values of their subculture. Thereafter they are psychologically unready to take full advantage of changing conditions or improving opportunities that may develop in their lifetime“ (ebd. 21).

In ihrer Studie über eine Unterschichtsiedlung in einer süddeutschen Großstadt berufen sich Hess und Mechler (1973) explizit auf Lewis und konkretisieren damit die Kultur der Armut an einem deutschen Beispiel. In ihrer Untersuchung gehen sie der Hypothese nach, dass geographische Isolation auch zu sozialer Isolation führe (ebd. 14). Ihre Untersuchungsgruppe zeichnet sich durch eine Vielzahl von ‚composite families‘ aus, wechselnden bunt zusammengewürfelten Familien und Familienteilen (ebd. 32). Sie grenzen diesen Begriff deutlich von dem der Großfamilie bzw. Mehrgenerationenfamilie ab, um die Fragilität und unsystematische Zusammensetzung der Familien zu betonen.

Viele Bewohner der untersuchten Siedlung haben Umzugswünsche, können diese jedoch nicht realisieren, da die Wohnungen in anderen Stadtteilen für sie unerschwinglich sind (ebd. 46). Die meisten der befragten Familien leben daher bereits seit langer Zeit im Gebiet, auch die jüngeren Haushalte sind oftmals dort aufgewachsen. Aufgrund der ärmlichen Situation müssen die Haushalte ein strenges Ausgabenmanagement betreiben, wobei Nahrungsmittel den wichtigsten Ausgabeposten bilden (ebd. 52). Konsumgüter wie Fernseher oder Waschmaschine können sich die meisten nur durch Ratenkauf leisten – wodurch diese Produkte deutlich teurer werden. Wie bereits Lewis stellen auch Hess und Mechler das Verhalten der Bewohner des „Ghetto ohne Mauern“ als alternativlos dar, die Untersuchungsgruppe ist Opfer ihres Wohnortes und ihrer sozialen Lage. Gleichzeitig werden die strukturellen Ursachen ihrer sozialen Lage nicht deutlich.

Vielleicht ist dies der Grund, warum der Begriff der „Culture of Poverty“ entweder abgelehnt oder im sozialpathologischen Sinn verwendet wurde. Viele Kritiker haben Lewis vorgeworfen, dass er durch die Analyse der Verhaltensweisen und Werte der Armen ihnen auch die moralische Verantwortung für ihre Situation gegeben habe (vgl. Goetze 1992). Denn obwohl

Lewis die strukturellen Rahmenbedingungen für die Kultur der Armut entscheidend hält, was durch sein Cuba-Beispiel deutlich wird, so hat er sie doch nie näher untersucht.

2.6 Die neue städtische Armut

Parallel zur Entstehung des Konzepts der Kultur der Armut entstand in den USA ein zweiter Begriff, der in der aktuellen Debatte über Armut eine große Rolle spielt: die Underclass. Der Begriff ist von Gunnar Myrdal (1963) geprägt worden, um einen Teufelskreis der Arbeitslosigkeit zu beschreiben. In dessen Verlauf ändern sich Einstellungen und Verhaltensweisen der von lang anhaltender Arbeitslosigkeit Betroffenen derart, dass eine Integration in den Arbeitsmarkt verhindert wird. Dieser Teufelskreis von Arbeitslosigkeit, Armut, Resignation und Arbeitslosigkeit ähnelt der Beschreibung der Kultur der Armut stark, er verweist aber auf die ökonomischen Rahmenbedingungen sozialer Probleme.

In den USA hat der Soziologe Wilson (1987) mit „The Truly Disadvantaged" eine Studie vorgelegt, in der die räumliche Konzentration der schwarzen Bevölkerung in den Ghettos in Verbindung gebracht wird mit der Entstehung einer schwarzen ‚Underclass'. Wie Lewis stellt auch Wilson den Zusammenhang zu Gebieten mit hohen Armutskonzentrationen her, in denen abweichende Werte und Verhaltensmuster entstehen können. Durch den Wegzug der schwarzen Mittelschicht sind die Ghettos in den amerikanischen Innenstädten sozial homogener geworden und damit nach Wilson (1987) in einen Prozess des gesellschaftlichen Ausschlusses geraten. Die Ghettobewohner sind einerseits vom Zugang zum Arbeitsmarkt und andererseits durch die räumliche Segregation von Kontakten zur Mittelschicht abgeschnitten und somit sozial isoliert.

Wilson unterstreicht die Bedeutung des Arbeitsmarktes für den Ausschluss der Schwarzen. Er verweist auf die geringe Arbeitsmarktbeteiligung schwarzer Jugendlicher und junger Erwachsener gegenüber der weißen Bevölkerung (ebd. 42f.) und zeigt weiter, dass vor allem Jugendliche aus Haushalten mit niedrigen Einkommen nicht in die Schule gehen, wogegen die höheren Einkommensgruppen auch unter den Schwarzen eine höhere Rate von Schulgängern haben (ebd. 44). Der zentrale Punkt in Wilsons Argumentation ist, dass sich durch die soziale Mobilität und die hohe Arbeitslosigkeit unter den schwarzen Arbeitern auch eine Veränderung der Wohngebiete ergeben hat. Durch den Wegzug der schwarzen aufstrebenden Mittelklasse sind die ehemals sozial heterogenen Schwarzenviertel zu schwarzen Armenghettos degradiert.

Mit den sozialen Veränderungen, steigender Armut und Arbeitslosigkeit durch die wirtschaftliche Rezession und dem Wegzug der schwarzen Mittelschicht ist nach Wilson der „soziale Puffer" in den Ghettos verschwunden, und damit sind auch die wichtigsten Institutionen gefährdet. Hinzu kommt, dass die schwarze Mittelschicht auch eine Orientierung für die Ärmeren bedeutete, indem sie Vorbilder für ein erfolgreiches Berufs- und Familienleben bot. „Moreover, the very presence of these families during such periods provides mainstream role models that help keep alive the perception that education is meaningful, that steady employment is a viable alternative to welfare and that familiy stability is the norm, not the exception" (Wilson 1987, 56).

Die Veränderungen in den Schwarzenghettos münden nach Wilson in der „sozialen Isolation" (ebd. 57), welche die Bewohner unter anderem von Informationen über Jobs ausschließe. Als wichtigstes sozialstrukturelles Merkmal konstatiert Wilson die Zunahme von allein Erziehenden, die in den USA eine der größten Gruppen der Sozialhilfeberechtigten bilden. Auffällig ist, dass nicht die absolute Zahl der unehelichen Geburten gestiegen ist, sondern der prozentuale Anteil der allein Erziehenden, da immer weniger Frauen heiraten und dadurch auch immer weniger eheliche Kinder geboren werden. Grund hierfür ist nach Wilson die hohe Arbeitslosigkeit und die geringen Verdienste, die Männern nicht mehr erlauben, eine Familie zu ernähren und daher eine Eheschließung unmöglich machen (ebd. 73). Der Anteil von (durch Erwerbsarbeit) ökonomisch abgesicherten und damit heiratsfähigen Männern ist deutlich zurückgegangen, insbesondere in den jüngeren Altersgruppen (ebd. 96). Gerade für Teenager-Mütter stellt dies ein besonderes Problem dar, da sie oftmals ihre Ausbildung abgebrochen haben und auf dem Arbeitsmarkt nur noch sehr geringe Chancen haben. Im Gegensatz zu den schwarzen Frauen verweist der wachsende Anteil von allein erziehenden weißen Frauen eher auf die gestiegene ökonomische Unabhängigkeit der Frauen als auf verringerte Chancen auf dem Heiratsmarkt (ebd. 83).

Durch den Strukturwandel in der Industrie sind immer mehr Arbeitsplätze in den Altindustriezentren abgebaut worden, neue Arbeitsplätze im Dienstleistungssektor entstanden vor allem im Süden und Westen der USA. Gleichzeitig hat in den Altindustriezentren der Anteil der Schwarzen an der Gesamtbevölkerung zugenommen, die Weißen sind hier eine Minderheit geworden (ebd. 100f.). Aufgrund der schlechten Ausbildung, der schlechten Schulen in den Ghettos und der niedrigen Bildungsabschlüsse sind die Schwarzen in der ökonomischen Transformation zur Dienstleistungsgesellschaft bei der Arbeitsplatzsuche benachteiligt. Die hohe Konzentration von sozial benachteiligten Schwarzen in den Ghettos stellt sich nach Wilson also als Folge einer veränderten Nachfrage nach Arbeitskräften dar.

Kritik an der Erklärung zur Entstehung der Underclass kam in den USA von Massey und Denton (1993), die Wilson vorwarfen, den Aspekt des Rassismus in der Underclass-Debatte zu vernachlässigen. Wilson betont jedoch, dass das Auftreten der Underclass vermehrt seit den 1960er Jahren zu beobachten sei und sich seitdem drastisch verschärft, während gleichzeitig der gesellschaftliche Rassismus in den USA zurückgeht und ein hoher Anteil der schwarzen Bevölkerung einen nie zuvor erreichten sozialen Aufstieg realisieren kann. Der Grund für die Bildung der problematischen Situation in den armen Schwarzenghettos stellt nach Wilson vielmehr der ökonomische Strukturwandel dar. Obwohl in der Definition des Begriffs der Underclass explizit strukturelle Bedingungen genannt werden, haben ihn konservative Kritiker aufgegriffen, um ihn mit abweichenden Verhaltensweisen in Verbindung zu bringen und somit den Armen ihre soziale Lage selbst zur Last zu legen (vgl. Kronauer 1997, 32). Wilson hat nicht zuletzt deswegen den Begriff der Underclass inzwischen verworfen und spricht nun von den ‚Ghetto-Poor'.

Der Underclass-Begriff vereint also mehrere Elemente: die selektiven Umzugsbewegungen, die zu konzentrierter Armut führen, den Ausschluss vom Arbeitsmarkt infolge der Restrukturierung der Wirtschaft, die Konzentration von Armut und Arbeitslosigkeit, die soziale Isolation als Folge der räumlichen Konzentration, die zu einer Reduktion der Sozialkontakte führt, und schließlich die spezifischen Verhaltensweisen, die sich in den Quartieren durchsetzen und die zu einer Verfestigung der Armutssituation beitragen. Mit diesen Merkmalen sind die Entstehung und die möglichen Effekte von Armutskonzentration überzeugend dargestellt. Allerdings stellt sich an dieser Stelle die Frage, ob die Begriffe ‚Underclass' und ‚Ghetto-Poor' die Armutsbevölkerung in den schwarzen Ghettos tatsächlich adäquat beschreiben und sie auch wirklich definieren können.

Die Underclass-Debatte in den USA löste auch in Europa die Diskussion aus, ob ähnliche Formen konzentrierter Armut in Europa vorkommen (Mingione 1996; Bremer/Gestring 1997; Häußermann 1997a). Die europäische Debatte bezieht sich im Gegensatz zu der in den USA ausschließlich auf den strukturellen Aspekt der Entstehung der Underclass und nicht auf die abweichenden Verhaltensmuster, mit Ausnahme der Studie von Friedrichs/Blasius (2000). Umstritten ist der Underclass-Begriff in Westeuropa vor allem deswegen, weil sich die Formen sozialstaatlicher Regulierung hier wesentlich von den USA unterscheiden. Wacquant (1996) betont die Bedeutung des Wohlfahrtsstaates, der eine definitive Ausgrenzung von Bevölkerungsgruppen bisher verhindern konnte. Auch Musterd (1994) führt die Sozialhilfegesetzgebung sowie die Stadtentwicklungsplanung an, die einer der USA vergleichbaren Segregation und damit der Entstehung einer Unterklasse entgegen gewirkt hätte (Musterd 1994). Durch die gravierenden Kürzungen im Sozialbereich vor allem in Großbritannien während der Amtszeit von Margaret Thatcher lassen sich hier Parallelen zu den USA am ehesten finden. Der Underclass-Begriff konnte sich in Westeuropa nicht durchsetzen, statt dessen hat sich der Begriff der ‚sozialen Ausgrenzung' oder ‚sozialen Exklusion' etabliert.

2.7 Die Debatte der ‚exclusion sociale'

Der Begriff der Exklusion tauchte erstmals in den 1960er Jahren in Frankreich auf, zeitgleich mit der in Deutschland beginnenden Diskussion über Randgruppen der Gesellschaft (Leisering 2000), und wurde in den 1990er Jahren vor allem von Paugam fortentwickelt. Paugam (1991) betont den Prozesscharakter von Exklusion, die in extreme Deprivation münden kann. Ausgrenzung stellt einen „Prozess sozialer Disqualifizierung" dar, der eine Rückkehr in die soziale Integration erschwert. Im Gegensatz zum Underclass-Begriff dient der Ausgrenzung als Gegenbild nicht die Zugehörigkeit zur Mittelschicht, sondern die soziale Integration, die über die Strukturen des Arbeitsmarkts und die wohlfahrtsstaatliche Einbindung vermittelt wird (Silver 1996).

Wie die Armutsforschung geht auch die wissenschaftliche Debatte über soziale Ausgrenzung davon aus, dass Menschen, die aus verschiedenen Bereichen ausgeschlossen sind, es ungleich schwerer haben, am gesellschaftlichen Leben zu partizipieren und Defizite zu kompensieren. Siebel definiert jedoch drei Merkmale, die es erlauben, von Ausgrenzung statt von Armut zu sprechen: Der gesellschaftliche Umfang von Armut und sozialen Problemlagen muss zunehmen, die Dauer der Betroffenheit muss anwachsen und eine Mehrdimensionalität von sozialen Problemen muss zu einer Betroffenheit in verschiedenen Lebensbereichen führen (Siebel 1997, 71). Siebel betont auch den Prozesscharakter von Ausgrenzung, um ihn von Armut (als Zustand) abzugrenzen. Nach Kronauer (1997) ist es vor allem deswegen sinnvoll, einen neuen Begriff für die „Entbehrlichen" zu finden, da ihr sozialer Abstieg vor dem Hintergrund einer langen Phase gesellschaftlichen Aufschwungs erlebt und verarbeitet wird, der zu einer neuen gesellschaftlichen Konstellation führt. Sechs zentrale Dimensionen lassen sich unterscheiden, in denen Ausgrenzung auftreten kann (Kronauer 1997, 39ff.):

1. Ausgrenzung am Arbeitsmarkt, wenn die Rückkehr oder der Eintritt in reguläre Erwerbsarbeit dauerhaft versperrt ist;
2. Ökonomische Ausgrenzung als Verlust der Fähigkeit, für den eigenen Lebensunterhalt aufzukommen, unter starken Einschränkungen leben zu müssen bzw. ‚arm' zu sein;
3. Kulturelle Ausgrenzung, d.h. von den Möglichkeiten abgeschnitten zu sein, entsprechend den gesellschaftlich anerkannten Verhaltensmustern, Lebenszielen und Werten zu leben;
4. Ausgrenzung durch gesellschaftliche Isolation, wenn die sozialen Beziehungen entweder quantitativ ausdünnen oder aber qualitativ nicht mehr tragfähig sind;
5. Räumliche Ausgrenzung durch Konzentration auf bestimmte Stadtviertel;
6. Institutionelle Ausgrenzung durch den Rückzug öffentlicher und privater Dienstleistungen aus bestimmten Gebieten der Stadt bzw. der verminderter Fähigkeit staatlicher Institutionen (Schule, Arbeits- und Sozialämter) zur Unterstützung der Bewohner dieser Gebiete.

Einen anderen Weg der Begriffsbestimmung wählen Musterd et al. (1999). Sie definieren Ausgrenzung von seinem Gegenpol aus, der wirtschaftlichen Integration, und unterscheiden unter Bezugnahme auf Polanyi (1978) drei Formen der Integration: den Markttausch (market exchange), staatliche Verteilungssysteme (redistribution) und soziale Netzwerke (reciprocity). Der (blockierte) Zugang zum Arbeitsmarkt und Konsum, zu staatlichen Sicherungssystemen und öffentlichen Einrichtungen sowie die Fruchtbarkeit und Nutzbarkeit von reziproken Beziehungen in sozialen Netzwerken stellen dabei die Kriterien dar, anhand derer Integration wie auch der Verlust von Integration und damit Ausgrenzung beobachtbar und messbar sind. Musterd et al. (1999) verweisen darauf, dass diese Dimensionen der Integration auf unterschiedlichen Ebenen gesteuert werden. Ökonomische Restrukturierungsprozesse verlaufen zunehmend in globalen Maßstäben, Veränderungen in wohlfahrtsstaatlichen Systemen werden überwiegend national gesteuert, und soziale Netzwerke sind überwiegend lokal konzentriert. Alle Ebenen finden ihre Entsprechung in einer räumlichen Konzentration von Benachteiligungsstrukturen. Die räumliche Segregation bezeichnen sie daher auch als vierte Dimension sozialer Integration bzw. Ausgrenzung (ebd. 1ff.).

Die besondere Relevanz räumlicher Segregation wird an den französischen Beispielen deutlich. Wacquant (1996) zeigt, dass die französischen Vorstädte ein negatives Image haben und in der Presse und der Öffentlichkeit Stigmatisierungen ausgesetzt sind. Die Bewohner erleben das Quartier als „Falle" (ebd. 238), denn mit dem Wohnort geht auch eine Diskriminierung bei der Wohnungssuche und der Arbeitsplatzsuche einher. Im Quartier selbst führt die Stigmatisierung allerdings nicht zu einer kollektiven Identität, sondern zur Entsolidarisierung der Bewohner. Man geht sich aus dem Weg, betont innere Differenzen im Quartier und lenkt durch öffentliche Schmähungen über Sündenböcke wie notorische ,Problemfamilien', Ausländer, Drogendealer und allein erziehende Mütter von der eigenen Situation ab (ebd. 244; vgl. auch Tobias/Boettner 1992, 109).

Dubet und Lapeyronnie (1994) charakterisieren Arbeitslosigkeit, räumliche Konzentration, verhinderte Teilnahme an kollektiven Konsumvorstellungen sowie Stigmatisierung als die wichtigsten Kennzeichen von Ausgrenzung. Die Jugendlichen stellen jene Bevölkerungsgruppe dar, die in den französischen Vorstädten am stärksten von Arbeitslosigkeit betroffen ist, sie teilen eine gemeinsam erlebte Ausgrenzung. Diese führt zur Bildung einer kollektiven Identität, da alle im gleichen Boot sitzen, in einer Galeere (,galère'), in der sie über keine gesellschaftliche Teilhabe verfügen. Das Beispiel verdeutlicht nochmals den Unterschied des Ausgrenzungsbegriffs gegenüber der Armut. Nicht das Einkommen oder die objektive Lebenslage bestimmen Ausgrenzung, sondern die subjektiv erlebte Distanz zur Gesellschaft. Armut ist neben Arbeitslosigkeit, verhinderter gesellschaftlicher Teilhabe, sozialer Isolation und räumlicher Segregation nur eines der Merkmale, welche die Ausgegrenzten kennzeichnet.

Während Dubet und Lapeyronnie (1994) die Bildung einer kollektiven Identität der Ausgegrenzten feststellen, die sich über die räumliche Konzentration ergibt und damit auch bennenbar wird, konstatiert Kronauer (1997) die großen Schwierigkeiten, die sich bei der Identifizierung und schließlich auch Messung von Ausgrenzung ergeben: „Alle Versuche, der neuen Sozialformation einen Namen zu geben ... enden in einem Paradox: eine positive Bestimmung läßt sich nicht finden. ... Kein ökonomisches, soziales oder kulturelles Kapital, keine Arbeitsform konstituiert eine positive Identität. Identität wird ,von außen', als Stigma, zugeschrieben oder ist in ihren positiven Zügen ständig gefährdet..." (ebd. 46). In diesem Sinne lassen sich die Ausgegrenzten dadurch definieren, dass sie „entbehrlich" oder „überflüssig" geworden sind (vgl. Bude 1998), keine Rolle mehr in der Gesellschaft einnehmen. Ob eine kollektive Identität auf der Basis gemeinsam erlebter Ausgrenzung – wie bei den Jugendlichen in den französischen Vorstädten – bei der ausgegrenzten Bevölkerung auch anderswo zu beobachten ist, erscheint wenig plausibel. Die negative Bestimmung von Ausgrenzung, die sich auch in der Wahrnehmung der Betroffenen findet, spricht eher dagegen, dass sich eine ,Klasse der Ausgegrenzten' formieren könnte.

2.8 Soziale Ungleichheit, Armut oder soziale Ausgrenzung?

Die bisherigen Ausführungen zeigen, dass es mehrere Ansätze gibt, die Zunahme von Armut und sozialen Problemen in der Gesellschaft zu untersuchen. Die ausschließliche Verwendung von Einkommen und Sozialhilfe zur Bestimmung von Armut greift ganz sicher zu kurz. So kann die Verwendung des Indikators der relativen Einkommensarmut vor allem verwendet werden, um den Prozess der Einkommenspolarisierung darzustellen, er ist vor allem ein Maß sozialer Ungleichheit. Der Bezug von Sozialhilfe – obwohl dieser meist als Armutsindikator verwendet wird – spiegelt dagegen vor allem begrenzte ökonomische Möglichkeiten und Abhängigkeit von staatlichen Transferleistungen, bezieht jedoch nicht andere Formen von Armut durch gering bezahlte Erwerbsarbeit, Arbeitslosenhilfe oder ähnliches mit ein. Alle diese Armutsdefinitionen vernachlässigen aber insbesondere gesellschaftliche Prozesse und Beziehungen.

Bereits Simmels Definition von Armut hebt die gesellschaftliche Beziehung zwischen Armen und Nicht-Armen hervor, die das Wesen der Armut ausmacht. Hierzu gehören auch die vielfältigen Mechanismen der Identifizierung von Armen, das Gefühl von Scham (vgl. Jacobs 1995) und die Erfahrung von gesellschaftlicher Stigmatisierung. Diese sozialen Vorgänge konstruieren jene Identität der Betroffenen, die es auch sinnvoll machen, einen neuen Begriff zu entwickeln und von Ausgrenzung zu sprechen. Gerade in gesellschaftlichen Umbruch- und Krisenzeiten ist es wahrscheinlich, dass sich auch die gesellschaftliche Beziehung zu Armut und Arbeitslosigkeit ändert. Demnach müsste es möglich sein, Ausgrenzung auch durch Befragungen nach der subjektiven Wahrnehmung von Stigmatisierung und dem ‚Überflüssig-Sein' in der Gesellschaft zu erheben (vgl. Kapitel 8).

Die geläufigen Definitionen von Armut setzen vor allem am verfügbaren Einkommen oder dem Sozialhilfebezug an. Diese Indikatoren haben ihre Berechtigung dann, wenn versucht wird, mit statistischen Daten Informationen über die Armutsbevölkerung zu bekommen, die räumlich und zeitlich vergleichbar sind. Der Lebenslagenansatz hat darüber hinaus jedoch belegt, dass mit Einkommensarmut auch andere Formen der Deprivation einher gehen und sich Unterversorgungslagen kumulieren (vgl. Andreß 1999). Dies ist vor allem dann der Fall, wenn Armut und Deprivation bereits länger andauern. Unter diesen Bedingungen können sich, vor allem bei einer räumlichen Konzentration von Armut, subkulturelle Milieus herausbilden, die spezifische Wertorientierungen und Verhaltensweisen aufweisen. Wilson (1987) geht von einem Teufelskreis aus, der sich aus Arbeitslosigkeit und räumlicher Konzentration entwickelt und zu sozialer Isolation und gesellschaftlicher Marginalisierung führt.

In ähnlicher Weise argumentieren diejenigen, die mit dem Begriff der Ausgrenzung arbeiten. Ausgrenzung stellt eine gesellschaftliche Beziehung und einen sozialen Prozess dar, in welchem Individuen Zugänge verlieren und „sozial disqualifiziert“ (Paugum 1991) werden. Diese Disqualifizierung vollzieht sich auf dem Arbeitsmarkt, in sozialen Beziehungen und gegenüber staatlichen Einrichtungen. Zugänge zu Ressourcen, sei es Geld, Hilfsleistungen oder Information, sind zunehmend blockiert und ermöglichen immer weniger die Befriedigung von Bedürfnissen. Dies erklärt auch, warum bei zunehmender Armut die Formen der Unterversorgung vielfältig sind, wie dies auch von Andreß (1999) im Deprivationsansatz gezeigt wird. Der Vorteil des Ausgrenzungsbegriffs liegt darin, dass er die Kritik an der Eindimensionalität der Armutsdefinitionen aufnehmen kann, also nicht nur Einkommen, sondern auch subjektive Bewertungen der Lebenssituation berücksichtigen kann. Gleichzeitig wird vermieden, Ausgrenzung direkt aus Arbeitslosigkeit und räumlicher Segregation herzuleiten, wie dies Wilson (1987) mit dem Underclass-Begriff impliziert.

Die Bedeutung räumlicher Segregation für Ausgrenzung ist bisher nur unzureichend untersucht worden. Die vermuteten Effekte liegen vor allem in den Auswirkungen auf soziale Netzwerke und die Wahrnehmung der eigenen Identität. Es wird angenommen, dass Segregation zu einer Einschränkung von Kontakten und Erfahrungen führt und Stigmatisierungen von außen fördert. Wenn aber räumliche Segregation als eigenständiges Merkmal von Ausgrenzung gelten soll, dann muss dargestellt werden, dass die Konzentration von Armut eigenständige Effekte auf die Verarbeitung persönlich erfahrener Ausgrenzung hat oder aber hinderlich bei der Überwindung der Armutssituation ist. Das Quartier wäre dann ein eigenständiger Faktor der Ausgrenzung und könnte als konstituierendes Merkmal genutzt werden. Dieser Frage soll in den Kapiteln 7 und 8 nachgegangen werden.

Armut konzentriert sich in Städten und dort wiederum in spezifischen Stadtteilen (vgl. z.B. Farwick 2001; Klagge 1998; 1999). Es kann davon ausgegangen werden, dass unter den Bedingungen sozialer Polarisierung nicht nur Armut, sondern auch das Ausmaß der Konzentration von Armut anwächst. Befunde aus unterschiedlichen Städten – sowohl prosperierenden wie altindustriellen – deuten auf eine wachsende Zahl armer Bevölkerung und deren räumlicher Konzentration hin (vgl. Alisch/Dangschat 1998; Breckner et al. 1989; Freyberg 1996). Ob die räumliche Segregation bereits als Hinweis auf verminderte Chancen und Zugänge in der Gesellschaft betrachtet werden kann, und sich hieraus bestimmte Folgen ableiten, oder ob Segregation auch ein eigenständiges Merkmal sozialer Ausgrenzung darstellt, ist noch offen. Die Entstehung sozialer Segregation soll nun ausführlicher in Kapitel 3 behandelt werden. In Kapitel 5 folgt dann die Darstellung von Armut, Arbeitslosigkeit und Sozialhilfebezug anhand von statistischen Daten für Berlin.

3. Polarisierte Stadtentwicklung: zur Erklärung der sozialen Segregation und deren Veränderung

Die Polarisierung der Städte ist einer der zentralen Befunde der stadtsoziologischen Forschung der 1990er Jahre. Gemeint ist eine stärkere Trennung reicher und armer Wohngebiete und einer damit einher gehenden Spaltung der Stadt (vgl. z.B. Keller 1999, 26ff.). Die Polarisierung der Städte ist eigentlich eine Metapher für die zunehmende Segregation nach sozialen Kriterien. Die Konzentration von Armut und Reichtum stellt die räumliche Dimension der sozialen Spaltung der Gesellschaft dar, die Segregation – als (ungleiche) Verteilung von Bevölkerungsgruppen auf bestimmte Wohngebiete – verweist auf den Zusammenhang von sozialen und räumlichen Strukturen in der Stadt. Eine Segregationstheorie, die diesen Zusammenhang präzise erklären kann, gibt es bisher nicht, allerdings eine Vielzahl von Ansätzen, die sich der Verteilung von Bevölkerung und Wohnungsmarktmechanismen widmen. Diesen Ansätzen ist gemeinsam, dass sie jeweils nur eine sehr begrenzte Perspektive auf die Prozesse erlauben, weil sie in der Regel zu modellhaft sind und den gesellschaftlichen Prozess der Verteilung von Wohnstandorten in der Gesellschaft nur unzureichend beleuchten.

Segregation, also die Verteilung von Bevölkerungsgruppen im Raum, ist nicht das Ergebnis eines zufälligen Prozesses. Segregation stellt vielmehr das Ergebnis eines gesellschaftlichen Aushandlungsprozesses und Verteilungskampfes um das Gut Wohnen dar. Beteiligt sind daran zahlreiche Akteure: Eigentümer, Vermieter, Mieter, Makler, Zeitungen, Informanten, Haushaltsmitglieder, Mieterberatungen, Umzugsunternehmen, ja selbst die staatliche und lokale Politik. Das Handeln dieser Akteure bestimmt im Wesentlichen die Muster der Segregation.

Die Gesetzmäßigkeiten, die zu bestimmten Verteilungsmustern führen, stellen einen alten Forschungszweig der Stadtsoziologie dar. Im Laufe der Zeit wurden eine Reihe von Lehrsätzen formuliert, die versuchen, das vorhandene Wissen zu systematisieren und beobachtete Formen der Segregation zu beschreiben. Solche erklärenden Thesen zur Segregation stellt z.B. Friedrichs (1995) auf: Je größer die Gesamtbevölkerung einer Stadt ist, desto höher ist die Segregation, bzw. je höher der Anteil von Minoritäten ist, desto höher ist die Segregation (ebd. 91). Solche Lehrsätze können zwar Zusammenhänge beschreiben und damit verfügbares Wissen relativ leicht verständlich bündeln, sie erklären allerdings nicht, wie es zu diesen Phänomenen kommt und welches die Rahmenbedingungen für das Handeln der Akteure sind.

Die Segregation von sozialen Gruppen wird üblicherweise auf der Grundlage statistischer Daten analysiert. Die Untersuchungen bedienen sich hierbei gesellschaftlicher Kategorien, die geläufige Abgrenzungen sozialer Gruppen darstellen. Ein Beispiel hierfür ist, dass gemeinhin akzeptiert wird, dass die Untersuchung der Segregation von Migranten sinnvoll ist. Dabei wird davon ausgegangen, dass es sich bei ihnen um eine Gruppe handelt, die einerseits bestimmten Formen von Diskriminierung ausgesetzt ist, und die andererseits kulturelle und soziale Unterschiede zur Mehrheitsbevölkerung aufweist. Dass es sich allerdings weder bei Migranten noch bei der Restbevölkerung um einheitliche Gruppen handelt, wird dabei außer Acht gelassen, um die Komplexität der gesellschaftlichen Zusammenhänge zu reduzieren.

Üblicherweise werden zur Darstellung der Segregation Verteilungskarten erstellt und Indizes errechnet. Ein Vergleich der Indizes mit anderen Städten birgt die Schwierigkeit, dass die zu Grunde gelegten räumlichen Einheiten immer unterschiedlich und daher gar nicht vergleichbar sind (vgl. z.B. Blasius 1988; Glebe 1984). Ein Vergleich der Segregation zwischen verschiedenen Städten ist anhand eines Segregationsindexes streng genommen nicht möglich. Wesentlich sinnvoller ist es, auf der identischen räumlichen Grundlage die Segregation in einer Stadt an zwei Zeitpunkten zu untersuchen. Das Ergebnis kann dann entweder sein, dass die Segregation abgenommen hat oder dass sie angestiegen ist. Über die Gründe für diese Veränderung von Segregationsintensitäten sagen die errechneten Zahlen allerdings nichts aus.

Um die Gründe der Segregation zu erforschen reichen Datenanalysen nicht aus, da sie kein Verständnis für die gesellschaftlichen Prozesse liefern, die hinter der räumlichen Verteilung der Bevölkerung liefern. Eine geeignete Fragestellung der Segregationsforschung müsste also lauten: Welches sind die Prozesse, die in einer Gesellschaft zu den beobachteten Formen von Segregation führen, mit welchen Merkmalen sind sie verbunden (z.B. mit welchen Bevölkerungsgruppen, mit welchen Haustypen o.ä.) und wie ist dies zu begründen? Im Folgenden sollen diese Prozesse erarbeitet und die wichtigsten theoretischen Ansätze der Segregationsforschung vorgestellt werden. Die leitende Frage ist, wie Segregation entsteht, wie sie sich verändert und welche Formen sie in einer polarisierten Stadt annimmt. Ziel ist es, die Veränderung von Segregationsmustern, die sich aus der Auf- und Abwertung von Wohngebieten entwickelt, theoretisch zu fassen und darauf aufbauend zu fragen, welche Möglichkeiten der Steuerung von Segregationsprozessen der Politik offen stehen.

3.1 Anfänge der Erforschung sozialräumlicher Strukturen: Stadtentwicklung und Segregation in Chicago

Die sozialräumliche Segregation von Bevölkerungsgruppen ist ein wesentliches Strukturmerkmal der Städte in modernen Gesellschaften. Bereits in den 1920er Jahren haben Forscher die Verteilung von Bevölkerungsgruppen in Chicago dargestellt und die Besonderheiten einzelner Viertel untersucht. Die Vertreter der so genannten Chicagoer Schule der Humanökologie haben auch den Begriff der Segregation geprägt und definiert. McKenzie verwendet den Begriff im Sinne der Konzentration einer Bevölkerungsgruppe innerhalb eines Gemeindegebietes (McKenzie 1983, 327). Dabei bemerkt er, dass die primärste und allgemeinste Form der Segregation die ökonomische sei, und weiter: „Der Homogenitätsgrad wirtschaftlicher Segregation nimmt mit steigender ökonomischer Rangskala ab; je niedriger das ökonomische Niveau eines Gebietes ist, desto einheitlicher ist der wirtschaftliche Status der Bewohner, weil auch der Spielraum der Wahlmöglichkeiten sich verengt. ... Die Slums sind Gebiete mit der geringsten Wahlmöglichkeit. Sie entstehen mehr durch Zwang als durch Planung" (ebd.).

McKenzie streicht in seiner Definition der Segregation zwei wichtige Punkte heraus. Zum einen macht es nur Sinn, über Konzentrationen als Form der Segregation zu sprechen in Bezug auf ein klar begrenztes Gebiet. Zum andern stellt er fest, dass die Konzentration ökonomisch schwacher Bevölkerungsgruppen besonders hoch ist, da sie die geringsten Wahlmöglichkeiten haben. Segregation, so deutet sich damit an, kann demnach freiwillig oder erzwungen sein (vgl. Häußermann/Siebel 1991). In McKenzie's Definition findet sich also bereits eine Erklärung für Segregation: Die ökonomischen Möglichkeiten und damit Wahlmöglichkeiten der Bevölkerung führen zu einer Segregation nach sozialem Status, andere Merkmale der Segregation – wie Sprache, Rasse, Kultur – sind ihr nachgeordnet.

Als wichtigster Vertreter der soziologischen Stadtforschung innerhalb der Chicagoer Schule ist sicherlich Park anzusehen, der sich ausführlicher den Prozessen zuwendet, nach denen sich Gruppen im Raum verteilen. Zentral für Park ist der Begriff der Distanz, der die Beziehungen zwischen Gruppen erfasst. „In einer Gesellschaft lebt man nicht nur zusammen, sondern lebt gleichzeitig auch getrennt, und menschliche Beziehungen können immer, mit mehr oder weniger großer Genauigkeit, auch durch den Begriff der Distanz bestimmt werden" (1983, 309). Die Beziehungen sind veränderbar, und jeder Fortschritt verursacht Mobilität und Desorganisation. Die soziale Distanz wird nach Park dabei in räumliche Distanz umgesetzt: „Jedes Individuum befindet sich in einem Kampf um Status, einem Kampf, in dem es versucht, sein persönliches Ansehen, seine Ansichten und seine Selbstachtung zu bewahren" (ebd. 317). Dafür benötigt es Anerkennung und daher ein Umfeld, in dem es sich zugehörig fühlt und sich entwickeln kann, eine Welt, die den eigenen Vorstellungen entspricht und eigene moralische Normen aufweist, eine „moral region“. Entsprechend trennen sich die Wohngebiete von Personen mit differierendem sozialen Status, unterschiedlicher Milieu- und Lebensstilgruppen. „Es ist eine Tatsache, dass soziale Beziehungen häufig und unvermeidlich mit räumlichen Beziehungen korrelieren. Das bedeutet, dass physische Distanz häufig als Index für soziale Distanz angesehen wird“ (ebd. 318). Aus dieser Formulierung entstand die Lehrbuchformel der Chicagoer Schule: Soziale Distanz = Räumliche Distanz.

In der bereits 1925 erstmals erschienenen und 1967 neu aufgelegten Studie „The City“ entwickelt Burgess das viel zitierte und immer wieder verwendete Stadtmodell der industriellen Stadt. Das Wachstum der Stadt führe demzufolge zu einem Expansionsprozess, der am besten durch eine Aneinanderreihung konzentrischer Zonen beschrieben werden könne (Burgess 1967, 50). Im Zentrum der Stadt befindet sich der „Loop“, das zentrale Geschäftsviertel, der von einer Zone des Übergangs (zone in transition) umschlossen ist, in dem sich die Slums der Stadt befinden, jene Gebiete, die vernachlässigt werden, da eine Expansion des Zentrums erwartet wird. An die Zone des Übergangs schließen sich eine Zone von besseren Arbeiterwohngebieten (zone of workingmen‘s homes), eine Einfamilienhauszone der Angestellten und Aufsteiger (residential zone) und schließlich eine Zone an, die sich im Umland der Städte befindet und durch Einpendler geprägt ist (communters zone). Die Ausbreitung des Stadtraums bewirkt, dass die inneren Zonen ebenfalls nach außen expandieren, in einem als Sukzession bezeichneten Ausdehnungsprozess.

Stadtentwicklung ist nach Burgess ein genereller Prozess der Veränderung, der von Zuwanderung immer wieder neu angestoßen wird und von weiteren innerstädtischen Umzügen begleitet ist. Die Muster der Segregation werden dabei immer wieder neu gebildet, die räumliche Differenzierung, die sich hieraus ergibt, folgt den unterschiedlichen Bauphasen der Gebiete und spiegelt soziale und ethnische Differenzen. Das Modell von Burgess ist – sicher irrtümlicherweise – auch auf andere Stadttypen als die wachsende industrielle Stadt angewendet worden. Allerdings hat es vor allem einen heuristischen und beschreibenden Charakter, und Burgess bemerkt auch selbst einschränkend, dass es sich um ein idealtypisches Modell handelt. Es stellt sich aber vor allem die Frage, wie die Muster der Segregation durch die Transformation von einer Industrie- zu einer Dienstleistungsgesellschaft modifiziert werden und welche Auswirkungen eine rückläufige oder stagnierende Bevölkerungszahl auf die städtische Segregation hat.

Friedrichs (1983) hat in seinem Buch „Stadtanalyse“ (erstmals erschienen 1977) die Ideen und Forschungen der Chicagoer Schule aufgegriffen und für ein breites deutsches Fachpublikum zugänglich gemacht. Er definiert die Segregation von Bevölkerungsgruppen als „disproportionale Verteilung von Bevölkerungsgruppen über die städtischen Teilgebiete“ (1983, 217). Demnach ist Konzentration ein Ergebnis von Segregation, wobei diese die Ungleichheit in der Verteilung immer über die Gesamtstadt betrachtet, wohingegen sich Konzentration auf einen bestimmten Stadtteil bezieht. Friedrichs (1983) beschreibt die Segregation als sozialräumliche Organisation der Gesellschaft, woraus sich folgern lässt, dass sich gesellschaftlicher Wandel auch in einer Veränderung von sozialräumlichen Strukturen niederschlägt.

In der wissenschaftlichen Debatte hat sich die ökologische Sichtweise der Chicagoer Schule nicht durchgesetzt (zur Kritik vgl. Frieling 1980; Krämer-Badoni 1991; Saunders 1987). Zum einen wurde die biologistische Terminologie abgelehnt, welcher sich die Humanökologen bedienen, zum anderen wurde kritisiert, dass die Formel ‚soziale Distanz = räumliche Distanz‘ zu kurz greife, und soziale und ökonomische Prozesse, die hinter der Ansiedlung von Gruppen im städtischen Raum stehen, nicht ausreichend analysiere. Die Möglichkeiten politischer Steuerung von Segregation, wie sie am Ende dieses Kapitels behandelt werden, sahen die Humanökologen nicht. Die Stadt sei „vielmehr ein Produkt natürlicher Kräfte, die ihre Grenzen mehr oder weniger unabhängig von Einschränkungen setzt, die ihr aus politischen und verwaltungstechnischen Gründen aufgezwungen werden“ (Park 1983, 310). Die Chicagoer Schule vernachlässigt die Bedeutung von sozialen Prozessen und Macht, von Eigentümerkalkülen und Diskriminierung. Trotz dieser Kritik sind die von der Chicagoer Schule geprägten Begriffe aber bis heute von hoher Relevanz.

3.2 Das Filtering-Modell des Wohnungsmarktes

Das Stadtmodell von Burgess mit seinen konzentrischen Kreisen ging von der Annahme aus, dass die Bevölkerungszahl einer Stadt durch Zuwanderung wächst und gleichzeitig ein ökonomischer Fortschritt stattfindet, der es Haushalten ermöglicht, am Stadtrand neue Wohnungen zu bauen oder jene anzumieten, die dort von Investoren errichtet werden. Im Stadtzentrum dagegen wird in der Zone des Übergangs nicht mehr in die Bausubstanz investiert, da sich mit der Ausdehnung des Central Business District der Druck auf eine Neubebauung mit Bürogebäuden erhöht. Warum Haushalte die Wohnung wechseln, erklären Park, Burgess und McKenzie mit der Angleichung des

Wohnortes an den sozialen Status. Daher ziehen Aufsteiger-Haushalte tendenziell in die nächst gelegene äußere Zone bzw. an den Stadtrand, ein Massenphänomen in einer Stadt, in der durch die Industrialisierung und Zuwanderung eine unglaubliche soziale Mobilität herrscht.

Große Ähnlichkeit mit dem Burgess-Stadtmodell hat das Filtering-Modell des Wohnungsmarktes, welches als Weiterentwicklung der Chicagoer Schule verstanden werden kann (vgl. auch Giffinger 1999, 20). Dieses Wohnungsmarktmodell war seit den 1970er Jahren grundlegend für die deutsche Wohnungsbaupolitik (Häußermann/Siebel 1996, 148; Keim 1999, 24). Es geht nicht mehr von einer wachsenden Stadt aus, sondern von einer konstanten Zahl von Haushalten. Das Wohnungsangebot ist differenziert nach unterschiedlichen Wohnqualitäten, wobei vorausgesetzt wird, dass durch das Altern der Bestände eine Qualitätsminderung einsetzt, die sich auch in sinkenden Preisen bemerkbar macht. Die Kernaussage des Filtering-Ansatz lautet nun, dass durch den Neubau qualitativ hochwertiger Wohnungen ein Angebot an Wohnraum entsteht, welches Umzüge aus den darunter liegenden Qualitätsklassen induziert. Die Haushalte, die in der obersten Klasse wohnen, beziehen die Neubauten. In dem Segment darunter kommt es so zu einem Überangebot, die Investitionen und die Preise sinken, und in Folge dessen können Haushalte aus den schlechteren Qualitätsklassen nachrücken. Dieser Prozess setzt sich fort, bis zuletzt die Wohnungen leer werden, die die schlechteste Qualität haben und die dann abgerissen werden (vgl. Eekhoff 1987; Friedrichs 1995; Krätke 1995; Westphal 1978).

Das Filtering-Modell lässt sich ohne Probleme auf das Stadtmodell von Burgess anwenden. Am Stadtrand werden neue Wohnungen gebaut, die von den Bewohnern der ‚residential zone' bezogen werden. Deren Wohnungen und Häuser werden frei und von den Bewohnern der zone of workingmen's homes bezogen. Das Überangebot dort führt wiederum zu einem Zuzug der Bewohner der zone in transition, deren Gebäude dann leer stehen und abgerissen werden. Das Filtering-Modell geht in diesem Fall davon aus, dass die Ausstattungsqualität der Wohnungen entscheidenden Einfluss auf die soziale Schicht hat, die in den Wohnungen bzw. Häusern lebt. Soziale Segregation entsteht nun dann, wenn die Neubauten hochgradig konzentriert errichtet werden und die unterschiedlichen Ausstattungsniveaus jeweils in spezifischen Quartieren mit einheitlichem Gebäudealter existieren. Segregation richtet sich dem Filtering-Modell zufolge also nach dem Alter des Gebäudes und dem Ausstattungsstandard.

Das Filtering-Modell baut auf Grundannahmen auf, die nicht sehr rea listisch sind, daher ist es vielfach kritisiert worden (vgl. z.B. Ipsen 1981; Krätke 1995; Häußermann/Siebel 1996). Einerseits setzt das Filtering-Modell voraus, dass das neu geschaffene Angebot nicht für eine Ausweitung der Flächenansprüche der oberen Schichten genutzt wird. In diesem Fall würden die heruntergefilterten Bestände überhaupt nicht in der untersten Qualitätsklasse ankommen. Wenn die Angebotsüberhänge allerdings tatsächlich auf den Markt kommen, sind sie für die sozialen Gruppen, die in den niedrigeren Qualitätsklassen leben, nur dann erschwinglich, wenn die Mieten entsprechend sinken und die preisdrückenden Wirkungen des Wohnungsüberhangs in den untersten Qualitätsklassen ankommen. Die hier wohnenden Haushalte fragen nach Krätke aufgrund ihrer geringen Einkommen und der hohen Belegungsdichte allerdings größeren und nicht qualitativ besseren Wohnraum nach. In dem Modell ist zudem nicht berücksichtigt, dass Wohnungen schlechterer Qualität durch Modernisierung aufgewertet werden und dadurch in höhere Qualitäts- und Preisstufen gelangen können (Krätke 1995, 202).

Ein weiterer Kritikpunkt ist, dass im Filtering-Modell das Angebot an Wohnraum lediglich in der Dimension des Ausstattungsgrades bzw. des Baualters differenziert ist. Die Qualität einer Wohnung ist hierdurch jedoch nur unbefriedigend beschrieben, denn sie beruht darüber hinaus auch auf der Größe, der Lage und Qualität des Umfeldes sowie anderen Faktoren. Allein der Ausstattungsgrad ist – gerade bei besseren Wohnungen – nur schwer vergleichbar, da auf den ersten Blick unscheinbare Merkmale für einen Haushalt eine große Rolle spielen können, z.B. das Vorhandensein eines Balkons oder einer Terrasse, eine Vorliebe für bestimmte Bauweisen (z.B. ökologisches Bauen), Stuckdecken, Holzverkleidungen, Größe der Fenster, die Helligkeit der Wohnung und anderes mehr. Es zeigt sich also, dass weitere Faktoren berücksichtigt werden müssen, die die Wohnungssuche und das Umzugsverhalten von Haushalten beeinflussen.

Das Filtering-Modell setzt umgehende Anpassungsreaktionen an die neuen Angebotsstrukturen voraus, die in der Realität meist nicht gegeben sind. Dies führt auf dem Wohnungsmarkt zu ungleichen und ungleichzeitigen Angebots- und Nachfragestrukturen. Die Kritik von Ipsen (1981) richtet sich vor allem auf die Einheitlichkeit des Wohnungsmarktes, die im Modell unterstellt wird. Eine Einheitlichkeit ist allein aufgrund der unterschiedlichen Eigentumsformen nicht gegeben, und diese bestimmen wahrscheinlich die Sozialstruktur in einem Wohngebiet zu einem hohen Maß. Ipsen (1981) leitet aus der Kritik am Filtering-Modell ein Modell segmentierter Teilmärkte ab, welches in Abschnitt 3.4 behandelt wird.

3.3 Die Akteursperspektive: Barrieren auf dem Wohnungsmarkt

Im Wesentlichen handelt es sich beim Filtering-Modell um eine Skizze des Wohnungsmarktes, die von einer konstanten Nachfrage nach Wohnraum ausgeht. Die Eigentümer selbst tauchen als Akteure in diesem Modell gar nicht auf, sie stellen lediglich Wohnraum zur Verfügung, und den Haushalten kommt die Rolle zu, auf ein verändertes Angebot an Wohnungen zu reagieren. Neubau, so die Annahme, würde also umgehend eine Umzugswelle in Gang setzen (vgl. Krätke 1995, 197). Diese Theorie greift jedoch viel zu kurz, denn sie lässt zahlreiche Faktoren außer Acht, die das Umzugsverhalten der Bewohner beeinflussen. Die Realität zeigt, dass sich Haushalte durch eine hohe Wohnstabilität auszeichnen. Es gibt zwar zahlreiche Anlässe für einen Umzug, sehr oft stehen dem jedoch Hindernisse entgegen.

Umzüge über weite Entfernungen finden nur selten statt. Sie werden im Regelfall dadurch bedingt, dass eine neue Arbeit oder Ausbildung begonnen wird, oder einem Familienteil gefolgt wird, der am neuen Wohnort bereits ansässig ist. In den meisten Studien werden deshalb bei Umzügen ausschließlich jene Wohnungswechsel betrachtet, die sich innerhalb einer (städtischen) Region bewegen. Fernwanderungen sind in der Regel arbeitsmarktbedingt, regionale Umzüge (Binnenwanderungen) dienen dagegen meist der Verbesserung der Wohnsituation (Giese 1978). Die jeweils optimale Wohnung (oder das optimale Haus) unterscheidet sich je nach den Ansprüchen und Vorstellungen eines Haushalts. Das heißt, entgegen dem Filtering-Modell wird die Wohnung nicht ausschließlich nach dem sozialen Status des Haushalts gewählt, vielmehr steht der haushaltsspezifische Nutzen im Vordergrund. Dieser wiederum ist abhängig von der Haushaltsstruktur, also z.B. der Anzahl der Kinder im Haushalt, aber auch davon, ob und wo die Haushaltsmitglieder arbeiten und welchen Lebensstil sie pflegen.

Ein Haushalt muss durch einen Umzug einen Zugewinn an Qualität erfahren, denn die Suche nach einer Wohnung ist mit einer Reihe von „Kosten“ verbunden, und zwar materiellen wie immateriellen. Entstehen durch den Umzug keine subjektiven Verbesserungen, so wird er – wenn er nicht erzwungen ist – unterbleiben. Giffinger (1999) hat bei den Transaktionskosten für einen Wohnungswechsel unterschieden zwischen externen (Transaktion von Verfügungsrechten, z.B. Formulare, Makler- und Notargebühren, Eintragungen ins Grundbuch) und internen Kosten, also solchen, die direkt im Haushalt anfallen. Zu den internen Transaktionskosten gehören z.B. das Aufgeben von Anzeigen, das Kaufen von Zeitungen, die anfallenden Telefongebühren, der Zeitaufwand für die Informationsgewinnung und Wohnungsbesichtigung und ähnliches (Giffinger 1999, 30f.). Die externen Transaktionskosten beziehen sich also auf das Tauschgut, die Wohnung, die internen Transaktionskosten fallen dagegen im Haushalt an und stellen überwiegend Suchkosten dar.

Die Such- und externen Transaktionskosten können stark divergieren und sich sehr unterschiedlich zusammensetzen. Wird zum Beispiel ein Makler beauftragt, entstehen zwar Maklergebühren, aber die Zeit für die Wohnungssuche wird reduziert. Ökonomisch ausgedrückt reduzieren sich die Suchkosten und erhöhen sich die externen Transaktionskosten. Je nachdem, über wieviel Zeit und Geld ein Haushalt verfügt, wird er versuchen, durch eine längere Suche Geld zu sparen, oder aber Zeit zu sparen, indem mehr Geld investiert wird. Sowohl der zeitliche wie der finanzielle Aufwand für die Wohnungssuche werden stark beeinflusst von der Lage auf dem Wohnungsmarkt und den Informationen, die ein Wohnungssuchender über diesen hat. Hängen aufgrund eines Überangebotes die Wohnungsofferten öffentlich aus, reduzieren sich die Transaktionskosten auf das Verschaffen eines Überblicks über das Angebot und die Wohnungsbesichtigung. Herrscht hingegen Wohnungsmangel, so kann die Suche unter Umständen lange dauern. Viele brechen diese dann ab, wenn die Transaktionskosten ein bestimmtes Maß überschritten haben.

Die Höhe der Transaktionskosten hängt also einerseits von den Verhältnissen auf dem Wohnungsmarkt ab, andererseits von der Transparenz des Marktes und dem Zugang zu Informationen. Selbst beim besten Willen ist es nur schwer möglich, sich einen umfassenden Überblick über das bestehende Angebot zu verschaffen, zu viele Wohnungsangebote werden nie veröffentlicht, sondern die Wohnungen nur im kleinen Kreise angeboten, die Angebote sind oft z.B. nur direkt bei den Wohnungsbaugesellschaften, Hausverwaltungen und privaten Vermietern zugänglich. Aufgrund der Höhe der Transaktionskosten lassen sich kaum alle Möglichkeiten der Wohnungssuche erfassen, vielmehr ist es für alle Wohnungssuchenden sinnvoll, sich auf die erfolgsversprechendsten und naheliegenden Wege zu konzentrieren. Informationsdefizite sind daher übliche Barrieren auf dem Wohnungsmarkt und führen zu bedingt rationalen Entscheidungsprozessen (Giffinger 1999, 8).

Weder in der Studie von Giffinger (1999), noch im Filtering-Modell, noch in zahlreichen anderen wohnungswirtschaftlichen Schriften wird ein weiterer Kostenpunkt genannt, der bei einem Wohnungswechsel entscheidend ist, und gleichwohl auf der Hand liegt: die Umzugskosten. Lediglich Krätke (1995) verweist auf die hohen Kosten des Umzugs, die die „Anpassungsbewegungen der Nachfrager“ an veränderte Wohnungsangebote behindern (ebd. 199). Zu den Umzugskosten müssen neben den Verpackungs- und Transportkosten auch die Mehrausgaben gerechnet werden, die durch das Einrichten einer neuen Wohnung entstehen, also zum Beispiel durch den Kauf neuer Schränke, wenn die alten nicht mehr in die neue Wohnung passen. Die Umzugskosten sollen daher im Folgenden in die Transaktionskosten subsumiert werden, sodass sich drei Formen von Transaktionskosten ergeben: 1. für die Suche (Information), 2. für die Übergabe der Verfügungsrechte an der Wohnung bzw. dem Haus, und 3. für den Umzug des Haushaltes und die Einrichtung der neuen Wohnung.

Giffinger misst den Transaktionskosten einen ganz entscheidenden Stellenwert zu, weil sie Barrieren konstituieren, die eine ungleiche Verteilung von Chancen auf dem Wohnungsmarkt bewirken. Wie kommt es zu dieser sozialen Selektivität? Transaktionskosten bestehen aus Zeit und Geld, und durch den Einsatz von Zeit können Kosten minimiert werden. Daher können soziale Netzwerke der Suchenden Umzugskosten reduzieren, wenn über diese Informationen über frei werdende Wohnungen verfügbar sind. Anders gesagt: Je höher die Suchkosten über formelle Wege sind (Zeitungsannoncen, Bewerbungen bei Wohnungsbaugesellschaften, Hausverwaltungen etc.), desto bedeutender werden die Netzwerke, die Informationen gratis zugänglich machen. Und: Je geringer das Einkommen der Mieter, desto wichtiger werden gute Netzwerke und ausreichend Zeit, um Kosten reduzieren zu können.

Transaktionskosten können also vor allem für einkommensschwache Haushalte ein Hindernis für Umzüge darstellen. Doch auch hinsichtlich der Haushaltstypen gibt es unterschiedliche Betroffenheiten. Kinderreiche Haushalte etwa haben meist hohe Umzugs- und Suchkosten für eine passende Wohnung, sie sind daher weniger mobil. Wegen der hohen Transaktionskosten findet auch bei Eigentümerhaushalten, die bisher nicht explizit berücksichtigt wurden, seltener ein Wechsel von Wohnung oder Haus statt. Alleinstehende verfügen dagegen oftmals über viel Zeit, vor allem dann, wenn sie sich in der Ausbildung befinden oder ohne Arbeit sind. Junge Haushalte haben im Allgemeinen geringe Umzugskosten, da der Hausstand noch klein ist und die sozialen Netzwerke groß. Junge und alleinstehende Haushalte sind daher besonders mobil.

Bei Ausländern und anderen benachteiligten Gruppen, etwa Arbeitslosen, werden Umzugshindernisse häufig durch Diskriminierung seitens der Vermieter, aber auch durch Sprachschwierigkeiten verursacht. Dadurch werden die Möglichkeiten der Wohnungssuche eingeschränkt, die Such- und Transaktionskosten steigen. Bei dieser Form der Barriere spielt neben der sozialen Selektivität aufgrund von Transaktionskosten auch die ethnische und soziale Diskriminierung eine Rolle. Empirisch lassen sich diese Formen der Diskriminierung auf dem Wohnungsmarkt kaum untersuchen und einwandfrei beweisen. Leichter ist es dagegen, die Merkmale der Privilegierung bestimmter Gruppen herauszufinden, da sie gleichzeitig eine Diskriminierung anderer Gruppen zur Folge hat.

Bilanziert man die Auswirkungen von Barrieren durch Transaktions kosten auf den Wohnungsmarkt, so lässt sich feststellen, dass vor allem die mobilen Nachfragergruppen die räumliche Segregation bestimmen. Die mobilen statushohen bzw. einkommensstarken Gruppen bestimmen den Segregationsprozess aktiv, die einkommensschwachen und immobilen Haushalte nehmen dagegen nur eine passive Rolle ein, da sie nur geringe Wahlmöglichkeiten oder aber zu hohe Transaktionskosten haben. Je größer jedoch das Angebot an Wohnungen ist, desto geringer sind die Barrieren auf dem Wohnungsmarkt und desto eher können dann auch Haushalte umziehen, die bisher gezwungenermaßen immobil waren, also z.B. Familien, Ausländer und Arme.

3.4 Der segmentierte Wohnungsmarkt

Wie dargestellt wurde, sind Umzüge mit erheblichen Kosten verbunden, die von den Haushalten nur dann aufgebracht werden, wenn sie in eine günstigere Wohnung ziehen können oder wenn sich ihre soziale Lage verbessert und sie daher in der Lage sind, mehr Geld auszugeben. Viel wahrscheinlicher als eine gleichförmige Nachfrage ist also eine konzentrierte Nachfrage nach Wohnungen eines bestimmten Typs bzw. in einem bestimmten Preissegment. In diesem Segment wird sich dann – nach dem Gesetz von Angebot und Nachfrage – der Mietpreis erhöhen, zumindest so lange sich die Nachfrage aufgrund der gestiegenen Preise nicht auf andere Segmente umorientiert. Die Mobilität in einem Wohnungsbestand und der dort zu zahlende Mietpreis charakterisieren daher ein Wohngebiet in hohem Maße.

Bei der Bestimmung von Wohnungsteilmärkten in Mannheim geht Ipsen davon aus, dass die Segregation von sozialen Gruppen in der Stadt nicht freiwillig ist und der Wohnungsmarkt entlang von Segregationsgrenzen in Teilmärkte zerfällt (Ipsen 1981, 258). Zwei Prozesse, Segregation und Mobilität, würden den ökonomischen Verteilungsprozess auf dem Wohnungsmarkt strukturieren. Dies führe dazu, dass die Miethöhen nicht linear zu den Ausstattungsqualitäten in den Marktsegmenten sind, sondern einen u-förmigen Verlauf aufweisen, d.h. in den schlechtesten Wohnvierteln liegen die Mieten über denen der mittleren Schichten (ebd. 259). Es sei daher davon auszugehen, dass die „Segregation als die räumliche Konzentration bestimmter sozialer Gruppen zu ‚besonderen' Angebots-Nachfrage-Relationen führt" (ebd. 261). Empirisch kann Ipsen darstellen, dass in Mannheim in den 1970er Jahren ein mobiler Teilmarkt der unteren Schicht und ein mobiler Teilmarkt der oberen Schicht existiert, wogegen die mittlere Schicht vergleichsweise immobil ist. Diese Erkenntnis ist allerdings ausschließlich auf der Basis von Stadtteilen gewonnen, bei denen eine eindeutige Zuordnung zu einer sozialen Schicht angenommen wird.

Das Ergebnis von Ipsen, dass die durchschnittliche Miethöhe im Teilmarkt der unteren Sozialschicht höher ist als im Teilmarkt der mittleren Schicht, bedarf weiterer Erklärungen, da es in diesem Fall für die Bewohner sozial niedrig bewerteter Quartiere rational wäre, in den Teilmarkt der mittleren Schicht zu wechseln. Da dies nicht geschieht, geht Ipsen von abgeschlossenen Teilmärkten aus, in denen unterschiedliche Marktverhältnisse vorherrschen. Das Verhältnis von Angebot und Nachfrage ist für die sozial niedrigen Quartiere am schlechtesten, sodass hier die höchsten Mieten bezahlt werden müssen. Dies lässt sich erklären durch qualitativ unterschiedliche Tauschverhältnisse: „Bei durchschnittlich hochmobilen Quartieren herrschen anonyme Tauschverhältnisse vor, bei durchschnittlich immobilen Quartieren personale“ (Ipsen 1981, 261). Anders ausgedrückt: In Quartieren mit hoher Fluktuation können die Eigentümer Sonderprofite verlangen, die bei personalen Marktverhältnissen nicht durchzusetzen wären. Sie müssen durch den häufigen Mieterwechsel zwar die höheren Transaktionskosten ausgleichen, auf Grund der anonymen Tauschverhältnisse können sie jedoch überproportional hohe Mieten verlangen. Bei personalen Tauschverhältnissen werden Mietsteigerungen dagegen eher vermieden, da hier die Mietparteien gehalten werden sollen, sofern sie den Vorstellungen eines guten oder akzeptablen Mieters entsprechen. In der Untersuchung von Ipsen (1981) wird deutlich, dass trotz hoher Transaktionskosten die unteren Sozialschichten öfters umziehen als die Bewohner von Quartieren der mittleren Sozialschicht.

In einer neueren Untersuchung überprüft Keim (1999) am Beispiel von Kassel das Teilmarktmodell. Er stellt fest, dass sich im unteren Teilmarkt die relativ hohen Mieten der Haushalte in den 1970er Jahren nicht durch die hohe Mobilität und die damit anonymen Tauschverhältnisse erklären lassen, da auch diejenigen Haushalte, die bereits lange in den Gebieten leben und dadurch eher personalisierte Mietverhältnisse entwickelt haben müssten, eine besonders ungünstige Preis-Qualitäts-Relation aufweisen (ebd. 85). Andererseits sind in Kassel in den 1970er Jahren die Mieten in den Wohngebieten der unteren Sozialschichten nicht höher als in den Quartieren der mittleren Sozialschicht. Eine wie in der Mannheimer Untersuchung von Ipsen und anderen „bereits aus den Durchschnittsmieten ersichtliche kurvilineare Relation von Qualität und Preis der Wohnung existiert in Kassel Anfang der 70er Jahre in dieser Form nicht“ (ebd. 86).

Die Differenzierung unterschiedlicher Eigentümerstrategien bezüglich der „Tauschrelation“, die Ipsen (1981) vornimmt, fußt auf der Annahme, dass Eigentümer in verschiedenen Gebieten unterschiedliche Strategien der Vermietung wählen. Dort, wo sie von einer hohen Stabilität der Mieter ausgehen, werden sie ihre Mieter sorgfältig prüfen und sie durch moderate Mietsteigerungen an sich binden. Dort, wo sie von einer häufig wechselnden Belegung der Wohnungen ausgehen, werden sie ihre Mieter vor allem danach bestimmt, ob sie die Miete bezahlen können und auch künftige Mietsteigerungen verkraften. Das Auftreten von anonymen und personalen Tauschverhältnissen zwischen Vermietern und Mietern wird zu einem großen Teil dadurch beeinflusst, ob der Eigentümer bzw. Vermieter einer Wohnung emotional an das Haus gebunden ist oder sich diesem verpflichtet fühlt. Dies wäre zum Beispiel der Fall, wenn der Vermieter im selben Haus oder in unmittelbarer Nachbarschaft wohnt, im Haus aufgewachsen ist oder dort Verwandte oder Freunde wohnen. Eine personale Beziehung zu den Mietern wird er auch eher dann aufbauen, wenn er nur wenige Wohnungen vermietet und seine Mieter eher kennenlernen kann. Es ist daher wahrscheinlich, dass personale Tauschverhältnisse in kleineren Städten häufiger sind als in Großstädten, und dass Eigentümer von einem oder wenigen Häusern häufiger personale Beziehungen aufbauen als große Wohnungsunternehmen.

Friedrichs (1995) trägt der Segmentierung des Wohnungsmarktes insofern Rechnung, dass er drei Teilmärkte untergliedert: dem der Sozialwohnungen, dem der freifinanzierten Mietwohnungen und dem der Eigentumswohnungen und Eigenheime (ebd. 60). Im Kern bestätigen allerdings die Untersuchungen von Ipsen und Keim auch die Existenz von Teilmärkten innerhalb des Segments der freifinanzierten Mietwohnungen. Das Teilmarktmodell gibt hierbei „sowohl die Vorstellung eines homogenen Wohnungsbestandes, bei dem der Mietpreis ein Äquivalent für den gemieteten Wohnwert darstellt, als auch die Annahme vom mobilen Nachfrager, der jederzeit in eine für ihn günstigere Wohnung umziehen kann, auf" (Siebert 1983, 29; zitiert nach Keim 1999, 40).

Keim (1999) verweist darauf, dass Preisbildungsprozesse zunehmend kleinräumig existieren und sich nicht allgemein über Wohnungsausstattung und -größe ergeben. Auch hat sich – wie am Beispiel von Kassel gezeigt wird – über einen längeren Zeitraum die Zuordnung einzelner Gebiete zu den Teilmärkten verändert. Die Grundannahme der Teilmarktthese von Ipsen (1981), dass die Segregation zu Mobilitätsbarrieren und damit zur Bildung von Teilmärkten führt, ist allerdings nicht plausibel. Es liegt vielmehr nahe zu vermuten, dass die Mobilitätsbarrieren hauptsächlich auf unterschiedliche Eigentümerstrukturen zurückzuführen sind und die Segregation Folge von Mobilitätsbarrieren zwischen Gebieten mit verschiedenen Eigentümerverhalten ist. Die Lage der Quartiere und das Wohnumfeld scheinen einen signifikanten Einfluss auf die Vermietung zu haben, der in dem Teilmarktmodell des Wohnungsmarktes nur zum Teil berücksichtigt ist. Wie aber kann erklärt werden, warum Gebiete ihre soziale Zuschreibung verändern und damit den Teilmarkt wechseln, warum sie auf- oder abgewertet werden?

3.5 Aufwertung und Abwertung von Stadtteilen

Die bisher dargestellten Modelle erklären spezifische Mechanismen auf dem Wohnungsmarkt und können dazu verwendet werden, sozialräumliche Strukturen zu beschreiben. Will man nun die Veränderung von Segregationsmustern betrachten, muss stärker berücksichtigt werden, welche Veränderungen auf den Wohnungsmärkten auftreten können. Grundsätzlich ändern sich Segregationsmuster dadurch, dass bestimmte Gebiete entweder eine Aufwertung oder eine Abwertung (Upgrading und Downgrading) erfahren. Aus dem Nebeneinander von Auf- und Abwertungsprozessen ergeben sich dann veränderte sozialräumliche Strukturen. Im Folgenden werden diese Prozesse näher betrachtet und dargestellt, wie neue Segregationsmuster entstehen.

Die Abwertung von Wohngebieten ist den ökonomischen und sozialökologischen Theorien zufolge vor allem ein Ergebnis von Investitionsentscheidungen der Eigentümer. Eine Investition in Wohnungen und Gebäude ist immer dann wahrscheinlich, wenn sich hierdurch ein höherer Gegenwert für die Wohnung erzielen lässt, als er für die Kapitalverzinsung der Finanzierungskosten erreicht werden würde (vgl. Keim 1999, 78f.). Stadtentwicklung und Segregation ist in diesem Sinne Ergebnis von ökonomischer Aktivität. Deutlich wird dies anhand des Modells zum Wandel von Wohngebieten von Hoover und Vernon (1959), in welchem Bevölkerungswandel und Investitionsverhalten unmittelbar zusammenhängen.

Das Modell von Hoover und Vernon verdeutlicht, dass die Aufwertung eines Gebietes eine vorhergehende Abwertung voraussetzt. Der Wandel von Wohngebieten – im Modell sind fünf Phasen der Alterung, des Verfalls und der anschließenden Aufwertung skizziert – wird dabei vor allem durch zwei Faktoren erklärt: durch das veränderte Investionsverhalten der Eigentümer und den selektiven Zu- und Fortzügen. Warum sich Investionsverhalten und Wanderungsbewegungen verändern, können das Modell und die Ausführungen der Autoren allerdings nicht erklären.

Der Prozess der Gentrification ist ein Beispiel, wie sich durch selektive Mobilität ein Gebiet wandeln kann. Durch den Zuzug von statushöherer Bevölkerung (gentry als Bezeichnung für den englischen Adel) und die bauliche Aufwertung eines Gebietes wird die ansässige Bevölkerung verdrängt, da sie die gestiegenen Mieten nicht mehr bezahlen kann. Dangschat (1988) hat darauf hingewiesen, dass der Prozess der Gentrification einerseits verbunden ist mit neuen Haushaltsformen, die vermehrt innerstädtischen Wohnraum suchen (Singles, unverheiratete Paare, Wohngemeinschaften, vgl. auch Alisch 1993; Häußermann/Siebel 1987), und dass er andererseits eine Zunahme einkommensstarker Gruppen in der Stadt voraussetzt. Eine Aufwertung von Quartieren kann nach Clay (1979) allerdings auch als soziale Mobilität der angestammten Bevölkerung eines Gebietes stattfinden. Dieser als ‚Incumbent Upgrading' bezeichnete Prozess verläuft also nicht über räumliche Mobilität und eine Selektivität der Umzüge, und damit geht er auch nicht mit der Verdrängung einer ärmeren Bevölkerungsgruppe aus dem Gebiet einher.

Auch bei der Abwertung von Quartieren muss diese Unterscheidung getroffen werden. Ein Gebiet kann entweder durch selektive Umzüge abgewertet werden, oder einem sozialen Degradierungsprozess der ansässigen Bevölkerung folgen. Vom Anstieg der Arbeitslosigkeit und Verarmung sind vor allem Bevölkerungsgruppen betroffen, die zu großen Teilen bereits segregiert in bestimmten Stadtteilen leben. Damit verschlechtert sich kollektiv die soziale Lage innerhalb eines Gebiets, einem ‚Fahrstuhleffekt' gleich. Das Quartier steigt ab: Aus einem 'Arbeiterviertel' wird ein 'Armutsviertel', ohne dass jemand weg- oder zugezogen ist. Wie bereits erwähnt, ist ein solcher Prozess auch in die entgegensetzte Richtung in Form des ‚Incumbent Upgrading' möglich. In beiden Fällen – Auf- oder Abwertung – setzt der Prozess eine weitgehend homogene Bevölkerungsstruktur im Gebiet voraus, die von Veränderungen der ökonomischen Rahmenbedingungen in ähnlicher Weise betroffen ist.

Die räumliche Mobilität erfolgt durch eine Selektivität der Zu- und Fortzüge. Die Abwertung eines sozial gemischten Quartiers ist dann Folge eines Prozesses, in welchem Arbeitslosigkeit und Armut im öffentlichen Raum besonders sichtbar und spürbar werden. Wird dadurch die Qualität des öffentlichen Raums und der öffentlichen Einrichtungen negativ beeinflusst, entstehen Umzugsbewegungen, die sozial selektiv sind. Abwandern können freilich nur diejenigen, die zu den sozial und ökonomisch integrierten Gruppen gehören, da sie noch einer Erwerbsarbeit nachgehen und auf dem Wohnungsmarkt größere Chancen haben. Sie wenden sich von den problem- und konfliktbeladenen Nachbarschaften ab und suchen sozial homogenere Wohngebiete. Durch den Wegzug von gut verdienenden und sozial integrierten Mittelschichtfamilien aus sozial heterogenen Quartieren werden Wohnungen frei, in die danach oft nur noch arme oder sozial diskriminierte Haushalte einziehen.

Die Aufwertung von Quartieren erfolgt in ähnlicher Weise, auch in diesem Fall kann der Wandel der Umweltbedingungen (in diesem Fall als Verbesserung) zu einer Aufwertung führen, im Regelfall wird allerdings die Nachfrage durch eine Sanierung und Modernisierung der Wohnungen in

Gang gesetzt. Entscheidend hierfür ist, dass es eine Nachfrage nach aufgewerteten (also modernisierten) Wohnungen gibt. Die Umzüge lösen eine Reihe von Veränderungen aus: Preise für Häuser und Mieten für Wohnungen steigen, in dessen Folge verändert sich die Infrastruktur, nicht zuletzt auch das Image des Wohnviertels, was wiederum zu steigenden Bodenpreisen und Umwandlungen (Wohnungen in Büros, Miete in Eigentum) führen kann. Aufwertung und Abwertung von Wohngebieten spiegeln die Nachfrage nach Wohnraum und die Veränderung von Wohnungsmarktsegmenten. Wird ein Gebiet abgewertet, geht dies von einem Angebotsüberhang aus, sodass neue Gruppen, die bislang in diesem Segment diskriminiert wurden, nun dort eine Wohnung bekommen können. Wird ein Gebiet aufgewertet, so lässt sich dies dementsprechend auf einen Nachfrageüberhang zurückführen, in dessen Zuge Gruppen diskriminiert werden, die bisher Zugang fanden.

Die Trennung von gebietsinternen Auf- oder Abwertungsprozessen (‚Incumbent Upgrading' und ‚Fahrstuhleffekt') und der selektiven Mobilität auf der anderen Seite ist vor allem analytischer Natur. Das heißt, in der Realität werden beide Prozesse parallel verlaufen, lediglich die Gewichtung zueinander verschiebt sich abhängig von der Mobilität in den Quartieren. Diese Mobilität geht in erster Linie von den mittleren und oberen Schichten aus, die die Nachfrage nach Wohnungen bestimmen und von denen die Prozesse in Gang gesetzt werden. Die Armen warten dagegen passiv auf das Herunterfiltern von Wohnungsbeständen, da sie selbst keine Möglichkeit haben, dieses zu beschleunigen oder zu beeinflussen. Die armen Bevölkerungsgruppen werden ein Herunterfiltern von Quartieren bzw. Wohnungsmarktsegmenten auch begrüßen, da sich für sie die Wahloptionen verbessern und sie mehr Chancen auf dem Wohnungsmarkt haben.

3.6 Wohnungsmärkte und Segregation in der polarisierten Stadt

Das Herunterfiltern oder auch ‚Downgrading' von Wohngebieten ist jedoch nur dann plausibel, wenn es – wie dies auch im Filtering-Modell angenommen wird – keine ausreichende Nachfrage mehr nach einem Wohnungssegment gibt, und sich die potentiellen Nachfrager also nach anderen Teilmärkten orientieren. Dies setzt – wie dies das Filtering-Modell auch angenommen hat – eine konstante Nachfrage nach Wohnraum (besser: eine konstante Nachfrage nach Wohnfläche) und ein steigendes Angebot voraus. Durch den wachsenden Wohnflächenkonsum in den industrialisierten Staaten wurden jedoch Angebotszuwächse von der gestiegenen Wohnflächennachfrage absorbiert, zu

Filterungsprozessen ist es nur begrenzt gekommen (vgl. z.B. Ipsen 1981). Dieser Sachverhalt gilt als einer der zentralen Kritiken an dem Filtering-Modell. Dies verdeutlicht nochmals, wie stark die Forschung zu Wohnungsmarktprozessen sich auf Städte und Gesellschaften mit Wohnungsengpässen und Wohnungsnot konzentrierte.

Welche Auswirkungen haben diese Befunde nun für Wohnungsmärkte unter der Bedingung gesellschaftlicher Polarisierung? Geht man davon aus, dass städtische Gesellschaften ungleicher werden und sich die Einkommen polarisieren, so muss differenziert werden, ob wir es mit einer wachsenden oder schrumpfenden Nachfrage nach Wohnungen zu tun haben, die wiederum stark mit der Bevölkerungs- und Haushaltszahl in den Städten zusammenhängt. In ‚schrumpfenden Städten' (Häußermann/Siebel 1987) mit der Tendenz von Polarisierung verringert sich die Nachfrage vor allem im Segment der Mittelschichten, ohne deswegen in den anderen Segmenten deutlich zuzunehmen. Folge ist ein Preisverfall bei Wohnungen der mittleren Ausstattungsstufe bzw. der Wegfall von Barrieren für ehemals diskriminierte Mieter. Dies führt zu einer höheren Mobilität derjenigen Haushalte, die bisher aufgrund hoher Barrieren an einen Umzug nicht denken konnten. Einige Quartiere werden aufgewertet, es überwiegt jedoch eine Tendenz der Abwertung und somit einer hohen Konkurrenz um einfache und sozial diskriminierte Mieter, da die Wohnungen ansonsten leer stehen. Trotz einer Polarisierung wird es immer neue Gebiete geben, die den einkommensschwachen und sozial diskriminierten Gruppen zugänglich werden. Ob die Segregation von Armut statistisch abnimmt, hängt vor allem damit zusammen, ob die Wohnquartiere sozial homogener werden, ob sich das Herunterfiltern auf bestimmte Wohnungsbestände konzentriert, und welcher Indikator zur Messung der Segregation heran gezogen wird. Unter der Bedingung von Angebotsüberhängen auf dem Wohnungsmarkt ergeben sich also tatsächlich Filtering-Prozesse, die auch Folgen für die Segregation in Städten haben.

Nimmt jedoch die Nachfrage nach Wohnraum zu und findet gleichzeitig eine Polarisierung der städtischen Gesellschaft statt, wie dies z.B. Fainstein et al. (1992) für New York und London, Rhein (1996) und Arbonville et al. (2000) für Paris dargestellt haben, so wird insbesondere in den oberen und unteren Wohnungsmarktsegmenten eine hohe Nachfrage entstehen. Im oberen Bereich können durch Neubau und die Aufwertung von Stadtteilen neue Segmente erschlossen werden, Gentrification ist daher die Regel, und sie führt zu einem wachsenden Druck auf die unteren Wohnungsmarktsegmente bzw. ärmeren Viertel. Die armen Bewohner der Stadt verlieren zunehmend Chancen auf dem Wohnungsmarkt, und sie können steigende Mieten aufgrund von Aufwertungsdruck und hoher Nachfrage nur durch beengtes Wohnen und Überbelegung ausgleichen, was auch im Stadtraum sichtbar wird. Die Segregation von Armut wird sich in diesem Fall erhöhen, und die Versuche von Aufwertung werden besonders brutal und konfliktreich verlaufen. Auch Giffinger stellt an einem modifizierten Filtering-Modell dar, dass sich bei einem Nachfrageüberhang vor allem im untersten Segment Engpässe feststellen lassen (1999, 49). Obdachlosigkeit ist eine Folge der dann entstehenden Wohnungsnot, Überbelegung eine weitere.

Die Polarisierung von Städten hat also keineswegs immer die gleichen Folgen auf den Wohnungsmarkt und die Segregation, entsprechend unterscheiden sich auch die Muster sozialer Segregation in den Städten. Dies kann auch Klagge nach einer Untersuchung mehrerer westdeutscher Großstädte belegen: „Die mit der Berücksichtigung unterschiedlicher Stadttypen verbundene Erwartung, Hinweise auf mögliche Zusammenhänge zwischen der innerstädtischen Segregation und den Merkmalen der Gesamtstadt zu finden, hat sich als unrealistisch erwiesen“ (1999, 53). Die Segregationsmuster und deren Entwicklung seien vielmehr auf stadtspezifische Besonderheiten und unterschiedliche Politiken zurückzuführen (ebd.). Darüber hinaus ist in den untersuchten Städten das Ausmaß der Segregation – bezogen auf die Sozialhilfeempfänger – seit Mitte der 1980er Jahre nicht signifikant angestiegen, wenn man die Segregationsindizes vergleicht (ebd.), obwohl sich in allen Städten starke Armutskonzentrationen entwickelt haben. Dies verweist nochmals darauf, dass die Segregationsindizes kein gutes Maß für Armutskonzentrationen und dem sich hieraus ergebenden Handlungsbedarf sind. Viel wichtiger als die statistischen Maßzahlen zur Segregation ist die Veränderung von Segregationsmustern und die in den Stadtteilen entstehenden sozialen Veränderungen. Die Form und das Ausmaß der sozialen Segregation hängen zum Teil jedoch von der städtischen Politik ab und dem Einfluss, die diese auf Wohnungsmarktprozesse hat.

3.7 Möglichkeiten der politischen Steuerung von Segregation

Die Bekämpfung der sozialen Segregation wird derzeit in vielen Städten angestrebt. Das Leibild ist die ‚durchmischte Stadt‘, und im Bund-Länder-Programm ‚Soziale Stadt‘ sind die Verbesserung der Lebensverhältnisse und der Abbau von Segregation erklärte Ziele. Eine soziale Mischung der Bevölkerung lässt sich allerdings administrativ kaum verordnen. Alle Versuche, sie durch Planung herzustellen, sind bisher weitgehend gescheitert. Selbst in sozialistischen Gesellschaften entwickelten sich Formen der sozialen Segregation auf Basis sehr feiner Unterschiede, obwohl der Staat die Wohnungsvergabe weitgehend unter Kontrolle hatte.

Es ist bisher dargestellt worden, dass durch den Neubau von Wohnungen und durch die Ausweitung des Angebots Umzüge ausgelöst werden. Dies ist die Grundlage des Filtering-Modells, demzufolge alle Bevölkerungsgruppen an dieser Umzugsbewegung teilnehmen. In der Realität sind allerdings nicht alle Haushalte an diesen Umzügen beteiligt. Beim Wechseln der Wohnung entstehen vielfältige Kosten, die für einkommensschwache und große Haushalte Barrieren darstellen und einen Umzug verhindern können. Eine weitere Barriere besteht in den Privilegierungs- und Diskriminierungsverhalten von Eigentümern, die mit ihren Vermietungsstrategien räumliche und sachliche Wohnungsmarktsegmente schaffen. Diese Segmente sind immer nur bestimmten Gruppen zugänglich, sie sind also durch sozial selektive Barrieren voneinander getrennt.

Immer dann, wenn sich Neubau räumlich konzentriert, wenn durch Modernisierung und Aufwertung die Wohnungsbestände ganzer Quartieren in andere Segmente verschoben werden, wenn durch Eigentümer Zugangsbarrieren für ihre Wohnungen geschaffen oder abgeschafft werden, entstehen neue Formen der sozialen Segregation. Alle politischen Maßnahmen, die zum Ziel haben, dass Wohnungen neu gebaut werden und Umzüge erleichtert oder erschwert werden, haben Auswirkungen auf die soziale Segregation, ebenso wie die Schaffung eines eigenständigen Wohnungsmarktsegments mit geregelten Zugangsvoraussetzungen für bestimmte Gruppen und die rechtlichen Bestimmungen, die das Verhältnis von Eigentümer und Mieter regeln. Auch alle Planungen, die die Qualitäten von Stadtteilen beeinflussen und verbesserte Standort- und Wohngebietsqualitäten zum Ziel haben sowie die indirekte und direkte Förderung von Personengruppen verändern die Rahmenbedingungen, unter denen Entscheidungen zum Wohnstandort getroffen werden und haben somit Einfluss auf die soziale Segregation.

Neben der Politik hat das Finanzkapital Einfluss auf die Segregation. In den USA wird den Banken durch die Praxis des ‚zoning' eine herausragende Bedeutung bei der Schaffung segregierter Strukturen beigemessen. Durch die gezielte Vergabe bzw. Ablehnung von Krediten und die Bemessung von Hypotheken kann das Finanzkapital zu Investition und Desinvestition entscheidende Impulse geben. Der Einfluss der Banken auf politische Entscheidungen in us-amerikanischen Städten wird von Harvey (1974) als sehr groß eingeschätzt. In Deutschland kann ein ähnlicher Einfluss in Sanierungsgebieten während der Zeit der Abrisssanierung vermutet werden.

Die hier behandelten Formen der politischen Einflussnahme auf Wohnungsmarktmechanismen sind in ihrer politischen Zuständigkeit allerdings bei ganz unterschiedlichen Ebenen angelegt, und sie betreffen ganz verschiedene Arten der Förderung und Steuerung. Zu unterscheiden sind die Maßnahmen, die in den Bereich der Finanzpolitik (1) und der Stadtplanung fallen (2), die

Maßnahmen, die sich auf das Mietrecht und die mögliche Miethöhe beziehen (3), sowie die Förderung von Wohnungsbau mit den daran gekoppelten Bindungen (4).

(1) Zu jenen Steuerungsmöglichkeiten, die durch die fiskalische Förderung gegeben sind, zählen alle Formen von indirekter (Steuerabschreibungsmöglichkeiten) und direkter Förderung für den Bau, Erwerb oder die Modernisierung von Wohnungen. Wenn die Erlangung der (indirekten oder direkten) Förderung an bestimmte Voraussetzungen gekoppelt ist, stellen sich sozial selektive Auswirkungen ein. Von den Steuerabschreibungsmöglichkeiten profitieren zum Beispiel insbesondere die Steuerzahler mit einer hohen Steuerlast. Bei der öffentlichen Vergabe von Krediten und Darlehen, z.B. im Rahmen der Eigenheimförderung, werden geringverdienende Haushalte dadurch ausgeschlossen, dass sie sich auch günstige Kredite nicht leisten können. Die Förderung der Eigentumsbildung hat, da sie sich bis in die 1970er Jahre ausschließlich und seitdem ganz überwiegend auf das Eigenheim bezog, zu einer Randwanderung der Mittelschichten in der BRD entscheidend beigetragen (vgl. Häußermann/Siebel 1996, 243ff.). Eine andere Form der fiskalischen Steuerung von Segregationsprozessen besteht in der regional oder kommunal unterschiedlichen Besteuerung. Diese war in Deutschland bis zur Weimarer Republik möglich (vgl. Kapitel 4.3), in anderen Staaten, zum Beispiel der Schweiz und der USA, ist sie auch heute noch üblich. In der Regel werden dabei von den Umlandgemeinden geringere Steuersätze von der Einkommenssteuer einbehalten, um vor allem hoch besteuerte Haushalte zu einem Umzug zu bewegen. Beispiele der gezielten Einführung von Steuererleichterungen für abgewertete Wohnquartiere sind allerdings nicht bekannt.

(2) Die städtischen Planungsbehörden sind seit ihrer Bildung zum Ende des 19. Jahrhunderts umfassend an der Entstehung und Festigung von sozialer Segregation beteiligt. Durch die Definition von Geschossflächenzahlen, Art der Bebauung und der funktionalen Mischung (Misch- oder reines Wohngebiet) wird in den Bebauungsplänen die Nutzung von Gebieten und damit auch die potentiellen Nutzer weitgehend bestimmt. Selbst die Infrastrukturausstattung von Gebieten wird durch die Planung festgelegt, da Flächen für Gemeinbedarf reserviert werden können. Die Ausstattung mit Schulen und Kindergärten, mit Sportplätzen und Gotteshäusern, Jugend- und Alteneinrichtungen ist daher in der Bundesrepublik weitgehend einheitlich. Dass Stadtteile dennoch deutliche Qualitätsunterschiede in der Versorgung mit öffentlicher Infrastruktur haben, zeigt Schreiber (1986) am Beispiel von Berlin. Vor allem in den US-amerikanischen Ghettos führt das Fehlen von staatlichen Einrichtungen wie Schulen und ordnungsrechtlicher Präsenz der Polizei zu einer Verschlechterung der sozialen Situation und zur Abwanderung der Mittelschicht (vgl. z.B. Wilson 1987; Davis 1990).

Welche Auswirkung die Ausstattung mit bestimmten Einrichtungen auch auf die ethnische Segregation hat, ist der Verwaltung durchaus bewusst. Bauämter etwa verweigern häufig die Genehmigung für den Bau islamischer Gotteshäuser in Gebieten mit hoher Ausländerkonzentration auch mit dem Hinweis, keine zusätzlichen Anziehungspunkte in den Stadtteilen schaffen zu wollen (Gesemann/Kapphan 2000). In vielen Städten wurde in den 1970er und 80er Jahren mit Zuzugssperren versucht, die ethnische Segregation zu steuern (vgl. Musterd et al. 1998), wenn auch nur mit begrenztem Erfolg und trotz massiver Proteste von humanistischen Verbänden und Zuwandererorganisationen.

Zu den Möglichkeiten der planerischen Steuerung von Segregationsprozessen zählen auch die Maßnahmen zur Wohnumfeldverbesserung und Aufwertung, wie sie die Ausweisung von Sanierungsgebieten und die damit verbundene gezielte Lenkung öffentlicher und privater Gelder in diese Gebiete beabsichtigt. Bis in die 1970er Jahre war die Sanierungssatzung jedoch mit Desinvestition und Abriss verbunden (vgl. Kapitel 4.8). Mit der Sanierungs- sowie in geringerem Maße auch mit der städtebaulichen Erhaltungssatzung können jedoch Modernisierungen, Hausverkäufe, die Umwandlung in Eigentumswohnungen, ja selbst die Miethöhen unter einen Genehmigungsvorbehalt gestellt und damit kontrolliert werden. Ziel der Sanierungspolitik war bis in die 1980er Jahre die Verbesserung der Sozialstruktur in den Sanierungsgebieten (Zapf 1969; Becker/Schulz zur Wiesch 1982), bevor der Verbleib der angestammten Bevölkerung bzw. der Erhalt der Bevölkerungsstruktur angestrebt wurde (Hämer 1990).

(3) Mietobergrenzen stellen ein traditionelles Mittel mietrechtlicher Regulierung dar, um Spekulation in angespannten Wohnungsmärkten, zum Beispiel nach dem 2. Weltkrieg in Deutschland, zu verhindern. In Sanierungs- und Erhaltungsgebieten soll die ansässige Bevölkerung durch Mietobergrenzen nach Modernisierung vor Verdrängung durch zahlungskräftigere Nachfrager geschützt werden. Auch die Einführung einer Mietgesetzgebung in den 1920er Jahren mit Kündigungsschutz und Kündigungsfristen sollte damals erzwungene Wohnungswechsel beenden und zu einer Stabilisierung der Mietverhältnisse beitragen. In der jüngsten Mietrechtsnovelle sind die Kündigungsfristen für Mieter nun auf drei Monate begrenzt worden, um damit die Barrieren für einen Umzug zu senken und eine größere Fluktuation zu ermöglichen.

(4) Die wohl tiefgreifendste Steuerungsmöglichkeit wurde durch das Etablieren eines gemeinnützigen Wohnungssektors geschaffen. Der soziale Wohnungsbau stellt ein eigenständiges Segment des Wohnungsmarktes dar, da die Zugangsvoraussetzungen wie auch die zu zahlende Miete keinen Marktkriterien unterliegen (Sailer-Fliege 1991; Häußermann/Siebel 1996).

Der Staat legt in diesen Beständen die Mieten fest, und bestimmt durch Belegungsbindungen und eine Prüfung der „Wohnberechtigung" die soziale Zusammensetzung der Mieter. Für den Zugang existieren unterschiedliche Dringlichkeitsstufen sowie oftmals spezielle Mindestquoten für Ausländer und Verteilungsschlüssel für Obdachlose. Zwar ist nur in wenigen Fällen – anders als in Wien oder in Großbritannien – der Staat selbst Bauherr oder Wohnungsunternehmer, durch die öffentliche Förderung werden aber kommunale und private Wohnungsunternehmen, Genossenschaften und Privateigentümer an die belegungsrechtlichen Bedingungen gebunden (vgl. Kap. 7).

Die verschiedenen Möglichkeiten der politischen Steuerung von Wohnungsmärkten und der Segregation werden nur selten zielgerichtet eingesetzt. Entsprechend schwer ist es, die genaue Wirkung politischer Steuerung abzuschätzen. Die Durchmischung des Wohnungsbestandes mit öffentlich geförderten und damit belegungsgebundenen Wohnungen stellt die direkteste und effektivste Möglichkeit dar, eine soziale Durchmischung der Bevölkerung zu garantieren. Da die öffentlich geförderten Sozialwohnungen jedoch ganz überwiegend in Großsiedlungen gebaut wurden und heute selbst stark konzentriert sind, lässt sich mit den bestehenden Siedlungen die Segregation nur schwer bekämpfen. Dafür wäre der Bau von Sozialwohnungen oder der Ankauf von Belegungsrechten in den Beständen nötig, wo sich derzeit keine oder nur wenige Sozialwohnungen befinden.

In den Großsiedlungen des sozialen Wohnungsbaus wird oftmals die Aufhebung der Sozialbindung diskutiert, weil diese unter den gegebenen Umständen gerade zu einer Konzentration führe. Eine weitere Forderung ist die Wiedereinführung von Zuzugssperren gegenüber Ausländern, Armen und anderen unerwünschten Gruppen. Diese Forderung ist allerdings rechtlich gar nicht möglich, darüber hinaus ist sie politisch sehr bedenklich, und sie verkennt, dass die Konzentrationen von Armen immer in den Gebieten auftreten, die von anderen Bevölkerungsgruppen nicht mehr nachgefragt werden. Ein Verbot des Zuzugs würde also vor allem zu Leerstand führen. Die Perspektive auf die Konzentration von Armut reflektiert auch nicht, dass sich diese vor allem aufgrund von Wohnstandortentscheidungen reicher Bevölkerungsgruppen ergeben. Die Segregation von Ausländern ist ja identisch mit der Segregation von Deutschen (Kapphan 1995), die Segregation von Armut so hoch wie die Segregation der Reichen in der Stadt.

Die Entstehung sozialräumlicher Segregation soll im Folgenden empirisch untersucht werden. Kapitel 4 gibt einen Überblick über die historische Entwicklung Berlins und geht hierbei auch auf die Möglichkeiten der politischen Steuerung von Segregation ein. In Kapitel 6 werden dann anhand der Analysen von Wanderungsbewegungen in Berlin die Veränderungen der Segregationsmuster während der 1990er Jahre diskutiert.

4. Muster der Segregation in der Stadtentwicklungsgeschichte Berlins

Die heutige sozialräumliche Struktur der Stadt Berlin hat sich in einer langen Geschichte herausgebildet. Im Jahre 1237 erstmals urkundlich erwähnt, entwickelte sich die Doppelstadt Berlin/Cölln rasch zu einer bedeutenden Handelsstadt. Im 15. Jahrhundert wurde Berlin Residenz des Kurfürsten und stieg im 18. Jahrhundert zum Zentrum des preußischen Königreiches auf. Die In dustrialisierung und die Gründung des deutschen Reiches machten Berlin zur unangefochtenen Metropole in Deutschland, bis in Folge des zweiten Weltkrieges die Stadt geteilt wurde und an Bedeutung verlor. Die Teilung der Stadt beeinflusste die sozialräumlichen Strukturen maßgeblich. In Ost- und West-Berlin wurden in unterschiedlichen Systemen verschiedene sozialräumliche Muster begünstigt. In diesem Kapitel sollen die sozialräumlichen Strukturen herausgearbeitet werden, die sich in den verschiedenen historischen Epochen entwickelt haben. Inwiefern sich diese Muster nach der Wiedervereinigung auflösen, wird das Thema der folgenden Kapitel sein.

4.1 Die Residenzstadt

Mit der Ansiedlung der Residenz des Markgrafen und Kurfürsten von Brandenburg begann im 15. Jahrhundert die fünfhundertjährige Herrschaft der Hohenzollern in Berlin. Durch den Bau des Schlosses zwischen 1443 und 1451 initiiert entstand westlich der mittelalterlichen Altstadt ein neuer Stadtteil. Der Kurfürst dominierte Berlin/Cölln und schränkte die Selbstverwaltung der Stadt stark ein. Im Jahre 1514 wurde das gemeinsame Rathaus der Doppelstadt abgerissen, eine Demonstration der politischen Abhängigkeit der Stadt (Ribbe/Schmädecke 1994, 50f.). Bisher hatten Kaufleute das bürgerliche Leben der Doppelstadt bestimmt, nun kamen Bedienstete des Hofes, Beamte und vor allem Militär nach Berlin. Im Stadtgebiet und in der Umgebung entstanden Schlösser und Paläste, Kasernen, Exerzier- und Schießplätze sowie Verwaltungsgebäude und Ministerien. Westlich und südwestlich folgten im 17. Jahrhundert eigene Stadtgründungen, die dem Hof unterstanden.

Karte 4.1: Berliner Stadtteile und Stadttore um 1760

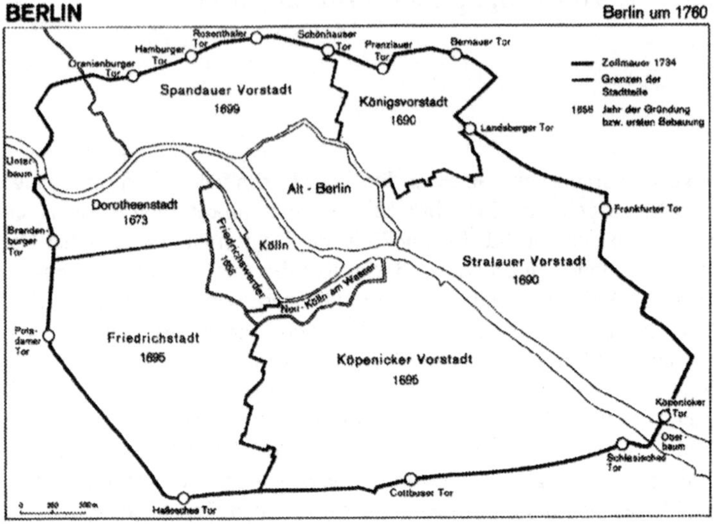

Quelle: Senator für Bau- und Wohnungswesen 1987: Topographischer Atlas Berlin. Berlin: Reimer

Trotz der Funktion als Residenzstadt war Berlin kaum gewachsen und die Bevölkerung nach dem Ausbruch der Pest schwer dezimiert worden. Die entscheidende Wende in der Entwicklung der Stadt brachte das Ansiedlungsprivileg für jüdische Familien von 1671 und der Erlass des Edicts von Potsdam im Jahre 1685, welches die Zuwanderung von Glaubensflüchtlingen in das protestantische Berlin attraktiv machte. Damit stieg die Bevölkerungszahl deutlich an, 1688 hatte Berlin 20.000, im Jahr 1712 bereits 61.000 und 1755 schon 126.000 Einwohner. Am westlichen Spreeufer gründete der Kurfürst neue Siedlungen, die zunächst eigenständige Verwaltungseinheiten bildeten. Die erste Stadtgründung war Friedrichswerder, dann folgten die Dorotheenstadt und die Friedrichstadt (vgl. Karte 4.1). Die Hugenotten bildeten vor allem in der Friedrichstadt und in der Dorotheenstadt große Gemeinden. In diesen neuen Stadtteilen gab der Kurfürst den Zuwanderern Land, verbunden mit der Auflage, Häuser zu bauen. Hier entstanden in der südlichen Friedrichstadt die ersten Textilmanufakturen, im nördlichen Teil Verwaltungs-, Forschungs-, Kultur- und Repräsentationsgebäude. Die östlich davon gelegene Altstadt Berlin mit ihren verwinkelten und schmalen Gassen war dagegen das Zentrum des Handels, und im Norden und Osten der Altstadt schlossen sich damals planlos bebaute Vorstädte an, die noch sehr stark mit landwirtschaftlicher Nutzung durchsetzt waren. Hier überwogen einfache ärmliche Bebauungen, Schuppen und Scheunen (vgl. Skoda 1985). Deutlich zeigte sich also um 1700 bereits eine soziale Segregation zwischen West und Ost. 1709 wurden die fünf Städte zur Einheitsgemeinde Berlin vereinigt, kurz nachdem Friedrich I. sich 1701 in Königsberg die preußische Königskrone aufs Haupt gesetzt hatte.

Der Einfluss des Militärs und des Hofes war in der Stadtstruktur prägend. Begrenzt durch eine Zollmauer mit markanten Stadttoren war die Stadt von Schieß- und Exerzierplätzen umgeben, im Westen und Südwesten lagen die vom Hof genutzten Flächen. Auf dem heutigen Gelände des Zoologische Gartens befand sich die königliche Fasanerie, das königliche Jagdgehege im Tiergarten. Vom Lustgarten wurde der Botanische Garten an die Potsdamer Straße im Südwesten verlegt (heute Kleistpark). Am südlichen Tiergartenrand entstand das Diplomatenviertel. Im Westen und Südwesten der Stadt siedelten sich die Wohlhabenden an. Durch die vielen Schlösser und Schlösschen des Königshauses, die vor allem im 18. Jahrhundert entstanden, wurde die südwestliche Entwicklungsrichtung mit dem Fluchtpunkt Potsdam vorgegeben, und dort folgten später auch die Paläste der Industriellen und die gehobenen Vororte (Kreße 1977, 48f.; Leyden 1995, 65f.).

4.2 Die Industriestadt: Villen und Mietskasernen

Seit der Mitte des 19. Jahrhunderts wuchs die Stadt über ihre von der Zollmauer definierten Grenzen endgültig hinaus. Noch innerhalb der Zollmauer lagen Spandauer Vorstadt, Königsvorstadt, Stralauer Vorstadt und Luisenstadt, Friedrichstadt und Friedrich-Wilhelm-Stadt; 1841 kamen nun auch die Rosenthaler, Oranienburger und die Friedrichsvorstadt zu Berlin, 1861 außerdem Moabit, Wedding, Teile von Prenzlauer Berg sowie die Schöneberger und Tempelhofer Vorstadt. Die Zollmauer wurde 1867/68 abgerissen, da sie der Entwicklung der Stadt im Wege stand.

Die Einwohnerzahl Berlins nahm im 19. Jahrhundert im Zuge der In dustrialisierung rasch zu: 1820 hatte Berlin knapp 200.000 Einwohner, 1849 dann 412.000 Einwohner, 1871 waren es 826.000, und 1877 überschritt die Zahl der Bewohner die 1-Millionen-, 1905 die 2-Millionengrenze. 1912 war der Höhepunkt der Bevölkerungsentwicklung innerhalb der alten Stadtgrenzen erreicht. Seitdem nimmt die Bevölkerungszahl in diesem Areal stetig wieder ab: 1925 waren es 1 971.000, 1939 nur noch 1 779.000 Einwohner.

Die Stadt dehnte sich ins Umland aus, der Prozess der Suburbanisierung setzte ein.

Die starke Zuwanderung in der zweiten Hälfte des 19. Jahrhunderts führte zu einem enormen Bauboom und einer Grundstücksspekulation, in der neu gegründete Terrain- und Aktiengesellschaften engagiert waren. Im Jahre 1862 wurde der englische Ingenieur James Hobrecht beauftragt, einen Straßen- und Erschließungsplan für den Raum Berlin zu entwerfen. Der ‚Hobrecht-Plan' (vgl. Bodenschatz 1987, 54; Geist/Kürvers 1984, 329ff.; Peters 1995, 100f.) sah damals ein Gebiet zur Bebauung vor, welches weit größer war als die bereits bebauten Gelände und weit über die Grenzen des damaligen Berlins hinausging. Innerhalb von nur 50 Jahren – bis zum Beginn des ersten Weltkrieges – wurde die vom Hobrecht-Plan erfasste Fläche bebaut. Der Plan unterteilte große Blöcke, aus denen sich relativ tiefe Grundstücke ergaben. Die Bebauung erfolgte sehr dicht und mit einheitlichen Gebäudehöhen (Berliner Traufhöhe von 22 m), in der Regel mit Vorderhaus, Seitenflügel und Quergebäude, wodurch mehrere Hinterhöfe entstanden. Aufgrund der relativ gleichförmigen und dichten Bebauung ging Berlin als die „größte Mietskasernenstadt der Welt" in die Geschichte ein.

Der Straßenplan von Hobrecht legte eigentlich nicht die Bebauungsdichte und die Qualität der Wohnungen fest, diese waren Ergebnis der Spekulation und hohen Bodenpreise in der Zeit der Verstädterung. Tatsächlich entstanden im letzten Drittel des 19. Jahrhunderts rings um die alte Residenzstadt Wohnquartiere mit einer ähnlichen Baustruktur – aber mit höchst unterschiedlicher sozialer Zusammensetzung der Wohnbevölkerung. In den Arbeitervierteln wurden überwiegend Kleinstwohnungen in verdichteten Strukturen gebaut; in den westlichen bürgerlichen Bezirken vor allem große und geräumige Wohnungen. Innerhalb der Quartiere entstanden die kleineren und günstigeren Wohnungen in den Hinterhäusern, im Vorderhaus waren die Wohnungen etwas größer und die Bewohner wohlhabender. Die großen Wohnungen der Aristokratie, der hohen Beamten und Offiziere sowie des Bürgertums waren luxuriös ausgestattet und hier wohnte neben dem engeren Familienkreis auch das Hauspersonal. Die Verteilung von unterschiedlich großen Wohnungen über das Stadtgebiet spiegelt damit die soziale Segregation wider. Arbeiterhaushalte wohnten aufgrund ihres niedrigen Einkommens überwiegend in den kleinen Wohnungen und hatten damit in den bürgerlichen Quartieren von Charlottenburg, Schöneberg und Wilmersdorf sehr viel weniger Gelegenheiten, überhaupt einen Wohnung zu finden. Umgekehrt war das Wohnungsangebot für die reichen Haushalte in Wedding, Neukölln und Friedrichshain sehr klein. Die gebauten Strukturen entsprachen also sozialen Strukturen und determinierten die sozialräumliche Verteilung der Bevölkerung auf die verschiedenen Stadtteile.

In der baugeschichtlichen Analyse von Peters zeigt dieser eine Karte der ‚Kernzone‘ der Arbeiterwohngebiete, die anhand des Anteils der Bevölkerung abgegrenzt ist, welcher in Wohnungen mit höchstens einem heizbaren Zimmer lebte (vgl. Karte 4.2). „1910 wohnten fast 1,5 Millionen Menschen in Wohnungen mit nur einem heizbaren Zimmer. [Man zählte] rund 100.000 Wohnungen mit mehr als 600.000 Menschen. Als überfüllt galt jetzt eine Wohnung, wenn mehr als vier Personen in einem heizbaren Zimmer lebten“ (Peters 1995, 146f.). Dieser ‚Dreiviertelring‘ schließt die größten Industriegebiete ein. Von der Stadtmitte ausgehend in Richtung Westen und Südwesten erstreckten sich jenseits der Stadtgrenze von Berlin dagegen Wohngebiete, in denen kaum Gewerbe lag. Dies waren einerseits die bürgerlich geprägten Mietskasernenviertel von Charlottenburg, Schöneberg und Wilmersdorf, andererseits Villenkolonien und neue Vorstädte.

Karte 4.2: Dreiviertelring der Arbeiterwohngebiete um 1910

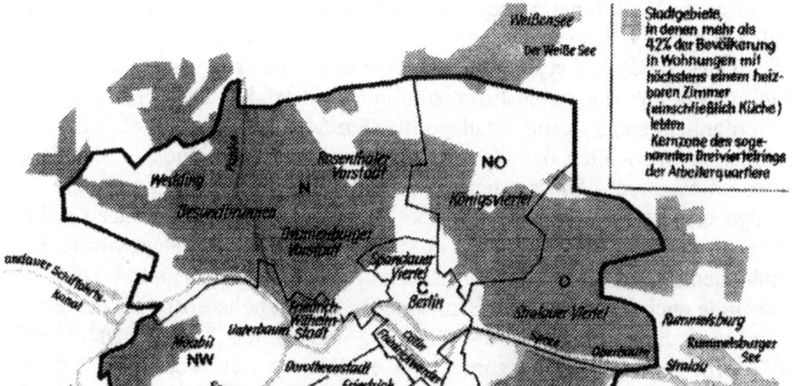

Quelle: Peters, Günter 1995: Kleine Berliner Baugeschichte. Von der Stadtgründung bis zur Bundeshauptstadt. Berlin: Stapp, 147

Innerhalb von wenigen Jahrzehnten wurde Berlin der führende und größte Industriestandort des europäischen Kontinents, wobei das Textilgewerbe zunächst die meisten Beschäftigten aufwies, gefolgt von Metall verarbeitenden Unternehmen, insbesondere Eisengießerei und Maschinenbau. Gegen Ende des Jahrhunderts wurde dann die Elektroindustrie zum Wachstumsmotor der großen Industriestadt. Die ersten Manufakturen konnten noch innerhalb der Stadt in den Hinterhöfen gebaut werden (vgl. Reulecke 1985). Das Textilviertel Berlins lag in der südlichen Friedrichstadt und in der Luisenstadt im heutigen Kreuzberg, das erste Industriegebiet Berlins lag dann an der Chausseestraße direkt vor den Toren der Stadt, heute im nordwestlichen Teil des Bezirks Mitte. Hier hatte sich 1804 die Königliche Eisengießerei angesiedelt, um 1840 folgten Borsig, Zoller&Pflug, Wöhlert und andere. Von der Chausseestraße aus expandierte die Industrie in den 1840er Jahren entlang der Verkehrswege – und dies waren damals vor allem die Wasserwege und die Eisenbahnstrecken – in Form einer Randwanderung. Die erste Expansionsphase verlief westwärts nach Moabit und nordwärts nach Wedding. Weitere Industriezonen entstanden in den 1880er Jahren in Schöneweide und in Spandau an der Spree, in Neukölln am Treptower Schifffahrtskanal sowie am Tegeler See (vgl. Zimm 1959, Thienel 1973).

Dass in den südwestlichen Gebieten kein Gewerbe vorzufinden ist, obwohl gerade hier die ersten Eisenbahnlinien entstanden, ist nicht dem Zufall zu verdanken, sondern mit finanzpolitischen Motiven zu erklären. „Eine der Haupteinnahmequellen der Gemeinden waren die Zuschläge zur staatlichen Einkommenssteuer. Diese Steuer war einkommensabhängig, und die Zuschläge wurden in Prozentwerten von dem Betrag der Staatssteuer erhoben, wobei die Höhe des Prozentsatzes durch die Gemeinde festgelegt wurde. Eine wohlhabende und entsprechend steuerkräftige Einwohnerschaft brachte der Gemeinde auch bei niedrigem Steuersatz erheblich höhere Einnahmen als eine arme (=steuerschwache) Bevölkerung mit hohen Zuschlägen“ (Kreße 1977, 50). Gewerbegebiete zogen aber eine ‚arme Bevölkerung‘ an, da die Arbeiter aufgrund der hohen Kosten für den öffentlichen Verkehr in der Nähe der Fabriken leben mussten. Die unterschiedliche Besteuerung war damit ein wichtiges Element zur Verstärkung der Randwanderung und der damit einher gehenden sozialen und räumlichen Entmischung. Die Zuschläge auf die Steuern waren entsprechend unterschiedlich. Grunewald erhob einen Zuschlag von nur 45% auf die staatliche Steuer, Rummelsburg im Osten Berlins Zuschläge bis zu 220% (Kreße 1977, 50f.). Wer es sich leisten konnte, verließ also die armen Viertel mit hohem Steuersatz. Um die Ansiedlung von wohlhabenden Bewohnern zu sichern, wurden die zu bebauenden Gebiete als Villenvororte ausgewiesen und die Grundstücke möglichst groß gehalten. Gleichzeitig wurden störende Industrieansiedlungen vermieden. Wo bereits

Villengebiete in landschaftlich schöner Umgebung mit Seen und Wäldern lagen, kamen neue Villengebiete hinzu (Kreße 1977, 50). Die arme Bevölkerung jedoch verblieb in den innerstädtischen Mietskasernenquartieren, ohne Grün und saubere Luft, dicht gedrängt und unter der Last der hohen Steuerabgaben.

Ab 1863 wurden außerhalb der Mietskasernenstadt in neu gegründeten Vororten oder bei kleinen dörflichen Siedlungen systematisch Villenkolonien geplant, beginnend 1863 mit der Kolonie Alsen (Wannsee), gefolgt von Westend (1866), Friedenau (1871), Grunewald (1889), Schlachtensee (1894), Nikolassee und Dahlem (1901) sowie Neu-Westend (1913). Im Westen bildeten die Villenkolonien von Halensee ausgehend bis zum Wannsee ein zusammenhängendes Band, das auch Teile des Grunewalds einschloss. In diesem Band lagen und liegen heute noch die exklusivsten Wohngegenden von Berlin. Auch im Ostteil der Stadt wurden Ende des 19. Jahrhunderts Villenkolonien (z.B. Grünau und Karlshorst) gebaut, diese waren jedoch kleiner als die am westlichen Stadtrand und bildeten auch kein zusammenhängendes Gebiet.

Die Vorortgründungen gingen ebenso wie der Ausbau der Mietskasernenstadt auf private Initiativen zurück. Im Gegensatz zur Mietskasernenstadt, die auf dem städtebaulichen Raster des Hobrecht-Plans entstand, schufen bei den Vorstädten die privaten Investoren selbst den Straßenplan und den Stadtraum. Die Grundlage für den Erfolg des wichtigsten Vorortgründers Carstenn lag in Lichterfelde darin, dass er eine vollständige eigene Stadt baute, mit einem Anschluss an das Berliner S-Bahn-Netz und allen Infrastruktureinrichtungen: Eisenbahnstation, Post, Telegrafenamt, Arztpraxis, Apotheke, Schulen (vgl. Posener 1986). Carstenn baute auch Halensee, Friedenau und die Kolonie Wilmersdorf. Die Villenkolonien waren ein städtebauliches Instrument zur sozialen Entmischung der alten Stadt, und aus dem Wunsch nach sozialer Exklusivität der oberen Schichten konnten die Wohnungsunternehmer Profit machen. Eine Baupolizeiverordnung von 1892 sicherte für die Vororte den Charakter der Bebauung, durch diese Festlegung war die erwünschte soziale Segregation garantiert. Die Trennung von ‚armen' Wohngebieten im Osten und Norden der Innenstadt und der guten Wohngebiete in südwestlicher Richtung, die bereits in der vorindustriellen Residenzstadt angelegt war, hatte sich in der Zeit der Industrialisierung verfestigt.

4.3 Die Dienstleistungsstadt: Moderne Wohnviertel für die neue Mittelschicht

1920 erfolgte eine große Gebietsreform. Durch die Zusammenlegung von 8 Städten, 59 Landgemeinden und 27 Gutsbezirken entstand Groß-Berlin. Drei der zehn größten Städte Deutschlands – Berlin, Charlottenburg und Neukölln – gingen in der neuen Stadt auf, die in 20 Bezirke gegliedert war und 3 858.000 Einwohner hatte. Dem ‚steinernen Berlin' mit den Mietskasernenvierteln wurde mit den Domänengütern, den Villenvororten und den großen Wald- und Seengebieten das ‚grüne Berlin' hinzugefügt. Die Eingemeindungen verstärkten das wirtschaftliche Gewicht Berlins, große Industrieunternehmen, die seit der Jahrhundertwende an den Stadtrand oder ins Umland abgewandert waren, befanden sich nun wieder innerhalb der Stadtgrenzen. Auch die Steuern der Vorortgemeinden flossen nun wieder in den Berliner Haushalt.

Mit dem Mietskasernenbau war es nach dem Ersten Weltkrieg vorbei. Die neuen Bauordnungen ließen keine Hinterhofbebauung mehr zu, die Bebauungsdichte wurde allgemein gesenkt, Hinterhäuser verboten. Begrünte Freiflächen traten an die Stelle der beengten Höfe, und die Blockrandbebauung wurde in den meisten neuen Siedlungen aufgegeben zugunsten einer Ausrichtung der Hauszeilen, die sich am Lauf der Sonne orientierte und den Straßenraum auflöste. Die neuen städtebaulichen Vorstellungen setzten sich deutlich von der Mietskasernenstadt ab. Der Zusammenhang, dass ein geringes Einkommen zu einer kleinen und schlecht gelegenen Wohnung führte, sollte durch eine öffentliche Subventionierung des Wohnungsbaus durchbrochen werden. Finanziert wurden die Subventionen in der Weimarer Republik durch eine neu geschaffene Hauszinssteuer (vgl. Ruck 1988; Schulz 1993, 46). Der gemeinnützige, öffentlich subventionierte Wohnungsbau ermöglichte den Bau von sowohl besseren wie auch bezahlbaren Wohnungen für eine breite Schicht der Bevölkerung. Der neue Wohnungsbau war Ausdruck von Demokratie und Modernität, und Berlin wurde in den 1920er Jahren zu einem Zentrum des modernen Siedlungsbaus, in dem die Architekten der Avantgarde Wohnungen für die lohnabhängigen Massen entwarfen.

In der Weimarer Zeit entstanden in Berlin bis 1930 etwa 135.000 Wohnungen, davon 83.000 durch gemeinnützige Gesellschaften. Zwischen 1925 und 1933 wurden mehrere Wohnsiedlungen errichtet (die teilweise nach 1933 weitergebaut wurden). Die bedeutendsten Siedlungen sind: die Hufeisensiedlung Britz, die erste Berliner Großsiedlung des ‚Neuen Bauens' mit 1600 Geschosswohnungen und 679 Ein-Familien-Reihenhäusern; die Waldsiedlung Zehlendorf (Onkel Toms Hütte) mit 1100 Geschosswohnungen und 809 Ein-Familien-Reihenhäuser; die Wohnsiedlung Tempelhofer Feld mit 1800 Wohnungen; die Friedrich Ebert-Siedlung (Afrikanisches Viertel) in Wedding mit 1433 Wohnungen; die Großsiedlung Siemensstadt mit 1370 Geschosswohnungen; die Großsiedlung Schillerpromenade Reinickendorf (die ‚Weiße Stadt') mit 1286 Geschosswohnungen; des weiteren die Wohnstadt Carl Legien im Bezirk Prenzlauer Berg, die Wohnanlage ‚Sonnenhof' in Lichtenberg, der Lindenhof in Schöneberg und andere kleinere Wohnquartiere.

Gegenüber den Wohnungen des Altbestands boten die neuen Bestände eine hohe Wohnqualität und modernste Ausstattung. Die Bebauung in diesen Siedlungen war weniger dicht als in der Innenstadt, und die Wohnungen hatten in der Mehrzahl 1½ und 2 Zimmer, die Reihenhäuser 3½ Zimmer. Die Grundrisse waren typisiert und die Wohnfläche kaum größer als in den Wohnungen der Mietskasernen, aber zum Standard gehörten nun Bad und WC, zumeist ein Balkon sowie zentrale Beheizung und Warmwasserversorgung. Die neuen Siedlungen stellten Alternativen sowohl zu der Mietskasernenstadt wie auch zu den Villenvororten dar, und darin lag ihre stadtentwicklungspolitische Bedeutung. Sowohl der Form als auch der Zugänglichkeit nach sollte die Dichotomie zwischen der hochverdichteten Innenstadt und der durchgrünten Vorstadt aufgelöst werden. Die Siedlungen wurden daher sowohl in den bisher unbebauten Randgebieten der Stadt errichtet wie auch in die bestehenden Villengebiete eingegliedert.

Bei den Bewohnern der Siedlungen des Neuen Bauens handelte es sich – anders als dies zu Beginn postuliert wurde – allerdings weniger um einfache Arbeiter oder Proletarier, denn trotz der öffentlichen Förderung waren die Mieten noch so hoch, dass eine bessere Berufsposition mit einem entsprechenden Einkommen notwendig war, um sie bezahlen zu können. Die Bewohnerschaft setzte sich demnach aus Angestellten und Facharbeitern zusammen, Berufsgruppen, die sich zu Beginn des 20. Jahrhunderts in Berlin stark ausweiteten. Die Haushalte bestanden überwiegend aus zwei Verdienern – die Frauen arbeiteten in den neu entstandenen Büro- und Dienstleistungsberufen –, sodass die Bezahlung der Mieten möglich wurde.

Die Schicht der Angestellten und Beamten trat als Nachfragegruppe erst zu Beginn des 20. Jahrhunderts verstärkt auf. Die ‚Tertiarisierung' der Beschäftigungsstruktur war in Berlin stärker als in anderen Großstädten, weil hier die großen Bürokratien der Reichsregierung, der Banken und der großen Industriekonzerne expandierten. Mit der Bildung der parlamentarischen Demokratie nahmen außerdem die Aktivitäten und damit die Angestelltenzahlen von Parteien und Verbänden zu, die ihren Sitz in der Reichshauptstadt hatten. Die Umbrüche in der Sozialstruktur im frühen 20. Jahrhundert, die durch die Herausbildung einer großen Angestelltenschicht in Berlin geprägt waren (vgl. auch die Studie „Die Angestellten" von Kracauer 1930), hatten auch Folgen für die Sortierung der Bevölkerung in der Stadt. So ist ein deutlicher Zusammenhang zwischen der Entwicklung neuer beruflicher Gruppen und der zeitgleichen Entstehung neuer Wohngebiete zu beobachten: Die im 19. Jahrhundert gebauten Wohnungen waren entweder für Industriearbeiter oder für wohlhabende Unternehmer bzw. hohe Staatsbeamte gedacht, in die neuen Siedlungen zogen nun die neuen sozialen Gruppen der Dienstleistungsstadt. In den ausführlichen statistischen Berichten von Grzywatz (1988) lässt sich für die 1920er Jahre die Tendenz einer selektiven Mobilität zwischen Innenstadtgebieten und Randbezirken ablesen. Die Innenstadtbezirke verlieren zwischen 1925 und 1933 stark an Einwohnern; und vor allem die Zahl der Angestellten und Beamten ist dort rückläufig. In den Außenbezirken setzt sich immer deutlicher die soziale Schicht der Angestellten und Beamten durch. Die Innenstadtbezirke mit ihrem hohen Arbeiteranteil heben sich also sozialstrukturell immer stärker gegen die Außenbezirke ab.

4.4 Stadtentwicklung im ‚Dritten Reich'

In der Zeit des Nationalsozialismus änderten sich die bestehenden sozialräumlichen Strukturen nur wenig, da vor allem an bestehenden Wohngebieten weitergebaut wurde. Zwar gab es megalomanische Planungen zur vollkommenen Neugestaltung der Stadt Berlin (vgl. Reichardt/ Schäche 1990), allerdings wurde davon nur wenig ausgeführt. Während des Nationalsozialismus wurden 102.000 Wohnungen gebaut, also nicht ganz so viele wie während der Weimarer Republik, von denen viele dort lagen, wo an bestehenden Siedlungen weitere Flächen erschlossen werden konnten. Die Siedlungen Siemensstadt, Grazer Damm, Afrikanisches Viertel, Haselhorst, Südwestkorso/ Breitenbachplatz und Wittenau, alle in den 1920er Jahren begonnen, wurden im Dritten Reich erweitert.

So gering die vollzogenen baulichen Eingriffe in die Stadt während der Zeit des Nationalsozialismus waren, so umfassend und verheerend war der Eingriff in das Wohn- und Lebensrecht der jüdischen Bevölkerung. Die meisten Juden, die in Berlin wohnten, kamen aus dem Osten des Deutschen Reiches und aus dem osteuropäischen Ausland. Die enorme Vielfalt des Berliner Judentums begründete seine kosmopolitische Rolle im Leben der Reichshauptstadt. 1871 lebten in Berlin 47.000 Juden, 1910 waren es 151.000 (Hofmeister 1990, 66), die in hunderten von jüdischen Gemeinden und Institutionen mit Vertretern aller religiösen und politischen Richtungen des Judentums organisiert waren. Dem etablierten deutsch-jüdischen Bürgertum liberaler Prägung, darunter ein starkes jüdisches Kleinbürgertum, stand das umfangreiche, vorwiegend ‚ostjüdische' Proletariat gegenüber. Da die Juden rechtlich diskriminiert waren und bis 1871 nicht Beamte oder Offiziere werden konnten, war ihnen sozialer Aufstieg nur über Bildung und Besitz möglich, ihre Aktivitäten konzentrierten sich fast zwangsläufig auf Kunst und Wissenschaft sowie auf Finanzwesen, Industrie und Handel.

In den 1920er Jahren konzentrierten sich die jüdischen Berliner in den bürgerlichen Mietskasernengebieten, in welche die Angestellten und Beamten zugezogen waren. In Wilmersdorf waren damals fast 14% der Bevölkerung Juden, in Charlottenburg und Schöneberg fast 9%. Eine weitere Konzentration hatte sich in der Spandauer Vorstadt erhalten, dem traditionellen ostjüdischen Ghetto, in welchem die Neuzuwanderer aus Osteuropa eine erste Bleibe fanden, und in welchem „äußerste Armut" vorherrschte (Leyden 1995, 104f.). Im Zuge der Vorbereitungen für den „Speer-Plan" – der allerdings nie zur Verwirklichung kam – wurden die Wohnungen von Juden und die Immobilien von jüdischen Eigentümern registriert, um in einer ersten Stufe die Häuser nicht-jüdischer Eigentümer von Juden ‚frei' zu machen. Ziel waren „judenreine Gebiete", und dafür musste die „Zusammendrängung der Juden in anderen Gebieten" (Geist/Kürvers 1995, 73) organisiert werden. Zunächst wurden sie in Wohnungen eingewiesen, aus denen Emigranten weggezogen waren, dann wurden Wohnungen geräumt und die Bewohner in „Judenhäusern", d.h. in Häusern mit jüdischen Eigentümern, untergebracht. 1941 begann die systematische „Evakuierung" zunächst in das Ghetto von Lodz, dann direkt in die Vernichtungslager. Ab 1942 mussten nicht mehr nur die Personen (was bereits seit 1941 Vorschrift war), sondern auch die Wohnungen mit einem Judenstern gekennzeichnet werden. Das Vermögen der Opfer wurde eingezogen, Eigentümer wurden entweder zum Verkauf gezwungen oder enteignet (vgl. Zunzer 1996 und 1997). In die „judenreinen" Gebiete, die im Südwesten von Berlin lagen (die Villenkolonien sowie Hansa-Viertel, Tiergarten, Charlottenburg, das Bayerische Viertel und Wilmersdorf), zogen ab 1941 Angehörige der SS, Parteimitglieder und Staatsbedienstete ein. Begehrt waren vor allem die großen Wohnungen in Wilmersdorf, wo es zuvor die größte Konzentration jüdischer Berliner gegeben hatte.

Von den 170.000 jüdischen Bürgern, die zur Zeit der Weimarer Republik in Berlin gewohnt hatten, wurden 50.000 in den Konzentrationslagern ermordet. Nach dem Ende des Dritten Reiches im Jahre 1945 lebten noch 5.000 Juden in der Stadt, die übrigen waren emigriert oder abgeschoben worden (vgl. Richarz 1986). Mit der Vertreibung und Ermordung der jüdischen Bevölkerung wurde die großstädtische Kultur Berlins empfindlich geschwächt, eine Wiederbelebung des jüdischen Gemeindelebens gelang in beiden Stadthälften nur ansatzweise. Durch die Rückgabe jüdischen Grundbesitzes in den östlichen Bezirken nach 1990, der sich dort vor allem in den Bezirken Mitte und Prenzlauer Berg konzentriert hatte, sind allerdings an verschiedenen Stellen der Stadt wieder neue Ansätze für jüdisches Leben entstanden. Besondere Bedeutung für das jüdische Berlin hatte die Zuwanderung russischsprachiger Juden in den 1990er Jahren. Die jüdische Gemeinde in Berlin zählt heute zur Hälfte russischsprachige Mitglieder, vor allem aus den Großstädten der Ukraine und Russlands (vgl. Kapphan 1997b, 1997c).

4.5 Die geteilte Stadt

Im Zweiten Weltkrieg war jede dritte Wohnung in Berlin zerstört worden. Vor dem Kriegsbeginn lebten noch 4,4 Mio. Einwohner in der Stadt, im Jahre 1946 war die Wohnbevölkerung auf 3,2 Mio. Personen geschrumpft (Hofmeister 1990, 70). Der Wiederaufbau der Stadt und der Neubau von Wohnraum stellten nun eine enorme Aufgabe dar, zumal die wirtschaftliche Situation Berlins für lange Zeit extrem problematisch wurde. Die Rahmenbedingungen für eine ‚normale' Entwicklung fehlten, solange die Frontlinie des ‚Kalten Kriegs' mitten durch die Stadt lief. Viele Unternehmenszentralen verlegten nach dem Krieg ihren Sitz in die amerikanische Verwaltungszone in Westdeutschland, da dort die Bedingungen für eine baldige Wiederaufnahme der Produktion und für die Sicherheit des Eigentums am günstigsten schienen.

Auf der Potsdamer Konferenz (Juli/August 1945) wurde von den Siegerstaaten die Aufteilung Berlins in vier Sektoren (Besatzungszonen) beschlossen: der Sowjetunion wurden die acht östlichen Bezirke unterstellt, die zwölf westlichen Stadtbezirke den USA, Großbritannien und Frankreich. Die politische Situation Berlins war formal durch das Vier-Mächte-Abkommen festgelegt, das bis 1990 in Kraft blieb und Berlin unter die internationale Verwaltung der Siegermächte stellte. In der Realität setzte sich im Zuge weltpolitischer Abgrenzungen jedoch bereits Ende der 1940er Jahre die faktische Teilung der Stadt in zwei getrennt verwaltete Bereiche durch, die gegensätzlichen politischen Systemen angehörten.

Die räumliche und wirtschaftliche Isolation des Westteils sowie die sozialistische Umgestaltung der Ostbezirke schufen neue Bedingungen für die Stadtentwicklung, die keine Fortsetzung bisheriger Tendenzen erwarten ließen. In beiden Teilen der Stadt wurden die bis dahin wirksamen Mächte und Märkte außer Kraft gesetzt. Der staatliche Einfluss auf die räumliche und bauliche Entwicklung war in beiden Teilen groß, die städtebaulichen Konzepte in der unmittelbaren Nachkriegszeit waren sich ebenfalls sehr ähnlich (vgl. Hain 1992 und Bodenschatz 1992). Im Ostteil gab es in den 40 Jahren der Teilung keinen privat finanzierten Wohnungsbau, im Westteil spielten öffentliche Mittel bei der Wohnungsbaufinanzierung eine sehr viel größere

Rolle als in anderen westlichen Großstädten. In der ‚Hauptstadt der DDR‘ wurde das Privateigentum an Grund und Boden abgeschafft, und die Vergabe von Wohnungen wie die gesamte Bautätigkeit gingen in staatliche Hand über. Im Westteil war wegen der Behinderungen und Blockaden der Zufahrtswege sowie wegen der ständigen politischen Attacken gegen die Westbindung das Risiko für private Investitionen so groß geworden, dass faktisch jede Investition durch staatliche Förderung subventioniert werden musste – auch im Wohnungsbau. Die Erwerbstätigen in der Stadt wurden mit einer 8%igen ‚Berlin-Zulage‘, im Volksmund ‚Zitterprämie‘ genannt, dafür belohnt, dass sie in der ‚Frontstadt‘ ausharrten und sich nicht dem Strom derjenigen anschlossen, die die stagnierende Stadt seit 1961 in großem Umfang verließen. Berlin war zu einem Schauplatz der weltpolitischen Ost-West-Konfrontation geworden, für das private Kapital war die Stadt ein zu unsicheres Terrain geworden.

Ost-Berlin fungierte bis 1990 als Hauptstadt der DDR. Alle politischen und wirtschaftlichen Funktionen des Landes waren hier konzentriert. Mit der Inkorporation der DDR in das kommunistische Wirtschafts- und Militärsystem war ein politischer und wirtschaftlicher Zentralismus verbunden, der sich in der herausgehobenen Stellung der ‚Hauptstadt der DDR‘, wie die östlichen Stadtbezirke dann bezeichnet wurden, manifestierte und der durch die damit verbundenen Eingriffe erhebliche Folgen für die Stadtstruktur hatte. Ost-Berlin hatte als Hauptstadt des sozialistischen Staates eine eindeutige Funktionsbestimmung, die auch einen ausgeprägten baulichen Ausdruck finden sollte. Das Zentrum wurde im Sinne der Leitlinien der sozialistischen Stadt umgebaut (vgl. Werner 1977). Dafür wurden im Zentrum weite Teile der historischen Stadt abgerissen, eine Magistrale angelegt, am Alexanderplatz entstand mit dem Fernsehturm die Höhendominante der sozialistischen Stadt. An der Stelle des Schlosses wurde der Palast der Republik gebaut, ein öffentliches Gebäude für das Volk. Im Zentrum waren die Ministerien und staatlichen Einrichtungen (z.B. das Haus des Lehrers) konzentriert, doch wurde im Zentrum zwischen Friedrichstraße und Alexanderplatz auch gewohnt. Im Stadtbezirk Mitte entstanden neue Wohnsiedlungen, in denen es sich zentral und modern leben ließ, und in denen insbesondere Führungskräfte wie auch Akademiker wohnten.

West-Berlin war eine Teilstadt, eine Insel in einem politisch und wirtschaftlich feindlichen Land: politisch unter Besatzungshoheit, wirtschaftsgeographisch von seinen früheren Ressourcen und Märkten isoliert, ohne Umlandbeziehungen und nicht mehr in der Lage, seine früheren zentralen Funktionen für Deutschland wahrzunehmen. So lange der Kalte Krieg vor allem in Europa ausgetragen wurde, hatte West-Berlin aber eine weltpolitische Funktion, für die die Stadt vom westdeutschen Bundesstaat finanziert wurde. Nach

Bauweise, d.h. aus vorgefertigten Bauteilen. Im Bereich der Karl-Marx-Allee im Bezirk Friedrichshain wurden von 1949 bis 1958 bereits insgesamt 22.000 Wohnungen neu gebaut. Nach 1975 entstanden die neuen Bezirke Marzahn mit 68.000, Hohenschönhausen mit 34.000 und Hellersdorf mit 40.000 Neubauwohnungen. Von 1971 bis 1988 wurden insgesamt 330.000 Wohnungen in Ost-Berlin neu gebaut. In ihnen konnten fast 900.000 Menschen wohnen, also zwei Drittel der Bevölkerung. Viele der neu Zugezogenen bekamen in den neuen Großsiedlungen am östlichen und nordöstlichen Stadtrand Wohnungen. Die Altbauten wurden bis auf wenige Ausnahmen dem Verfall preisgegeben, das Ziel, sie überflüssig zu machen, war greifbar geworden.

Auch wenn es offiziell keine soziale Segregation in Ost-Berlin gab, lassen sich anhand der Wohnungszuteilung in der DDR Mechanismen herausarbeiten, die für eine ungleiche Verteilung der Bevölkerung nach sozialen Merkmalen sorgten. Bis auf Ein- und Zwei-Familienhäuser wurden alle Wohnungen von der ‚kommunalen Wohnungsverwaltung' vermietet. Da die Mieten extrem niedrig waren und die Höhe zwischen verschiedenen Lagen und Qualitäten kaum differierte, spielte die Kaufkraft für die Wohnstandortwahl keine Rolle. Für die Zuweisung von Wohnraum galten drei andere Kriterien: ein gesellschaftspolitisches, ein volkswirtschaftliches und ein soziales. An erster Stelle stand das gesellschaftspolitische Kriterium, gemäß dem die ‚Kämpfer gegen den Faschismus' bevorzugt wurden bzw. „Personen, die sich durch herausragende Leistungen bei der Stärkung, Festigung sowie zum Schutz der Deutschen Demokratischen Republik verdient gemacht haben" (vgl. Hannemann 1996). Das volkswirtschaftliche Kriterium beinhaltete, dass Betriebe Belegungsrechte hatten, wodurch indirekt die volkswirtschaftliche Bedeutung einer Branche oder eines Betriebes auf die Wohnqualität seiner Beschäftigten Einfluss hatte. In sozialer Hinsicht bevorzugt wurden kinderreiche Familien, junge Ehepaare ohne eigene Wohnung und allein stehende Mütter mit Kind bzw. Kindern (Großsiedlungsbericht 1994, 40). Bei der Wohnungsvergabe galt der Grundsatz ‚pro Person 1 Raum'. Weil auch die Küche eingerechnet wurde, bekamen auch zwei Personen nur eine 1-Zimmer-Wohnung. Betriebe, gesellschaftliche Einrichtungen und Zweige der öffentlichen Verwaltung hatten eigene Vergabekontingente, sodass sich sehr klare Zugehörigkeiten in Gebäuden mit solchen ‚Kontingentwohnungen' herausbildeten.

Eines der herausragenden Ziele sozialistischer Städtebaupolitik war es, die soziale Segregation der kapitalistischen Stadt aufzuheben und durch eine soziale Mischung zu ersetzen. Dies zu realisieren war in den Neubaugebieten möglich, wo standardisierte Wohnungen von gleicher Qualität und Größe entstanden. In der Skala der Wohnpräferenzen standen bei den meisten Bewohnern des Ostteils der Stadt die Neubaugebiete ganz oben. Dadurch dass bei

Bauweise, d.h. aus vorgefertigten Bauteilen. Im Bereich der Karl-Marx-Allee im Bezirk Friedrichshain wurden von 1949 bis 1958 bereits insgesamt 22.000 Wohnungen neu gebaut. Nach 1975 entstanden die neuen Bezirke Marzahn mit 68.000, Hohenschönhausen mit 34.000 und Hellersdorf mit 40.000 Neubauwohnungen. Von 1971 bis 1988 wurden insgesamt 330.000 Wohnungen in Ost-Berlin neu gebaut. In ihnen konnten fast 900.000 Menschen wohnen, also zwei Drittel der Bevölkerung. Viele der neu Zugezogenen bekamen in den neuen Großsiedlungen am östlichen und nordöstlichen Stadtrand Wohnungen. Die Altbauten wurden bis auf wenige Ausnahmen dem Verfall preisgegeben, das Ziel, sie überflüssig zu machen, war greifbar geworden.

Auch wenn es offiziell keine soziale Segregation in Ost-Berlin gab, lassen sich anhand der Wohnungszuteilung in der DDR Mechanismen herausarbeiten, die für eine ungleiche Verteilung der Bevölkerung nach sozialen Merkmalen sorgten. Bis auf Ein- und Zwei-Familienhäuser wurden alle Wohnungen von der ‚kommunalen Wohnungsverwaltung' vermietet. Da die Mieten extrem niedrig waren und die Höhe zwischen verschiedenen Lagen und Qualitäten kaum differierte, spielte die Kaufkraft für die Wohnstandortwahl keine Rolle. Für die Zuweisung von Wohnraum galten drei andere Kriterien: ein gesellschaftspolitisches, ein volkswirtschaftliches und ein soziales. An erster Stelle stand das gesellschaftspolitische Kriterium, gemäß dem die ‚Kämpfer gegen den Faschismus' bevorzugt wurden bzw. „Personen, die sich durch herausragende Leistungen bei der Stärkung, Festigung sowie zum Schutz der Deutschen Demokratischen Republik verdient gemacht haben" (vgl. Hannemann 1996). Das volkswirtschaftliche Kriterium beinhaltete, dass Betriebe Belegungsrechte hatten, wodurch indirekt die volkswirtschaftliche Bedeutung einer Branche oder eines Betriebes auf die Wohnqualität seiner Beschäftigten Einfluss hatte. In sozialer Hinsicht bevorzugt wurden kinderreiche Familien, junge Ehepaare ohne eigene Wohnung und allein stehende Mütter mit Kind bzw. Kindern (Großsiedlungsbericht 1994, 40). Bei der Wohnungsvergabe galt der Grundsatz ‚pro Person 1 Raum'. Weil auch die Küche eingerechnet wurde, bekamen auch zwei Personen nur eine 1-Zimmer-Wohnung. Betriebe, gesellschaftliche Einrichtungen und Zweige der öffentlichen Verwaltung hatten eigene Vergabekontingente, sodass sich sehr klare Zugehörigkeiten in Gebäuden mit solchen ‚Kontingentwohnungen' herausbildeten.

Eines der herausragenden Ziele sozialistischer Städtebaupolitik war es, die soziale Segregation der kapitalistischen Stadt aufzuheben und durch eine soziale Mischung zu ersetzen. Dies zu realisieren war in den Neubaugebieten möglich, wo standardisierte Wohnungen von gleicher Qualität und Größe entstanden. In der Skala der Wohnpräferenzen standen bei den meisten Bewohnern des Ostteils der Stadt die Neubaugebiete ganz oben. Dadurch dass bei der Vergabe von Wohnungen junge Familien bevorzugt wurden, entstand eine deutliche Alterssegregation nach der Zeit der Fertigstellung (Grundmann 1984, 231). Die Altbaugebiete wurden dagegen dem Verfall preisgegeben. Die Präferenz zugunsten der Altbaugebiete war eine politisch-kulturelle Demonstration von Abweichung: Entweder wollte man sich eindeutig als Dissident aus dem ‚Mainstream' der sozialistischen Lebensweise ausklinken und nahm dafür das Wohnen in den heruntergekommenen Altbaugebieten in Kauf, oder man war aufgrund irgendwelcher Auffälligkeiten im politisch motivierten Zuteilungsprozess durch die Kommunale Wohnungsverwaltung eben nie in den Genuss einer Umzugsberechtigung an den Stadtrand gekommen (vgl. Kil 1992). In manchen Teilen der Altbaugebiete bildeten sich so lokale Inseln oppositioneller Kultur und abweichender Lebensstile, eine Subkultur, die sich von den Ritualen der Loyalitätsbezeugung frei gemacht hatte. Die Altbaugebiete waren symbolische Orte der Nicht-Anpassung, der Abweichung, ja des Widerstandes, während die Neubaugebiete Anpassung, Einordnung und Zustimmung symbolisierten. Die Eliten jedoch wohnten in den Villengebieten am Stadtrand oder außerhalb der Stadt, z.B. in Wandlitz. Auch wenn es keine ausgeprägte soziale Segregation gab, so bestimmten die Wohnungsvergabemechanismen der staatlichen Organe der DDR doch eine Segregation von Privilegierten und Unterprivilegierten. Die geringe Segregation der breiten ‚sozialistischen Mitte' ergab sich schon deshalb, weil die sozialen Unterschiede in der DDR-Gesellschaft insgesamt sehr gering ausgeprägt waren (vgl. Geißler 1992).

4.7 Sozialer Wandel und Segregation in West-Berlin

Nach dem Ende des Zweiten Weltkriegs setzte in West-Berlin eine Abwanderung der Industrieunternehmen ein, die Hauptsitze der Unternehmen, z.B. die von AEG und Siemens, wurden nach Westdeutschland verlagert. Die Verlagerung insbesondere der Forschungs- und Entwicklungsabteilungen großer Unternehmen sowie der vollständige Verlust des Finanzsektors stellte West-Berlin in den Schatten der ökonomischen Entwicklung. In der Teilstadt mussten zweitrangige Industriefunktionen mit Subventionen konserviert und der öffentliche Dienst enorm ausgeweitet werden, um die Bevölkerung zu beschäftigen. Nach 1961 erlebte die Industrie einen erheblichen Beschäftigungsrückgang. Die West-Berliner Industrie wurde durch massive Investitions-Beihilfen gefördert, die vielfältigen Maßnahmen umfassten Umsatzsteuerermäßigungen, Sonderabschreibungen, Investitionszulagen und günstige Darlehen. Trotz dieser Maßnahmen ging die Zahl der Industriearbeitsplätze weiter zurück, zwischen 1961 und 1984 halbierten sie sich von 314.000 auf 158.000.

Bis zum Jahr 1957 stieg die Bevölkerung trotz der politischen und wirtschaftlichen Isolation an. Über 1,5 Millionen Flüchtlinge kamen allein aus der DDR und aus Ost-Berlin in den Westteil, von denen etwa 200.000 in der Stadt blieben. Mit dem Mauerbau versiegte jedoch der Zustrom aus dem Ostteil und die Bevölkerungszahl von West-Berlin sank, obwohl alle Zweitwohnsitze zur Einwohnerzahl zugerechnet wurden. Die Bevölkerungszahl West-Berlins nahm zwischen 1957 und 1984 um insgesamt 380.000 Einwohner, also ein Sechstel ab. Insbesondere die Vermögenden und die ökonomischen Aufsteiger hatten West-Berlin verlassen. Die sinkende Bevölkerungszahl insbesondere nach dem Mauerbau 1961 alarmierte den (West-)Berliner Senat und die Bundesregierung. Die Anwerbung westdeutscher Fachkräfte wurde forciert, der öffentliche Sektor ausgebaut und Frauen verstärkt zur Erwerbstätigkeit ermutigt, u.a. durch die vermehrte Bereitstellung von Kindertagesstätten. In dem bürgerlichen Charlottenburg etablierten sich studentische Wohngemeinschaften in den großen Wohnungen, deren ehemalige Mieter Berlin verlassen hatten.

Seit Mitte der 1960er Jahre setzten die Industrieunternehmen die Anwerbung von ausländischen Gastarbeitern durch, um den durch den Mauerbau eingetretenen Mangel an Arbeitskräften in der Elektro- und Konsumgüterindustrie auszugleichen. Die türkischen Zuwanderer waren mit 88.000 Personen die größte Gruppe, gefolgt von Jugoslawen mit 31.000 und Griechen mit 10.000 Personen (Kapphan 1995). Die Zuwanderung von Ausländern war in Berlin – wie auch in anderen Städten Deutschlands – die bedeutendste sozialstrukturelle Veränderung der Nachkriegszeit. Die Auswirkungen auf die soziale Schichtung und die Beschäftigtenstruktur, auf Modernisierungs- und Rationalisierungsprozesse in der Arbeitswelt waren erheblich. Die Zuwanderer stellten auch eine neue Nachfragegruppe auf dem Markt für Altbauwohnungen dar.

Die Kriegszerstörungen betrafen in Ost- wie West-Berlin rund ein Drittel des Wohnungsbestandes von 1,5 Mill. Wohnungen. Die Schäden konzentrierten sich auf die innerstädtischen Altbaubereiche, in vielen Teilen wurde der Trümmerschutt erst in den 1960er Jahren abtransportiert. Neue Wohnungen entstanden in West-Berlin ganz überwiegend durch öffentliche Förderung (vgl. Bohleber 1990; Hanauske 1993). Zwischen 1949 und 1987 wurden 547.000 neue Wohnungen gebaut, davon rund 80% mit öffentlicher Förderung (Hofmeister 1990, 90). Im Jahre 1963 wurden weite Teile des Gründerzeitbestandes als Sanierungsgebiete festgelegt, vor allem jene, die direkt an der Mauer gelegen waren. Sie sollten abgerissen und mit staatlichen Geldern neu aufgebaut werden. Am Stadtrand wurden praktisch gleichzeitig mehrere

Großsiedlungen im sozialen Wohnungsbau errichtet (Gropiusstadt, Märkisches Viertel, Falkenhagener Feld), in die die Sanierungsbetroffenen umgesetzt werden sollten, städtebaulich also ein ganz ähnliches Konzept, wie es im Ostteil der Stadt verfolgt wurde. Die Sanierungsgebiete galten als ‚rückständige Viertel' (Zapf 1969) und der Abriss der Gebäude sollte den Einzug moderner Lebensweisen fördern.

Nach der Ausweisung als Sanierungsgebiet und dem damit verbundenen Abrissurteil wurden die Häuser vollkommen vernachlässigt, es wurden keinerlei Investitionen mehr vorgenommen. Wer wegziehen konnte, verließ den Stadtteil, Geschäfte mussten schließen, Nachbarschaften zerbrachen. Zahlreiche Wohnungen, ganze Häuser und schließlich komplette Straßenzüge waren geräumt. Um den Abriss durchführen zu können, mussten die vom Senat beauftragten Sanierungsträger die Häuser von den Besitzern aufkaufen. Dieser Aufkauf zog sich jedoch in die Länge, und die Gebäude wurden erst nach und nach entmietet. Der Prozess des Grunderwerbs und des Freiräumens dauerte im Schnitt 13 Jahre, eine Zeit, in denen in den Häusern nichts passierte (Lehmbrock 1982, 119). Vor 1975 hatte die eigentliche Sanierung daher noch gar nicht richtig begonnen. Inzwischen waren jedoch neue Bewohner in die Gebiete gezogen. Viele Wohnungen wurden ‚vorübergehend' an Gastarbeiter vermietet (vgl. Hoffmeyer-Zlotnik 1977), innerhalb von wenigen Jahren stieg so in Kreuzberg der Ausländeranteil auf 25% (1974) mit kleinräumig zum Teil deutlich höheren Konzentrationen.

Der rasante Anstieg der Ausländerzahlen in Kreuzberg lässt sich vor allem darauf zurückführen, dass die als rechtlos betrachteten Gastarbeiter als ‚Zwischennutzer' von zum Abriss bestimmten Wohnungen benutzt werden sollten. Mit einer dauerhaften Ansiedlung hatte damals niemand gerechnet – und offensichtlich auch nicht, dass diesen Zwischenmietern mit einem Mietvertrag im Sanierungsgebiet auch ein Anrecht auf eine Umsetzwohnung zustehen würde. Die türkische Bevölkerung Berlins lebte Mitte der 1970er Jahre vor allem in den Sanierungsgebieten von Wedding und Kreuzberg. Nach der durchgeführten Flächensanierung, die in Kreuzberg im westlichen Teil des Sanierungsgebietes begann, sank der Ausländeranteil in den Siedlungen stark ab. Die Neubausiedlungen waren den Gastarbeiterfamilien verwehrt und die Ausländer wurden in andere Häuser umgesiedelt, die erst später abgerissen werden sollten (Hoffmeyer-Zlotnik 1977, 81). Durch die Umzüge von Ausländern innerhalb der Sanierungsgebiete entstand eine Kettenreaktion: Für die deutsche Bevölkerung waren steigende Ausländeranteile ein deutliches Anzeichen für eine baldige Sanierung. Dadurch stieg die Fluktuation, und die Entmietung konnte beginnen (vgl. Hoffmeyer-Zlotnik 1977, 86).

Zwischen 1963 bis 1975 wurden am Stadtrand neue Großsiedlungen errichtet: das Märkische Viertel mit 17.000 Wohneinheiten für etwa 40.000

Einwohner, die Gropiusstadt mit 19.000 Einheiten und Platz für 50.000 Menschen, und die Siedlung Falkenhagener Feld mit gut 6.000 Wohnungen für 15.000 Bewohner. Die Großsiedlungen – gebaut von städtischen Wohnungsbaugesellschaften mit dem Ziel einer ‚gemischten' Bevölkerungsstruktur – entwickelten sich zum Wohnort der deutschen Mittelschicht. Ausländer und soziale Randgruppen, große Familien und alternative bzw. studentische Milieus waren in der Innenstadt geblieben bzw. fanden zunächst keinen Zugang in die Großsiedlungen – eine erstaunliche Parallele zu den Großsiedlungen in Ost-Berlin.

Seit Mitte der 1970er Jahre, zeitgleich mit der Fertigstellung der Großsiedlungen, formierte sich in den innerstädtischen Abrissgebieten erster Widerstand. Die Bewohner drängten auf eine Beteiligung an den Planungen, die Forderung nach dem Erhalt von Altbauten mit guter Bausubstanz wurde erhoben. In den Altbaugebieten lebten nach den von den Sanierungsträgern organisierten Umsetzungen vor allem jene Gruppen, die nicht in die modernen Großsiedlungen umziehen wollten oder denen dort keine Wohnung angeboten wurde. Aufgrund der Abrissplanung standen Altbauten in großer Zahl leer, wurden aber nicht vermietet. Investitionen in den Erhalt und die Modernisierung der Bausubstanz wurden nicht mehr getätigt. Um den weiteren Verfall der Häuser zu verhindern. wurden dann 1980/1981 von der aufkommenden Hausbesetzerszene 160 Häuser in Beschlag genommen. Ihre Forderungen waren: preiswerten Wohnraum erhalten und nur jene Baumaßnahmen (möglichst in Eigenarbeit) durchführen, die von den Bewohnern als notwendig erachtet wurden. Gleichzeitig drängten die Hausbesetzer auf eine Beteiligung an der Stadtteilplanung. Bei den Versuchen, die Häuser zu räumen, lieferten sich Hausbesetzer und Polizei zum Teil dramatische Straßenschlachten (vgl. hierzu z.B. Laurisch 1981, Nitsche 1981). Stadterneuerung als Abrisspolitik war danach politisch diskreditiert.

In Kreuzberg wurde in den 1980er Jahren eine ‚behutsame Stadterneuerung' (vgl. Hämer 1990) verfolgt, die den Bewohnern bei günstigen Mieten einen Verbleib im Gebiet ermöglichte. In Kreuzberg etablierte sich hierdurch eine bunte Mischung aus Arbeiterfamilien, Zuwanderern und alternativer Szene, die durch eine Fülle von Sozialeinrichtungen, Selbsthilfe- und Stadtteilgruppen charakterisiert war. Die anderen Innenstadtgebiete, so z.B. in Neukölln und Wedding, in denen der Zuzug von Hausbesetzern und alternativer deutscher Mittelschicht weitgehend ausgeblieben war, spürten den selektiven Fortzug der Mittelschichthaushalte in die Großsiedlungen ungleich stärker. Diese Gebiete entwickelten sich immer deutlicher zu Arbeiterquartieren mit einem hohen Anteil von Zuwanderern, die sich sozialräumlich von den Großsiedlungen und den bürgerlichen Stadtteilen deutlich unterschieden.

4.8 Kontinuität und Wandel der sozialräumlichen Muster in Berlin

Die Ausführungen haben gezeigt, dass sich in der Zeit der Industrialisierung in Berlin durch einen ausschließlich privatwirtschaftlichen Wohnungsbau sozialräumliche Differenzierungen und Gegensätze herausgebildet haben: auf der einen Seite die Arbeiterviertel, die um die historische Stadt in den Stadterweiterungsgebieten im Norden, Osten und Südosten (der ‚Dreiviertelring' der Arbeiterviertel) lagen; auf der anderen Seite Wohngebiete mit klarem Übergewicht von Angestellten, Beamten und anderen (begüterten) Haushalten in einem räumlichen Segment, das sich vom Zentrum ausgehend über Charlottenburg, Schöneberg und Wilmersdorf bis nach Wannsee hinzog. Diese sozialräumlichen Konturen haben sich vor allem dadurch herausgebildet, dass in den heutigen Außenbezirken in Zeiten des wirtschaftlichen Aufschwungs Wohnungen für die Ober- und die obere Mittelschicht gebaut wurden, wogegen sich in der Innenstadt kleine und schlecht ausgestattete Arbeiterwohnungen befanden, die jene Bevölkerungsgruppen behausten, die von der wirtschaftlichen Entwicklung nicht profitieren konnten. Die unterschiedlichen Wohnqualitäten sorgten bereits seit der Wende vom 19. zum 20. Jahrhundert für eine statusorientierte Mobilität und damit für eine soziale Segregation.

Vor allem die Steuerung der sozialräumlichen Strukturen über den gemeinnützigen Wohnungsbau in der Weimarer Republik sowie über den sozialen Wohnungsbau im Westteil und den staatlichen Wohnungsbau im Ostteil in der Zeit nach dem Zweiten Weltkrieg hat diese Muster verändert und ihre soziale Schärfe gemildert. Waren um die Jahrhundertwende vor allem Wohnviertel für die Bezieher höherer Einkommen erschlossen worden, orientierte sich der staatlich geförderte Wohnungsbau der 1920er und 30er Jahre vor allem auf die breite Mittelschicht. Diese Orientierung wurde auch in der zweiten Hälfte des 20. Jahrhunderts beibehalten. Herausgebildet hat sich dadurch ein Wohnungsbestand, der nicht so exklusiv war, dass er lediglich den höheren Einkommensgruppen zugänglich wäre, andererseits auch deutlich besser als die Altbauquartiere, deren mangelhafte sanitäre Ausstattung und dichte Bebauung heftiger Kritik ausgesetzt waren. Entstanden sind zwischen 1920 und 1990 also unterschiedliche Wohngebiete im mittleren Segment des Wohnungsmarktes. Erst in den 1980er Jahren fanden Modernisierungen in den Altbaugebieten statt, diese behielten durch die Zuwanderung ausländischer Arbeiterfamilien ihren niedrigen Status bei.

Nimmt man den Anteil der Arbeiter an den Erwerbstätigen in einem Bezirk als Indikator für soziale Segregation, dann zeigen sich für die Zeitpunkte 1925 und 1991 für Ost- und West-Berlin charakteristische Unterschiede. Im Westteil sind die Gebiete, die einen überdurchschnittlichen Arbeiteranteil haben, genau dieselben wie bereits 1925. An den Orten, wo früher das Proletariat konzentriert war, das sich aus Zuwanderern aus den ländlichen Gebieten Mittel- und Ostdeutschlands rekrutiert hatte, wohnen auch heute die Arbeiter, darunter die heutigen Zuwanderer aus dem Ausland.

Ganz anders ist dies im Ostteil. Die ehemaligen Arbeiterwohngebiete haben – bezogen auf den gesamten Bezirk – heute einen unterdurchschnittlichen Arbeiteranteil. Überdurchschnittlich sind im Jahr 1991 dagegen die Anteile in den Neubaubezirken Marzahn, Hohenschönhausen und Hellersdorf. Die sozialistische Wohnungspolitik und -verteilung hat also deutlich erkennbar Wirkungen auf die sozialräumliche Struktur gehabt: Aus den verfallenden Altbaugebieten wurden die Arbeiter in die neuen Wohngebiete umgesetzt. Die Wohnungen mit der besseren Ausstattung (Zentralheizung, Warmwasserversorgung) wurden bevorzugt an die ‚sozialistische Mittelschicht' vergeben. Hierzu zählten im Sozialstatus-Gefüge der DDR zweifellos auch die Arbeiter. In die von ihnen verlassenen Altbaugebiete rückten jedoch keine proletarischen Zuwanderer nach – die wenigen ‚Gastarbeiter' in der DDR lebten kaserniert und separiert am Stadtrand.

Auch in anderer Hinsicht werden die Ergebnisse unterschiedlicher wohnungspolitischer Systeme sichtbar. Beim Hochschulabschluss, einem zuverlässigen Indikator für die Schichtzugehörigkeit, zeigen sich zwischen Ost und West gegensätzliche Muster der Wohnortverteilung: Während der Anteil von Hochschulabsolventen unter den Bewohnern im Westen im Randbezirk Zehlendorf am höchsten ist, weist im Ostteil der Stadt der Bezirk Mitte den höchsten Anteil auf. Bei den niedrigsten Anteilen ist es umgekehrt: Sie finden sich im Osten in den Neubaugebieten am Rand, im Westen in den innerstädtischen Quartieren von Wedding und Neukölln sowie in Tempelhof, gefolgt von den Bezirken Kreuzberg und Tiergarten. Das Wohnen in den innerstädtischen Neubaugebieten im Ostteil war ein absolutes Privileg, und in den Altbauten hatte sich aus eigener Entscheidung eine kulturelle und politische Subkultur von Intellektuellen eingerichtet. Politische Privilegien und kulturelle Abweichung sind also die Grundlage für den hohen Anteil von Bewohnern mit dem höchsten Bildungsabschluss in der östlichen Innenstadt.

Die historische Kontinuität der sozialräumlichen Verteilung ist im Ostteil der Stadt durch die sozialistische Wohnungs- und Belegungspolitik absichtlich unterbrochen worden. Im Westteil der Stadt wurde der Gegensatz zwischen innerstädtischen Arbeiterwohngebieten und Villenvororten, der bereits zur Jahrhundertwende 1900 angelegt war, durch den sozialen Wohnungsbau der 1920er bis 70er Jahre zwar relativiert, jedoch nicht aufgelöst. Die Oberschichtwohngebiete in den Villenvororten weisen bis heute eine ausgeprägte soziale Kontinuität auf. Dies lässt sich vor allem daraus erklären, dass seit den 1920er Jahren exklusive Oberschicht-Wohngebiete nicht mehr

Tabelle 4.1: Ausbildungs- und Berufsstatus der Erwerbstätigen in Berlin 1991

Bezirk	Anteil Arbeiter 1925	Anteil Arbeiter 1991*	Anteil Beamte/ Angestellte 1991*	Anteil Hochschulabschluß 1991*
Tiergarten	37,2	43,2	49,0	9,4
Wedding	59,6	52,2	43,0	7,1
Kreuzberg	46,0	50,7	40,7	14,0
Neukölln	53,8	40,0	53,6	4,9
Schöneberg	23,5	26,7	60,1	19,9
Charlottenburg	29,7	26,9	58,9	18,6
Spandau	53,6	36,8	56,4	5,5
Reinickendorf	47,5	33,7	57,7	7,1
Tempelhof	37,5	27,7	62,4	6,2
Wilmersdorf	16,3	19,9	66,2	16,3
Steglitz	23,6	25,5	65,2	13,9
Zehlendorf	19,3	11,4	69,0	23,9
Mitte	42,0	21,6	71,0	28,8
Prenzlauer Berg	49,3	28,4	66,1	14,4
Friedrichshain	55,4	27,8	66,2	17,3
Treptow	50,1	25,4	69,7	18,3
Köpenick	47,7	33,7	61,2	12,3
Lichtenberg	48,9	28,4	67,8	16,2
Weißensee	55,1	28,2	66,0	11,3
Pankow	38,5	25,7	69,2	20,3
Marzahn	–	34,1	62,3	16,0
Hohenschönh.	–	28,9	67,5	17,7
Hellersdorf	–	33,2	62,2	16,3
Berlin	43,1	31,8	60,4	13,5
Berlin-West		33,6	56,8	11,0
Berlin-Ost		29,1	66,1	17,1

* in % der Erwerbstätigen bzw. der Personen, die eine Angabe zum Berufsabschluss machten;
Quelle: Statistisches Landesamt Berlin: Mikrozensus, für 1925: Grzywatz 1988, 356

neu erschlossen, sondern nur noch erweitert wurden. Die traditionellen Wohnorte mit hohem Prestige haben aufgrund ihrer starken Durchgrünung, ihrer attraktiven Lage an den Berliner Seen oder der großzügigen gründerzeitlichen Bebauung nicht an Prestige verloren.

In den folgenden Kapiteln soll nun dargestellt werden, wie sich im Berlin der 1990er Jahre die sozialen Strukturen und Ungleichheiten verändert haben, und welche Auswirkungen dies auf die sozialräumlichen Konturen der Stadt hatte. Kapitel 5 widmet sich den ökonomischen Entwicklungen sowie der Zunahme von Armut und Arbeitslosigkeit, Kapitel 6 wird dann die Prozesse sozialräumlicher Veränderung darstellen und aufzeigen, welche Bedeutung die neuen Wohngebiete für die gesamtstädtische Segregation nach sozialen Kriterien haben.

5. Armut und Arbeitslosigkeit in den 1990er Jahren

Durch dem Fall der Berliner Mauer am 9. November 1989 begann eine neue Epoche in der Stadt. Mit der Vereinigung wurde das rechtliche, wirtschaftliche und politische System der Bundesrepublik auf das Gebiet der DDR übertragen, deren neu gegründete Länder den ‚Beitritt' zur Bundesrepublik beantragt hatten. Damit waren Veränderungen auf dem Arbeitsmarkt und in der Sozialstruktur vor allem im Ostteil der Stadt zu erwarten. Allerdings wurde auch West-Berlin von einem vereinigungsbedingten Wandel erfasst, der zwiespältige Wirkungen auf die Lebensbedingungen und die soziale Lage der Bewohner hatte. Denn einerseits gewannen sie durch den Bedeutungswandel der Stadt neue Karrierechancen, andererseits gingen ihnen aber auch Privilegien verloren, deren Existenz oft erst mit ihrem Verschwinden bewusst wurden. Die starke Konzentration von Arbeitsplätzen in der Industrie und der öffentlichen Verwaltung sollte im Laufe der 1990er Jahre in Berlin zu einem drastischen Rückgang der Beschäftigung und Abbau von Arbeitsplätzen führen.

In diesem Kapitel soll der Wandel der Beschäftigungsstruktur und der Arbeitsmarktlage in beiden Stadthälften dargestellt werden. Dabei gilt die Aufmerksamkeit vor allem der Zunahme von Arbeitslosigkeit, dem Anstieg beim Bezug sozialer Leistungen und der Problematik geringfügiger und schlecht bezahlter Beschäftigung. Soweit dies mit den verfügbaren Daten möglich ist, wird dies für die 1990er Jahre für die einzelnen Bezirke, zumindest aber für die beiden Stadthälften dargestellt. Ziel ist es, über die Hintergründe den Personenkreis zu skizzieren, der von den Verwerfungen auf dem Arbeitsmarkt am stärksten betroffen ist und den Umfang einer ökonomisch ausgegrenzten Bevölkerung in der Stadt zu bestimmen.

5.1 Arbeitsmarktentwicklung

Durch die Einführung von überregionalem Wettbewerb und durch das Ende von Erhaltungssubventionen wurde die Ökonomie in beiden Teilen der Stadt grundlegend umgewälzt. Nicht nur der – im internationalen Vergleich – überproportional starke produzierende Sektor erlebte einen tiefen Einbruch, auch viele der staatlich finanzierten bzw. subventionierten kulturellen und sozialen

Dienstleistungen wurden abgebaut. In Ost-Berlin musste die Wirtschaft innerhalb kürzester Zeit einen Systemwechsel verkraften und in der gesamten Stadt mussten subventionierte Bereiche reduziert werden. Gleichzeitig verlief der aufgestaute Wandel von der Industrie- zur Dienstleistungswirtschaft mit großer Geschwindigkeit. Da nicht nur die Subventionen für die Unternehmen gekürzt bzw. gestrichen wurden, sondern auch der Bundeszuschuss zum Haushalt des Landes Berlin wegfiel – die Zuwendungen im Länderfinanzausgleich können diesen nur teilweise substituieren –, geriet die Stadt Berlin in eine dramatische Finanzkrise (vgl. Weinzen 1999), die sich im Jahre 2001 nochmals drastisch verschärfte. Eine gewerbliche Struktur, die vor allem durch den Abbau von Arbeitsplätzen geprägt ist, bringt weniger Steuereinnahmen in die Landeskasse, zurückgehende Beschäftigungszahlen bedeuten zudem Verluste bei der Einkommensteuer. Der damit erzwungene Abbau von Beschäftigung auch im öffentlichen Dienst bzw. in öffentlichen Unternehmen erhöht weiter die Arbeitslosigkeit, und dies bedeutet noch weniger Einnahmen und noch weiter steigende Ausgaben im Sozialbereich. Dieser Teufelskreis hat sich in den zehn Jahren seit der Wende etabliert.

Der Weg in die postindustrielle Stadt geht einher mit massiven Umschichtungen in der Beschäftigtenstruktur. Industrielle Tätigkeiten vor allem in Fertigung und Montage werden abgebaut. Neue Beschäftigungsfelder entstehen dort, wo neue Technologien und neue Produkte entwickelt, vermarktet und vertrieben werden, aber auch in den Dienstleistungsbereichen, die persönliche Konsumbedürfnisse befriedigen und moderne Hilfsdienste ausführen. Der Weg in die Dienstleistungsgesellschaft bringt damit gleichzeitig neue gut bezahlte Arbeitsplätze in den produktionsorientierten Dienstleistungen und viele weniger gut bezahlte Tätigkeiten in den konsumbezogenen Diensten (vgl. z.B. Häußermann/Siebel 1995; Krätke 1995). Hoch qualifizierte Tätigkeiten in Forschung und Entwicklung, in der Datenverarbeitung und im Finanzwesen, in der Rechts- und Unternehmensberatung, in der Informationsvermittlung, in Werbung, in Kommunikation und in den neuen Medien (‚New Economy') wachsen rasch, und dort kann sehr viel Geld verdient werden. Auf der anderen Seite expandieren die schlecht bezahlten, häufig auch befristeten Jobs in der Gastronomie, in den Bereichen Reinigung und Transport, Wachdienste und sonstige Hilfsdienste (vgl. auch Krätke/Borst 2000). Verbunden sind mit dieser Entwicklung neue Tätigkeitsprofile, die andere Qualifikationsanforderungen stellen. Es gibt bei dieser Entwicklung also neue Gewinner und neue Verlierer. Die gewohnte Arbeitswelt gerät durcheinander und polarisiert die Einkommensverteilung zwischen diesen Gruppen zumindest in der Phase des Wandels.

In den 1990er Jahren ist die Gesamtzahl der potentiellen Arbeitskräfte in Berlin leicht zurückgegangen. Die Zahl der Erwerbspersonen, die als die

Gesamtzahl der Personen definiert wird, die auf Erwerbsarbeit ausgerichtet ist, sank von 1,88 Millionen (1991) auf 1,82 Millionen (1997). Wesentlich stärker ist jedoch der Rückgang der erwerbstätigen Bevölkerung, die im gleichen Zeitraum von 1,69 auf 1,48 Millionen abnahm (vgl. Tabelle 5.1). Entgegen gesamtdeutschen Tendenzen sank die Erwerbstätigenzahl zwischen 1991 und 1997 vor allem im Westteil, und zwar um 15%, wogegen sich der Rückgang in Ost-Berlin auf die Jahre 1990 bis 1992 konzentriert. Insbesondere unter den Bewohnern der West-Berliner Innenstadtbezirke ist der Rückgang der Beschäftigtenzahlen sehr hoch, z.B. in Neukölln mit 22%.

Tabelle 5.1: Erwerbstätige und Erwerbspersonen in Berlin 1991 - 2000

	Berlin		West-Berlin		Ost-Berlin	
	Erwerbs-tätige in 1000	in % der Erwerbs-personen	Erwerbs-tätige in 1000	in % der Erwerbs-personen	Erwerbs-tätige in 1000	in % der Erwerbs-personen
1991	1.690	89,6	1.028	90,3	662	88,5
1994	1.610	85,7	994	86,3	617	84,9
1997	1.531	83,6	926	83,6	605	83,6
2000	1.472	83,1	871	82,4	601	84,2

Quelle: Statistisches Landesamt Berlin: Mikrozensus

In den 1990er Jahren ist also ein allgemeiner Rückgang der Beschäftigtenzahlen zu beobachten. Betrachtet man die einzelnen Branchen, so zeigt sich, dass sich der Abbau von Arbeitsplätzen in einigen wenigen Bereichen konzentriert. Besonders stark war der Rückgang der Beschäftigten in der Verwaltung und im Produzierenden Gewerbe, hier sank die Beschäftigtenzahl um über die Hälfte. Im Jahre 1992 waren in Berlin noch 1,38 Millionen Erwerbstätige sozialversicherungspflichtig beschäftigt. Deren Zahl sank um 16% auf 1,16 Millionen im Jahre 1997 (vgl. Tabelle 5.2).

In West-Berlin wurden zwischen 1989 und 1997 30% der industriellen Arbeitsplätze abgebaut, in Ost-Berlin zwischen 1989 und 1992 knapp zwei Drittel und zwischen 1992 und 1997 noch einmal 38%. In Ost-Berlin galt ein Großteil der Industriebetriebe als nicht mehr wettbewerbsfähig, daran konnte auch der Verkauf an westdeutsche Unternehmen nichts ändern – in einigen Fällen waren diese sogar nur an der Immobilie, nicht jedoch an der Fortführung der Produktion interessiert. Der Arbeitsplatzabbau betraf insbesondere die ausländische Bevölkerung. Im Verarbeitenden Gewerbe in West-Berlin waren 1997 nicht einmal mehr halb so viel Ausländer beschäftigt wie 1990: Ihre Zahl reduzierte sich von 40.000 auf 18.000. Die Ursache dafür ist, dass durch Rationalisierung und durch den Arbeitsplatzabbau, der auf den Subventionsverlust zurückgeht, vor allem Beschäftigung für unqualifizierte Arbeitskräfte weggefallen ist. In anderen Wirtschaftsbereichen konnte dieser Rückgang nicht ausgeglichen werden. Die Zahl der ausländischen Beschäftigten im Westteil sank zwischen 1990 und 1998 um 26% von 99.500 auf 73.600, trotz eines Anstiegs der ausländischen Bevölkerung um über 30%.

Der Beschäftigtenrückgang in Berlin beschränkte sich allerdings nicht auf das Produzierende Gewerbe. Auch andere Wirtschaftsbereiche blieben in den 1990er Jahren von Arbeitsplatzverlusten nicht verschont, so trugen der Handel sowie der Bereich Transport und Telekommunikation zum Arbeitsplatzabbau erheblich bei (vgl. Tabelle 5.2). Aber auch im engeren Bereich der öffentlichen Beschäftigung, ‚beim Staat', ist die Beschäftigung um etwa 30% zurückgegangen. Die öffentlichen Verwaltungen und die öffentlichen Betriebe in West-Berlin waren in der Zeit der Teilung so etwas wie große Beschäftigungsgesellschaften, da der private Sektor das Beschäftigungsniveau nicht so hoch hätte halten können, wie es im ‚Schaufenster des Westens' politisch für notwendig gehalten worden war. Die Beschäftigtenzahl in der Ost-Berliner öffentlichen Verwaltung übertraf 1989 jene der West-Berlin Verwaltung noch bei weitem; und damit alle Maßstäbe, die in einer Marktwirtschaft als tragbar gelten.

Die Abnahme von sozialversicherungspflichtig Beschäftigten ging einher mit einer Zunahme von Teilzeitbeschäftigungen und von Tätigkeiten auf informeller oder illegaler Basis, also mit einem Anstieg prekärer, zeitlich begrenzter Jobs, ohne Sozialversicherung und ohne Garantie auf ein festes Monatsgehalt. Diese sind in Tabelle 5.2 nicht berücksichtigt, da es über die Zunahme von Beschäftigungsverhältnissen ohne Sozialversicherungspflicht keine amtlichen Daten gibt. Da die Zahl der versicherten Beschäftigungen stärker sinkt als die Zahl der Arbeitslosen ansteigt, lässt sich jedoch mutmaßen, dass ein Teil der ehemals sozialversicherten Beschäftigten in unversicherte Tätigkeiten gewechselt ist.

Die Zahlen in Tabelle 5.2 zeigen, dass zwar in einzelnen Branchen in beiden Teilen der Stadt Arbeitsplätze abgebaut wurden, zunächst gewann jedoch West-Berlin zwischen 1989 und 1992 deutlich an Beschäftigung, und auch der anschließende Verlust konnte die Beschäftigtenzahlen nicht unter den Stand von 1989 drücken. Ganz anders sah die Situation im Ostteil aus. Zwischen 1989 und 1992 sank die Zahl der sozialversicherungspflichtig Beschäftigten – für 1989 gehen die Zahlen auf Rückrechnungen zurück, die einen vergleichbaren Rechtsstatus abbilden – sogar um 43%. Die Entlassungswellen in Ost-Berlin fanden ganz überwiegend in diesen ersten Jahren nach

Tabelle 5.2: Sozialversicherungspflichtig Beschäftigte in Berlin 1989 – 1997

	1989*)	1992	1995	1997	Index 1989=100
Verarbeitendes Gewerbe	392.211	271.359	206.661	178.755	45,6
Ost-Berlin	197.100	68.234	50.886	42.000	21,3
West-Berlin	195.111	203.125	155.775	136.755	70,1
Baugewerbe	109.969	112.556	118.142	102.993	93,7
Ost-Berlin	56.700	43.477	46.265	41.646	73,4
West-Berlin	53.269	69.079	71.877	61.347	115,2
Handel, Kreditinstitute, Versicherungen	217.463	212.699	189.792	178.419	82,0
Ost-Berlin	100.100	61.138	49.557	48.884	48,8
West-Berlin	117.363	151.561	140.235	129.535	110,4
Verwaltung: Gebietskörperschaften/ Sozialversicherung/ Organisationen ohne Erwerbszweck	404.831	217.863	183.735	169.093	41,8
Ost-Berlin	298.700	103.630	81.737	68.855	23,1
West-Berlin	106.131	114.233	101.998	100.238	94,4
Sonstige Dienstleistungen	460.470	533.426	531.632	506.365	110,0
Ost-Berlin	184.200	199.067	185.297	175.048	95,0
West-Berlin	276.270	334.359	346.335	331.317	119,9
Insgesamt	1 623.111	1 377.669	1 258.221	1 162.323	71,6
Ost-Berlin	856.900	486.263	422.578	386.252	45,1
West-Berlin	766.211	891.406	835.643	776.071	101,3

Quelle: Statistisches Landesamt Berlin
Anmerkung: Nicht enthalten sind Beamte sowie Selbständige und geringfügig Beschäftigte
*) für 1989: Rückrechnung der Beschäftigten Ost-Berlin;
Nach 1997 wurden die Kategorien so umgestellt, dass die Tabelle nicht aktualisiert werden kann.

der „Wende“ statt, sie lagen damit zeitlich vor dem Beschäftigungsabbau in West-Berlin, der erst nach 1992 stattfand.

Ein Großteil des Arbeitsplatzabbaus betraf ältere Arbeitnehmer, die in den Vorruhestand wechselten sowie Frauen, die sich danach zum Teil frustriert vom Arbeitsmarkt zurückzogen und nicht arbeitslos meldeten. Allerdings konnten sich die arbeitslosen Ost-Berliner nun um Arbeitsplätze in West-Berlin bewerben, deren Zahl, wie in Tabelle 5.2 gezeigt, in den ersten Jahren nach der Wende noch zugenommen hatte. Ein Hinweis darauf sind steigende Pendlerzahlen, die darauf hindeuten, dass die beruflich qualifizierten Ost-Berliner Erwerbstätigen in die Arbeitsstellen im Westteil wechseln konnten, während gering qualifizierte Arbeitskräfte aus West-Berlin entlassen wurden. Der starke Anstieg der Arbeitslosigkeit unter Arbeitern mit ausländischer Staatsangehörigkeit, und der hohe Anteil von Arbeitslosen ohne Berufsausbildung im Westteil bestärken diese These.

Trotz einer insgesamt rückläufigen Zahl von sozialversicherungspflichtig Beschäftigten – und nur bei dieser Gruppe ist auch die Angabe über Wohn- und Arbeitsort verfügbar – stieg die Zahl der Pendler in den 1990er Jahren an. Im Jahre 1996 pendelten bereits 16% der Beschäftigten zwischen den beiden Stadthälften, im Jahre 1998 waren es dann 20% und im Jahre 2000 22% der knapp 1 Million Beschäftigten mit Wohn und Arbeitsort in Berlin. Insgesamt entsprach dies 214.000 Personen, die im Jahre 2000 zwischen den beiden Stadthälften pendeln, fast drei Viertel davon von Ost- nach West-Berlin. Sowohl die Zahl der Auspendler wie auch der Pendler zwischen den beiden Stadthälften nahm zwischen 1996 und 2000 zu. Berlin zählte im Jahr

Tabelle 5.3: Pendler in Berlin: Sozialversicherungspflichtig Beschäftigte am 30.6.2000

Wohnort	Arbeitsort				
	Berlin-Ost	Berlin-West	Brandenburg	Sonstige Arbeitsorte	Summe
Berlin-Ost	257.650	154.732	32.155	26.421	470.958
Berlin-West	59.399	487.451	23.185	29.835	599.870
Brandenburg	53.962	78.647	-	-	132.609
Sonstige Wohnorte	18.831	28.424	-	-	47.255
Summe	389.842	749.254	55.340	56.256	-

Quelle: Statistisches Landesamt Berlin

2000 nämlich zusätzlich 180.000 Einpendler, von denen knapp drei Viertel aus Brandenburg kamen. Immerhin 112.000 Berliner hatten ihren Arbeitsplatz außerhalb der Stadt, die Hälfte davon arbeitete in Brandenburg.

Von den Beschäftigten, die in Ost-Berlin leben, haben nur 55% ihren Arbeitsplatz in Ost-Berlin. Fast die Hälfte pendelt also, 33% allein in den Westteil, wo sie über 20% aller Arbeitnehmer ausmachen. Von den Beschäftigten, die in West-Berlin leben, verlassen lediglich 18,7% ihre Stadthälfte, um zum Arbeitsplatz zu gelangen – gut die Hälfte davon (10% der Beschäftigten) in den Ostteil. Dort stellen sie 15% der Beschäftigten, denn nur ein gutes Drittel der Arbeitsplätze in Berlin ist im Ostteil lokalisiert – obwohl 44% der Beschäftigten in Ost-Berlin leben.

Das Pendeln in die andere Stadthälfte ist also für einen Großteil der Ost-Berliner Bevölkerung Normalzustand. Diese tägliche Arbeitsmigration von Ost- nach West-Berlin lässt sich jeden Morgen sowohl in den U- und S-Bahnen als auch auf den Straßen beobachten. Ost-Berliner, die im Westteil arbeiten, ziehen nicht unbedingt auch dorthin. Zumindest deuten die steigenden Pendlerzahlen nicht darauf hin, dass die tägliche Pendelsituation die Vorstufe für einen Umzug in den Westen sein könnte. Die höheren Wohn- und Lebenskosten im Westteil spielen – neben kulturellen Differenzen – bei der Entscheidung zu bleiben eine wichtige Rolle. Trotz der ungleichen Verteilung von Arbeitsplätzen zwischen den beiden Stadthälften, sind die Bewohner der Osthälfte also keineswegs von den Beschäftigungsmöglichkeiten abgeschnitten. 44% der Beschäftigten leben im Ostteil, die Erwerbsbeteiligung liegt damit immer noch über jener des Westteils, auch wenn sie dramatisch gefallen ist. Trotz höherer Erwerbsbeteiligung beider Geschlechter in Ost-Berlin übersteigt die Erwerbslosenquote von Frauen im Ostteil jene des Westteils (vgl. Tabelle 5.4). Wie die folgenden Ausführungen zeigen werden, ist die Arbeitslosigkeit in Berlin jedoch keineswegs auf den Ostteil konzentriert.

Tabelle 5.4: Erwerbstätigenquote und Erwerbslosenquote in Berlin 1997

1997	Erwerbstätigenquote*			Erwerbslosenquote**		
	Insgesamt	Männer	Frauen	Insgesamt	Männer	Frauen
Berlin	62,1	66,5	57,6	12,2	12,8	11,6
Berlin-West	60,6	65,8	55,2	11,9	13,5	10,3
Berlin-Ost	64,6	67,5	61,6	12,7	11,7	13,7

Quelle: Statistisches Landesamt Berlin: Mikrozensus

*Erwerbstätige in % der Erwerbsbevölkerung zwischen 15 und 65 Jahren

**Erwerbslose in % der Erwerbsbevölkerung zwischen 15 und 65 Jahren

5.2 Arbeitslosigkeit und Sozialhilfebezug

Durch den Wegfall von Arbeitsplätzen ist die Arbeitslosigkeit und die Sozialhilfedichte in Berlin seit 1990 drastisch angewachsen. Zwischen 1990 und 1997 hat sich die Arbeitslosenquote in Berlin mehr als verdoppelt und lag im September 1997 bei 17,5% (vgl. Tabelle 5.5). Bereits zwischen 1980 und 1983 war die Arbeitslosenquote in West-Berlin von 4,3 auf 10,4% gestiegen und hatte sich auf diesem Niveau bis zum Ende der 1980er Jahre gehalten. In den Jahren 1990/91 ging sie durch den vereinigungsbedingten wirtschaftlichen Aufschwung zurück (Sept. 1990: 8,7%), seitdem verdoppelte sich die Quote in West-Berlin. In Ost-Berlin betrug die Arbeitslosenquote im September 1990 noch 6,1% und verdoppelte sich bis 1992. Auch danach stieg sie weiter an und erreichte zuletzt 16,7% in 1997. Seit 1994 ist die Arbeitslosenquote in West-Berlin höher als im Ostteil, wobei seit 1997 die Quoten nicht mehr für die beiden Stadthälften getrennt veröffentlicht werden. In Berlin waren im September 1999 17,6% der Erwerbspersonen arbeitslos, die Quote für den Ostteil beläuft sich jedoch schätzungsweise auf 16,7%, im Westteil auf 18,2%.

Die Arbeitslosigkeit trifft je nach Arbeitsmarktlage unterschiedliche Gruppen. Zunächst sind es gering Qualifizierte und solche, deren Qualifikationen auf dem Arbeitsmarkt nicht mehr nachgefragt werden. In Berlin sind von der Arbeitslosigkeit bestimmte Gruppen ganz besonders betroffen: So erreichte die Jugendarbeitslosigkeit und die Arbeitslosigkeit unter Ausländern 1997 bereits 30%. Da vor allem im Produzierenden Gewerbe Arbeitskräfte entlassen wurden, ist neben den genannten Gruppen die Arbeitslosigkeit auch unter Arbeitern und gering Qualifizierten besonders hoch. Im Ostteil der Stadt sind Frauen anteilmäßig stark von Arbeitslosigkeit betroffen, da viele nach der Wende ihre Arbeit verloren haben. Insbesondere für allein Erziehende dürften die Möglichkeiten, nach dem Verlust des Arbeitsplatzes wieder eingestellt zu werden, aufgrund der angespannten Arbeitsmarktlage und der hohen Konkurrenz sehr schlecht sein. Für Jugendliche und neue Zuwanderer ist es besonders schwierig, überhaupt einen Einstieg ins Berufsleben zu finden.

Die neuen Zuwanderer haben in der aktuellen Situation ein doppeltes Problem. Ihre Qualifikationen, die sie im Herkunftsland erworben haben, genügen oft den hiesigen Ansprüchen nicht und werden formal häufig nicht anerkannt. Migration führt also oftmals zu einer Dequalifizierung der Zuwanderer. Darüber hinaus kommen die Zuwanderer in einer Phase nach Berlin, in der Arbeitsplätze abgebaut werden und die Konkurrenz um neue Arbeitsplätze sehr groß ist. Ohne ausreichende Sprach- und Kulturkenntnisse, aber auch ohne Beziehungen zu den ‚Gatekeepern' des Arbeitsmarktes lassen sich in einer solchen Situation nur Arbeiten finden, die entweder keine Qualifikationen voraussetzen und nur mit sehr geringem Einkommen entlohnt werden – oder aber illegal sind. Von der Arbeitslosigkeit sind demnach neue Zuwanderer besonders betroffen. Aber auch die Zuwanderer der 1960er und 70er Jahre, die als Arbeiter in der Industrie gearbeitet haben, wurden in den 1990er Jahren zu in großer Zahl entlassen. Nach Berechnungen des Türkischen Bundes Berlin-Brandenburg beträgt die Arbeitslosenquote der türkischen Bewohner von Berliner im Frühjahr 2001 42%.

Tabelle 5.5: Arbeitslose in Berlin 1990 - 1999 (jeweils September)

	1990	1992	1994	1997	1999	Index (1990 = 100)
Arbeitslose	127.316	199.961	202.594	276.082	265.934	208,9
Ost-Berlin	43.285	89.105	74.967	104.280	99.836	230,6
West-Berlin	84.031	110.861	127.627	171.802	166.098	197,7
Ausländer (West-Berlin)	13.239	24.548	28.057	40.656	39.867	301,1
Arbeitslosen-quote	7,6*	12,0*	12,7	17,5	17,6	231,6
Ost-Berlin	6,1	13,0	12,1	16,7*	16,7*	270,5
West-Berlin	8,7	11,3	13,1	18,1*	18,2*	209,2
Ausländer (West-Berlin)	11,5	20,8	21,7	31,9	33,3	289,6

Quelle: Landesarbeitsamt Berlin-Brandenburg

* nach Juni 1997 sind keine getrennten Quoten für Ost- und West-Berlin mehr verfügbar, für 1990 und 1992 liegen keine Quoten für Berlin vor. Bei den angegebenen Werten handelt es sich um Schätzungen

Als Verlierer der Entwicklung auf dem Arbeitsmarkt erweisen sich also die Jugendlichen, die Unqualifizierten, die gering qualifizierten Arbeiter, allein Erziehende und die Berliner ohne deutschen Pass. Über die Hälfte der Arbeitslosen in Berlin (1998: 58%) waren ihrer Ausbildung bzw. ehemaligen Beschäftigung nach Arbeiter. Auch ausländische Jugendliche weisen eine enorm hohe Quote auf, allerdings gibt es für diese Gruppe keine exakten Zahlen. Die hohe Arbeitslosigkeit und der Wegfall von Beschäftigungsbereichen werden auf absehbare Zeit Merkmale des Arbeitsmarktes in Berlin bleiben. Dies führt dazu, dass der Anteil der Langzeitarbeitslosen an der Gesamtzahl der Arbeitslosen zunimmt. Die Dauer der Arbeitslosigkeit wird in den Statistiken nach jeder Unterbrechung wieder neu gezählt, sodass bei jeder Beschäftigungs-, Umschulungs- oder Fortbildungsmaßnahme (die ja überwiegend Langzeitarbeitslosen offen stehen) der oder die Arbeitslose aus der Sta tistik fällt und auch bei anschließendem Übergang in die erneute Arbeitslosigkeit erst nach einem Jahr wieder als langzeitarbeitslos gilt. 1991 waren noch 27,9% der Arbeitslosen länger als ein Jahr arbeitslos, 1999 bereits 34,1%. Dabei liegt der Anteil der Langzeitarbeitslosen an allen Arbeitslosen 1998 im Westteil bereits bei 38,5%, im Ostteil erst bei 26,2%. Dies hat seinen Grund unter anderem darin, dass das Ausbildungs- und Qualifikationsniveau der Arbeitslosen im Westteil deutlich niedriger ist und bis in die jüngste Zeit die Zahl der Arbeitsbeschaffungsmaßnahmen im Ostteil deutlich höher lag.

Die Arbeitslosigkeit verteilt sich nicht gleichmäßig auf den städtischen Raum. Die Konzentrationen lassen sich in den Arbeiterbezirken und den Zuwandererquartieren finden, in denen die Bevölkerungsgruppen konzentriert sind, die vom Arbeitsplatzabbau am stärksten betroffen sind. Die höchste Arbeitslosenquote weist Kreuzberg auf, gefolgt vom nördlichen Neukölln und von Wedding (vgl. Karte 5.1). Hier konzentrieren sich Arbeiterhaushalte und Zuwanderer, und es gibt einen hohen Anteil von gering qualifizierten Personen und ausländischen Jugendlichen. Neben den innerstädtischen Gebieten in West-Berlin zeigen – neben den nördlichen Teilen von Prenzlauer Berg und Spandau – auch die Großsiedlungen Ost-Berlins erhöhte Anteile von Arbeitslosen, die auch hier auf hohe Anteile von Arbeiterhaushalten zurückgeführt werden können. Die geringsten Arbeitslosenquoten findet sich hingegen im südwestlichen Bereich der Stadt, in den bürgerlichen Bezirken Zehlendorf, Wilmersdorf und Steglitz.

Aufgrund der hohen Arbeitslosigkeit ist die Zahl der Berliner, die ihren Lebensunterhalt überwiegend aus Erwerbseinkommen bestreiten, seit der ‚Wende' beständig rückläufig. Ihre Zahl ging zwischen 1991 und 2000 von 1,65 Millionen auf 1,40 Millionen zurück. Im gleichen Zeitraum verdoppelte sich die Zahl derer, die ihren Lebensunterhalt v.a. aus Transferzahlungen für Arbeitslose bestreiten. Die Zahl derjenigen, deren überwiegender Lebensunterhalt durch Sozialhilfe gedeckt wird, verdreifachte sich sogar fast. Daneben stieg die Zahl der Personen, die überwiegend von Rente leben. Einer sinkenden Zahl von Erwerbstätigen steht also eine immer größer werdende Zahl gegenüber, die von Transferleistungen der Sicherungssysteme abhängig ist. Zwischen dem West- und dem Ostteil bestehen dabei deutliche Unterschiede. Der Anteil der Personen, die ihren Lebensunterhalt (überwiegend) über Erwerbseinkommen finanzieren, liegt im Osten höher; entsprechend niedriger ist der Anteil von Transferbeziehern.

Karte 5.1:
Arbeitslosenanteil 2000

Anteil der Arbeitslosen an den Einwohnern zwischen 18-60 Jahren am 30.06.2000 in Prozent

Unter 8%

8% bis unter 11%

11% bis unter 14%

14% und mehr

Mittelwert für Berlin: 12,5%

Siedlungsfläche Wohnen

Grenzen der Statistischen Gebiete

Quelle: Statistisches Landesamt Berlin
Bearbeitung: A. Kapphan, S. Stolper

Tabelle 5.6: Bevölkerung in Berlin nach überwiegendem Lebensunterhalt 1991 - 2000

	Bevölkerung in 1000				
	Insgesamt	Erwerbseinkommen	Arbeitslosengeld/-hilfe	Sozialhilfe	Rente
1991	3 424,4	1 645,7	115,9	65,2	629,3
1994	3 478,8	1 562,0	176,0	105,3	641,7
1997	3 452,5	1 470,2	212,7	171,0	680,3
2000	3 384,5	1 398,5	209,6	173,7	766,1
1991=100	98,8	85,0	180,8	266,4	121,7

Quelle: Mikrozensus Berlin 1991 – 2000

Im Jahr 1990 verzeichnete West-Berlin einen ersten Höhepunkt bei den Sozialhilfebeziehern. Bedingt durch die hohe Anzahl an Übersiedlern bezogen zum Jahresende 200.000 Menschen in West-Berlin Sozialhilfe. Im folgenden Jahr sank diese Zahl um ein Drittel auf 135.000 Personen; zusätzlich bezogen knapp 50.000 Personen im Ostteil Sozialhilfe. Zum Jahresende 2000 bekamen 269.000 Personen in Berlin Sozialhilfe, dies entspricht 7,9% der Bevölkerung. Während die Sozialhilfedichte in Ost-Berlin vergleichsweise gering ist und nur geringe Abweichungen zwischen den Bezirken festzustellen sind, fallen die Unterschiede in West-Berlin sehr deutlich aus. Die innerstädtischen Bezirke weisen die höchsten Dichten auf: Kreuzberg führt mit 17,5% der Bewohner die Statistik an, gefolgt von Wedding (16,8%) und Neukölln (13,3%). In diesen Bezirken ist die Sozialhilfedichte in den vergangenen Jahren auch deutlich angestiegen. In Zehlendorf am südwestlichen Stadtrand beziehen dagegen nur 3,1% der Bewohner laufende Hilfe zum Lebensunterhalt.

Die hier angeführten Zahlen zur Sozialhilfe weichen von denen des Mikrozensus in der oben dargestellten Tabelle ab. Werden in den Zahlen der Senatsverwaltung für Soziales alle Bezieher der Hilfe zum Lebensunterhalt zu einem bestimmten Zeitpunkt erfasst (Fallstatistik), so fragt der Mikrozensus nach der Quelle des überwiegenden Lebensunterhalts (Tabelle 5.6). Vergleicht man die beiden Werte, so zeigt sich, dass die Zahl derjenigen, die die Sozialhilfe als hauptsächliche Quelle des Lebensunterhalts nutzen um fast 100.000 Personen niedriger als die Gesamtzahl der Sozialhilfebezieher. Bei der niedrigeren Zahl, die im Mikrozensus ausgewiesen ist, sind jene Fälle nicht berücksichtigt, die entweder berufstätig sind und zusätzliche Leistungen des Sozialamtes in Anspruch nehmen, oder um die Personen, deren Rente oder Arbeitslosenansprüche unterhalb des Sozialhilfesatzes liegen, und die nur ergänzend Sozialhilfe beziehen.

Die 269.000 Personen, die zum Jahresende des Jahres 2000 Sozialhilfe bezogen entsprachen 149.000 Bedarfsgemeinschaften, also Haushalten mit im Schnitt 1,8 Personen. Von diesen war in 13% der Fälle mindestens ein Mitglied erwerbstätig, und die hierbei erzielten Einkünfte wurden auf die Sozialhilfe angerechnet. Weitere 14% der Haushalte bezog Sozialhilfe zusätzlich zu einer Rente und 16% zusätzlich zu Bezügen des Arbeitsamtes. Mit 55% waren über die Hälfte der Sozialhilfebezieher zwischen 15 und 65 Jahren jedoch arbeitslos gemeldet, d.h. sie standen dem Arbeitsmarkt zur Verfügung, konnten jedoch keine Arbeit finden. Arbeitslosigkeit ist der Hauptgrund für den Bezug von Sozialhilfe. Im Jahre 2000 sind in der Sozialhilfestatistik wie auch in der Arbeitslosenstatistik jeweils knapp 270.000 Personen erfasst, von denen mit 95.000 jedoch 35,5% in beiden Statistiken auftauchen. Ein zu geringes Einkommen stellt dem gegenüber nur für eine kleine Zahl der Fälle den Grund für Sozialhilfebezug dar. Niedrige Erwerbseinkommen führen also nur in wenigen Fällen zu einer Beantragung bzw. Bewilligung von Sozialhilfe. Ob Niedriglohn dennoch zur Entstehung einer wachsenden Gruppe der ‚working poor' führt, soll im Folgenden ausgeführt werden.

5.3 Einkommensentwicklung und Niedriglohn

Die zentrale Aussage der Polarisierungsthese ist, dass sich die Einkommen der Erwerbstätigen auseinander entwickeln, da in den Städten vermehrt einfache Service-Dienstleistungen und gut bezahlte Unternehmensdienstleistungen nachgefragt werden. Eines der größten Defizite bei der Untersuchung dieser These besteht darin, dass Einkommensdaten in Deutschland nur in höchst unbefriedigender Genauigkeit vorliegen – und praktisch gar nicht in kleinräumiger Untergliederung. Im Folgenden benutzen wir die Daten zur Einkommensentwicklung aus dem Mikrozensus, die in Berlin immerhin für die Bezirke vorliegen sowie die Einkommens- und Verbraucherstichprobe (EVS) von 1998. Nachteilig ist, dass die Mikrozensus-Daten in einer 1%igen Haushaltsstichprobe erhoben werden. Daher ist es einerseits nicht sinnvoll, kleine Schwankungen zu interpretieren, andererseits können die Daten nicht kleinräumig aufbereitet werden. Der Vorteil ist jedoch, dass die Daten jährlich erhoben werden und zeitnah zur Verfügung stehen, was z.B. bei Daten der Einkommenssteuerstatistik des Finanzamtes nicht der Fall ist.

Die Einkommens- und Verbraucherstichprobe 1998 stellt für Berlin ein Einkommensgefälle zwischen Ost und West fest. Das durchschnittliche Haushalts-Einkommen (arithmetisches Mittel) beträgt in Berlin 1998 4.025 DM. Die mittlere Einkommenshöhe liegt im Ostteil Anfang 1998 um 7% unter der West-Berlins. Weiter zeigt sich, dass die Einkommen in West-Berlin im Vergleich zu den alten Bundesländern um 22% niedriger sind und dass das durchschnittliche Haushaltseinkommen in Ost-Berlin um 3% unter dem in den neuen Bundesländern liegt. Erklären lässt sich dies mit den kleineren Haushalten, einem niedrigeren Einkommensniveau und der höheren Arbeitslosigkeit vor allem im Vergleich zwischen West-Berlin und den alten Bundesländern.

Das Durchschnittseinkommen im Mikrozensus liegt gegenüber der Einkommensstichprobe um rund 1.200 DM niedriger. Dies hat seinen Grund darin, dass beim Mikrozensus die oberste Einkommensgruppe mit einer offenen Klasse („mehr als 5000 DM") erfasst wird. Daher ist die durchschnittliche Einkommenshöhe (arithmetisches Mittel) nicht berechenbar und es muss der Median zugrunde gelegt werden. Dieser ist der Wert, bei dem 50% der Einkommen höher, 50% niedriger liegen.

Aus dem Mikrozensus liegen Daten als Haushaltseinkommen und als Individualeinkommen vor. Hier werden die monatlichen Nettoeinkommen der Erwerbstätigen analysiert, um Verzerrungen durch unterschiedliche Haushaltsgrößen auszuschließen. Um ansatzweise der Frage nachzugehen, ob eine Polarisierung der Einkommensverteilung zu beobachten ist, wurden für das individuelle Nettoerwerbseinkommen drei Klassen gebildet. Dargestellt sind für die Jahre 1991 bis 2000 ausschließlich Einkommen aus Erwerbsarbeit, keine Transferleistungen. Die drei Klassen beinhalten jene, die nur sehr geringe Einkommen durch Erwerbsarbeit erzielen und weniger als 1.400 DM bekommen, eine zweite Gruppe mit durchschnittlichen Einkommen zwischen 1.400 und 3.000 DM und schließlich jene, die durch Erwerbsarbeit monatlich über 3.000 DM netto verdienen (vgl. Tabelle 5.7).

Die Gruppe der Erwerbstätigen mit höheren Einkommen ist in Berlin in den 1990er Jahren ständig gewachsen. 1991 waren es noch 17% der Erwerbstätigen, die über 3.000 DM einnehmen, 2000 bereits 31,5%, wobei allerdings die Geldentwertung nicht berücksichtigt ist. Zurückzuführen ist dies insbesondere auf die wachsende Zahl von Besserverdienenden im Ostteil der Stadt. Im Westteil ist der Anteil zwischen 1991 (26,3%) und 1993 (32,2%) angewachsen, war dann bis 1997 stabil und stieg danach wieder an (2000: 35,8%).

Auf der anderen Seite ist zwischen 1991 und 2000 der Anteil derjenigen gesunken, die durch Erwerbsarbeit weniger als 1.400 DM im Monat verdienen. Betrachtet man jedoch die Entwicklung über die einzelnen Jahre, so stellt man fest, dass im Ostteil ihr Anteil von 61% (1991) zunächst auf 15,6%

(1994) gesunken und dann vorübergehend wieder angestiegen war (1997: 19,2%). Eine ähnliche Entwicklung lässt sich auch in West-Berlin feststellen, wo der geringste Anteil 1993 mit 16% festgestellt werden konnte und 1997 wieder 18,2% weniger als 1.400 DM verdienen. Im Jahre 2000 ist der Anteil der Niedrigverdiener unter den Erwerbstätigen wieder rückläufig, sowohl in Ost- wie in West-Berlin. Eine Einkommenspolarisierung lässt sich aus diesen Zahlen also nicht direkt ablesen. Vielmehr schrumpft die Zahl der Erwerbstätigen insgesamt, und darunter auch die Zahl der Niedrigverdiener. Von allen drei Einkommensgruppen steigt nur die Zahl der Einkommensbezieher mit monatlich über 3000 DM an, und zwar nur im Ostteil der Stadt. Die These der Polarisierung der Erwerbseinkommen, die für den Zeitraum 1993 bis 1998 mit den Zahlen belegt werden konnte, lässt sich für die Zeit von 1998 bis 2000 nicht aufrecht erhalten. Statt dessen nimmt die Zahl von Einkommensbeziehern in allen Klassen ab, mit Ausnahme der höheren Einkommen in Ost-Berlin. Die Zahl der gering bezahlten Beschäftigungsverhältnisse wie auch ihr Anteil an den Einkommensbeziehern insgesamt schwindet.

Wenn es also Sinn macht, von einer sozialen Polarisierung zu sprechen, so lediglich in der Polarisierung zwischen höheren Einkommensgruppen und Nicht-Erwerbstätigen, die aus dem Arbeitsmarkt ausgeschlossen wurden und Arbeitslosenbezüge oder Sozialhilfe bekommen. Gleichzeitig zeigen sich räumliche Polarisierungstendenzen. Jene Bezirke mit einem hohen Anteil von Niedrigverdienern befinden sich in der Innenstadt rund um den Bezirk Mitte und in den Großsiedlungsbezirken im Nordosten, dort wo auch die Arbeitslosigkeit besonders hoch ist. Die Bezirke mit einem hohen Anteil von höheren Einkommensbeziehern und einer niedrigen Arbeitslosigkeit befinden sich dagegen im Südwesten der Stadt.

Als Fazit dieser Auswertung der ökonomischen Bedingungen und der erzielten Erwerbseinkommen, der Entwicklung der Sozialhilfe- und Arbeitslosenzahlen lässt sich also festhalten, dass der Prozess der sozialen Polarisierung von den Dynamiken des Arbeitsmarktes ausgeht. Das Risiko der Ausgrenzung ergibt sich, wie dies bereits aus der theoretischen Diskussion abgeleitet werden kann, aus Arbeitslosigkeit und der Abhängigkeit von den sozialen Sicherungssystemen. Arbeitslosigkeit konzentriert sich in den innerstädtischen Wohngebieten und den Großsiedlungen am Ost-Berliner Stadtrand. Diese Gebiete sollen daher zu den Folgen von Arbeitslosigkeit für die Individuen und den Stadtteil in Kapitel 7 und 8 genauer untersucht werden. Ob der Begriff der sozialen Ausgrenzung für die Wirkungen der Arbeitslosigkeit adäquat ist, soll ebenfalls thematisiert werden. Welche Effekte die neuen Wahlmöglichkeiten auf dem Wohnungsmarkt und die steigende Fluktuation in Verbindung mit steigender Arbeitslosigkeit auf die sozialräumliche Struktur der Stadt haben, wird im folgenden Kapitel behandelt.

Tabelle 5.7: Monatliches Einkommen der Erwerbstätigen in Berlin nach Bezirken in den Jahren 1991-2000 (in % der Erwerbstätigen)

	Gesamtzahl der Erwerbstätigen in 1000				Erwerbseinkommen unter 1.400 DM (700 €) in %				Erwerbseinkommen 3.000 DM und mehr (1.500 €) in %			
Bezirk	1991	1994	1997	2000	1991	1994	1997	2000	1991	1994	1997	2000
Tiergarten	44,7	41,2	35,9	37,9	18,3	17,2	19,7	15,9	20,8	24,6	22,7	32,4
Wedding	78,4	75,1	68,3	57,0	17,5	15,9	20,6	19,6	14,6	17,6	20,4	24,7
Kreuzberg	69,7	65,9	59,8	57,5	23,6	23,6	24,4	19,9	11,7	21,2	22,5	26,5
Neukölln	144,8	140,2	123,7	118,2	18,5	17,0	18,8	18,2	21,6	23,8	24,9	30,6
Schöneberg	80,8	78,5	71,0	69,6	17,2	16,7	16,8	15,8	27,8	33,4	33,9	38,4
Charlottenburg	88,7	89,0	83,0	77,8	17,7	14,0	18,8	13,7	29,6	35,0	34,0	40,6
Spandau	104,7	99,3	91,7	82,7	17,5	18,5	16,6	14,4	25,4	29,4	31,8	36,1
Reinickendorf	119,1	114,5	102,6	100,1	17,2	17,0	19,0	16,7	25,7	32,9	34,4	36,7
Tempelhof	91,6	85,3	87,1	80,3	17,0	17,5	19,5	16,3	32,4	33,9	32,3	35,8
Wilmersdorf	71,6	72,2	68,7	67,9	15,1	13,2	14,1	12,8	35,3	45,6	41,6	41,8
Steglitz	92,4	88,0	89,4	83,0	18,0	14,4	15,3	14,7	31,6	39,7	38,2	39,5
Zehlendorf	41,1	44,5	44,9	39,3	13,7	14,8	15,2	14,1	48,0	48,3	53,2	49,1
Berlin-West	1027,7	993,7	926,0	871,3	17,7	16,7	18,2	16,1	26,3	31,5	32,2	35,8
Berlin	1689,9	1610,4	1531,3	1472,1	34,7	16,3	18,6	16,5	17,0	25,2	27,5	31,5

Quelle: Statistisches Landesamt Berlin: Mikrozensus

Fortsetzung Tabelle 5.7: Monatliches Einkommen der Erwerbstätigen in Berlin nach Bezirken in den Jahren 1991-2000 (in % der Erwerbstätigen)

	Gesamtzahl der Erwerbstätigen in 1000				Erwerbseinkommen unter 1.400 DM (700 €) in %				Erwerbseinkommen 3.000 DM (1.500 €) und mehr in %			
Bezirk	1991	1994	1997	2000	1991	1994	1997	2000	1991	1994	1997	2000
Mitte	42,6	40,6	35,7	36,1	54,5	16,2	18,8	19,6	3,3	18,5	22,1	27,6
Prenzl. Berg	71,3	71,7	68,4	65,2	63,3	17,2	20,3	18,5	2,9	14,7	18,2	26,8
Friedrichshain	57,9	51,6	49,9	49,8	62,2	16,7	23,2	17,1	1,7	15,3	13,5	22,3
Treptow	53,0	47,3	45,0	52,3	64,5	16,9	17,5	15,0	1,3	16,4	22,0	31,8
Köpenick	53,7	48,5	46,1	50,2	64,7	17,1	19,0	17,8	2,4	11,6	24,3	29,5
Lichtenberg	87,3	80,4	78,3	69,8	61,2	14,6	15,9	16,2	3,2	10,2	20,0	21,9
Weißensee	28,7	25,9	27,4	32,8	58,4	18,3	24,0	16,3	1,5	22,8	20,7	29,9
Pankow	56,9	47,2	51,7	56,8	58,5	14,7	19,7	18,3	2,7	17,2	23,6	23,0
Marzahn	86,2	80,4	82,0	72,0	58,3	14,3	20,2	17,0	1,9	17,1	18,8	24,0
Hohenschönh.	63,2	58,4	58,2	52,6	62,9	13,2	17,0	19,3	3,6	16,2	18,6	21,0
Hellersdorf	61,5	64,7	62,7	63,2	60,4	15,5	18,4	15,4	2,4	13,2	24,2	24,8
Berlin-Ost	662,3	616,6	605,3	600,8	61,0	15,6	19,2	17,2	2,5	15,1	20,3	25,3
Berlin-West	1027,7	993,7	926,0	871,3	17,7	16,7	18,2	16,1	26,3	31,5	32,2	35,8
Berlin	1689,9	1610,4	1531,3	1472,1	34,7	16,3	18,6	16,5	17,0	25,2	27,5	31,5

Quelle: Statistisches Landesamt Berlin: Mikrozensus

6. Neue Muster der Segregation

Nach dem Fall der Mauer war davon auszugehen, dass sich nicht nur die sozialen Verhältnisse der Bevölkerung verändern würden sondern auch die Bewertung von Räumen in der nun vereinten Stadt. Bezirke, die ehemals an der Mauer gelegen hatten, waren nun im besten Sinne zentral. Innerhalb des zentralen Bereiches zwischen Bahnhof Zoo und Alexanderplatz würden sich nun neue Differenzierungen ergeben, aber auch die Verteilung der Bevölkerung würde sich ändern, wenn die Ost-Berliner Altbaugebiete erst saniert sein und neue Wohnviertel auf den innerstädtischen Brachen und am Stadtrand entstehen würden. Die Entstehung neuer Wohnviertel und die Neubewertung bestehender Quartiere würde so auch zu neuen Mustern der sozialräumlichen Verteilung der Bevölkerung führen. Auch stellt sich die Frage, wie sich die zunehmende Armut in der Stadt auf die soziale Segregation auswirken würde, ob sich neue Konzentrationen armer Bevölkerungsgruppen herausbilden, oder ob sich die Armut gleichmäßiger über die Stadt verteilen würde. Für die Analyse der Prozesse der Segregation, der dieses Kapitel gewidmet ist, muss im Folgenden zunächst auf die Wohnungsbautätigkeit und die Bevölkerungsentwicklung in Berlin eingegangen werden, bevor im weiteren die Wanderungsbewegungen und die Selektivität dieser Wanderungen analysiert werden.

6.1 Wohnungsbautätigkeit nach dem Fall der Mauer

Nach der Vereinigung herrschten in der Region Berlin völlig überzogene Wachstumserwartungen. Ein Wachstum des Agglomerationsraumes von 4,3 auf 5,7 Millionen Menschen bis zum Jahre 2010 schien denkbar, Berlin sollte 400.000 Einwohner dazu gewinnen. Die Politik nahm diese Prognosen euphorisch auf, bedeuteten sie doch einen erheblichen Bedeutungsgewinn der Stadt. Wohnungspolitik und Stadtplanung waren unter dieser Perspektive aufgefordert, ihren Teil dazu beizutragen, dass genügend Wohnraum in der wachsenden Stadt zur Verfügung stehen würde. Die Prognosen gingen – bei der oben genannten Einwohnerentwicklung – von einem zusätzlichen Bedarf von 800.000 Wohnungen aus (vgl. v. Einem 1991). Da ein Teil dieses Bedarfes mit dem Regierungsumzug in Verbindung gebracht wurde, konnte das Land

Berlin in großem Umfang Fördermittel für den Bau von Sozialwohnungen – im ersten und zweiten Förderweg – heraushandeln. Die Steuerabschreibungsmöglichkeiten für bauliche Investitionen – 50% der Baukosten im Neubau konnten über die Sonder-AFA steuerlich abgesetzt werden – begünstigten darüber hinaus den privat finanzierten Mietwohnungsbau in Ostdeutschland.

In den 1990er Jahren wurden im Umland von Berlin und in den Randlagen der Stadt Berlin neue Wohngebiete realisiert, in Berlin z.B. Karow-Nord, Buchholz-West, Altglienicke, Wasserstadt Oberhavel und Biesdorf-Süd. Die zahlreichen Siedlungen im Umland entstanden ganz überwiegend in den Gemeinden, die unmittelbar an die Stadt angrenzen (vgl. Beyer/Schulz 2001). Die meisten Wohnungen wurden in den Jahren ab 1994 fertig gestellt, insgesamt entstanden zwischen 1990 und 1998 in Berlin etwa 120.000 Wohnungen, weitere 78.000 im Berliner Umland. Über die Hälfte der Berliner Wohnungen wurde in den östlichen Außenbezirken gebaut, gut 30% in den Außenbezirken West-Berlins, lediglich ein Sechstel in der Innenstadt. Ende 1998 gab es damit in Berlin einen Bestand von 1,84 Millionen Wohnungen, der Zuwachs seit der Wende betrug 6,4% (vgl. Häußermann/Kapphan 2000, 101).

Neben den Neubaugebieten am Stadtrand und im Umland veränderte sich der Wohnungsbestand qualitativ am stärksten in der Innenstadt Ost-Berlins. Dort wurden bei einem großen Teil des Altbaubestandes die früheren Eigentumsverhältnisse restituiert, dies führte zunächst zu mehreren Jahren ungeklärter Eigentumsverhältnissen in fast allen Altbauhäusern und damit zu ausbleibenden Investitionen in den zum Teil schwer verfallenen Wohnungsbestand (vgl. Reimann 2000). Mit der Restitution wurden die Eigentumsverhältnisse in den Ost-Berliner Innenstadtgebieten komplett verändert. Anstatt der früheren Eigentümer und deren Erben, die den Besitz zurück erhalten hatten aber nur selten über das Investitionskapital für eine Modernisierung verfügten, etablierten sich gewerbliche Gesellschaften als professionelle Vermieter, so genannte Abschreibungsgesellschaften. Gleichzeitig wurden zu Beginn der 1990er Jahre große Sanierungsgebiete in den Innenstadtgebieten Ost-Berlins eingerichtet, in denen allerdings das Geld für eine umfassende öffentliche Förderung der Modernisierung des Bestandes fehlt, weshalb – anders als früher in den West-Berliner Sanierungsgebieten – die Sanierung überwiegend mit privaten Mitteln durchgeführt werden muss. Die Modernisierung wird nun überwiegend von den gewerblichen Gesellschaften getätigt, welche Auswirkungen dies auf die Mieterstruktur hat, ist noch nicht abschließend erforscht worden, die Aushandlungsmechanismen um die Sanierung begünstigen jedoch die Bewohner mit akademischer Ausbildung (vgl. hierzu Häußermann u.a. 2002). Durch eine umfangreiche Modernisierungstätigkeit ist der Bestand an unsanierten und nicht modernisierten Altbauwohnungen in den vergangenen Jahren zurückgegangen, sowohl in Ost- wie auch in West- Berlin. Die Nachfrage nach billigem Wohnraum blieb jedoch konstant, sodass in den letzten Jahren die Mietpreise in diesem Wohnungsmarktsegment deutlich gestiegen sind.

6.2 Bevölkerungsentwicklung

Der umfangreiche Wohnungsbau in Berlin und seinem Umland erfolgte in Erwartung eines beträchtlichen Zuzugs in die Stadtregion. Bereits seit 1986 war die Bevölkerungszahl in West-Berlin – nach starken Verlusten seit dem Ende der 1950er Jahre – wieder angestiegen, und dieser Anstieg setzte sich am Anfang der 1990er Jahre fort. In Ost-Berlin war die Bevölkerungszahl seit dem Mauerbau 1961 angewachsen, lediglich in den Jahren 1989 und 1990 war sie – wegen der starken Abwanderung nach der Grenzöffnung – vorübergehend rückläufig. Alle Prognosen zu Beginn der 1990er Jahre gingen also von einer weiteren Zunahme der Bevölkerung aus, doch diese hielt – entgegen der Erwartung – nicht lange an: Seit 1994 nimmt die Einwohnerzahl Berlins wieder ab, und sie befindet sich in beiden Stadthälften inzwischen auf dem Stand Ende der 1980er Jahre. Gegenüber dem Höchststand von 1993 war bis 2000 die Einwohnerzahl Berlins um 130.000 Personen bzw. dreieinhalb Prozent gesunken. In den angrenzenden Gemeinden des Berliner Umlandes wurde 1995 wieder die Bevölkerungszahl von 1985 erreicht. Seit 1994 steigt die Einwohnerzahl dort an, bis 2000 um über 150.000 Personen. Die Verluste von Berlin wurden durch den Bevölkerungszuwachs im Umland ausgleichen: Die gesamte Region hat zwischen 1991 und 2000 rund 45.000 Einwohner hinzu gewonnen.

Die rückläufige Bevölkerungszahl von Berlin resultiert aus zwei Faktoren: in der Stadt werden – und dies gilt für alle Großstädte Mitteleuropas – weniger Kinder geboren als gleichzeitig Menschen sterben. Diese ‚natürliche' Bevölkerungsentwicklung ist in den Großstädten schon seit dem frühen 20. Jahrhundert rückläufig. Unter diesen Umständen kann eine Stadt ihre Bevölkerungszahl nur halten oder gar steigern, wenn mehr Menschen zuwandern als fortziehen, also durch Migration. Jedoch gibt es seit 1990 in Berlin erstmals wieder die Möglichkeit, sich im Umland mit Wohnraum zu versorgen bzw. dort ein Eigenheim zu bauen. Neben dem ‚natürlichen' Bevölkerungsrückgang ist also seitdem auch mit Wanderungsverlusten in die angrenzenden Gemeinden (Suburbanisierung) zu rechnen. Insgesamt hat Berlin zwischen 1991 und 1999 über 130.000 Menschen per Saldo ans Umland verloren. Diese Abwanderung schlägt sich in der Wanderungsbilanz der Stadt nieder: War bis

Tabelle 6.1: Entwicklung der Einwohnerzahl in der Region Berlin 1980–2000

	Berlin	West-Berlin	Ost-Berlin	Umland	Region
1980	3.211.991	2.059.462	1.152.529	798.108	4.010.099
1985	3.243.469	2.027.883	1.215.586	805.489	4.048.958
1991	3.443.575	2.164.131	1.279.444	779.925	4.223.500
1993	3.461.421	2.170.411	1.291.010	780.525	4.241.946
1995	3.446.039	2.156.943	1.289.096	806.386	4.252.425
1998	3.358.235	2.103.190	1.255.045	887.433	4.245.668
2000	3.331.232	2.083.533	1.247.699	938.010	4.269.242

Quelle: Statistisches Landesamt Berlin, Landesamt für Datenverarbeitung und Statistik Brandenburg

1995 der Wanderungssaldo der Stadt positiv, ziehen nach 1996 weniger Menschen in die Stadt als sie verlassen – vor allem ins Umland.

Der positive Wanderungssaldo der Stadt bis 1995 war nicht das Ergebnis von Zuzügen aus dem Bundesgebiet, denn auch gegenüber den Landesteilen außerhalb der Berliner Region war der Wanderungssaldo gerade einmal ausgeglichen. Die starken Zuzüge aus dem Bundesgebiet, vor allem in Folge der Hauptstadtentscheidung, blieben also aus. Der Wanderungsgewinn resultierte fast ausschließlich aus der Zuwanderung aus dem Ausland. Seit 1997 verzeichnet Berlin allerdings einen negativen Wanderungssaldo mit dem Ausland, da vermehrt kroatische, serbische und bosnische Bürgerkriegsflüchtlinge in ihre Herkunftsländer zurückgeschickt werden. Gleichzeitig nahm durch das Zweitwohnungssteuergesetz die Zahl der Anmeldungen von Personen aus anderen Bundesländern zu. Die künftige Bevölkerungszahl Berlins wird weitgehend von der Zuwanderung aus dem Ausland bestimmt. Darauf verweisen auch die Prognosen, die die Senatsverwaltung für Stadtentwicklung in den 1990er Jahren erarbeitete (SenSUT 1997, SenStadt 1999; vgl. auch Häußermann/Kapphan 2000).

Seit der Wende stieg der Ausländeranteil in West-Berlin von 13,7% (1989) auf 17,4% in 1997, ein Stand, auf dem er seitdem stagniert. In Ost-Berlin ist die Zahl der Ausländer von 20.700 (1990) auf 72.000 in 1996 (5,6%) gestiegen. Der Ausländeranteil in Berlin beträgt im Jahr 2000 13,1%. In den 1990er Jahren hat also die Zahl der Ausländer durch die Zuwanderung zugenommen. Allerdings sind die Ausländerzahlen insofern irreführend, als es immer problematischer wird, mit der Kategorie Ausländer die Zahl der Zuwanderer adäquat zu erfassen. Heute wird üblicherweise von der ersten, zweiten und dritten Generation von Zuwanderern gesprochen, doch stellt sich die Frage, nach wie vielen Generationen man Zuwanderer noch sinnvoll als solche bezeichnen kann und soll, wenn sie und ihre Eltern hier geboren wurden. Durch das neue Staatsangehörigkeitsgesetz werden Kinder von Ausländern mit festem Aufenthaltsstatus nun als Deutsche geboren. Die Begriffe Ausländer und Zuwanderer werden künftig also nur noch für die erste und zum Teil die zweite Generation Verwendung finden können; zu vermuten ist, dass damit die Ausländerzahlen sinken werden. Die Zahl der neuen Zuwanderer selbst wird jedoch auch in Zukunft nicht abnehmen, unter anderem da durch die Zuwanderung von Aussiedlern auch Personen zuziehen, die sofort die deutsche Staatsangehörigkeit erhalten.

Ein weiterer Aspekt, der bei der Interpretation des Ausländeranteils berücksichtigt werden muss, sind die Einbürgerungen. In den 1990er Jahren war die Zahl der Einbürgerungen so hoch, dass die Ausländerzahlen trotz Geburtenüberschuss und Zuwanderung stabil geblieben sind. Da die Geburtenziffern von Ausländern sich jährlich zwischen 5.000 und 6.000 bewegen, die Einbürgerungen zwischen 1990 und 1998 jedoch von 7.000 auf 12.000 gestiegen sind, sanken in den Jahren 1997 und 1998 sogar die Ausländerzahlen – die Zuwanderung konnte den Rückgang durch Einbürgerungen nicht ausgleichen. Insgesamt kamen zwischen 1990 und 1999 per Saldo 163.700 Menschen aus dem Ausland nach Berlin, vor allem aus Osteuropa. Mit 45.100 Personen lag die Sowjetunion bzw. ihre Nachfolgestaaten an erster Stelle, gefolgt von Jugoslawien und seinen Nachfolgestaaten mit einem Wanderungsgewinn von 30.400 Personen. Gegenüber der Türkei verbuchte Berlin in den 1990er Jahren einen Wanderungsgewinn von 18.200 Personen, aus den Staaten der EU kamen 17.300 Personen. An fünfter Stelle steht Polen mit einem Zuwachs durch die Migration von 12.600 Menschen (vgl. ausführlicher bei Kapphan 2001). Nur zum Teil schlägt sich der Zuwanderungsgewinn gegenüber den ausländischen Staaten auch in einer Zunahme der Wohnbevölkerung nieder, weil Berlin als erste Etappe für eine Weiterwanderung in andere Teile Deutschlands fungiert, und weil zweitens ein Teil der Zuwanderer die deutsche Staatsangehörigkeit besitzt bzw. verliehen bekommt. Dies gilt z.B. für die gut 30.000 Aussiedler, die seit 1993 aus der ehemaligen Sowjetunion nach Berlin gekommen sind. In Tabelle 6.2 sind die bedeutendsten Herkunftsstaaten der Zuwanderer und die Gesamtzahl der in Berlin gemeldeten Ausländer aus diesen Staaten aufgeführt.

Die Zuwanderung der 1990er Jahre war verbunden mit einer Abwanderung der deutschen Bevölkerung ins Umland und einer rückläufigen Bevölkerungszahl innerhalb der städtischen Grenzen. Dies erklärt zum Teil die rückläufigen Erwerbstätigenzahlen, denn die Zuwanderer konnten – wie bereits in Kapitel 5 dargestellt – oftmals nicht in den Arbeitsmarkt integriert werden, wogegen die Haushalte, die ins Umland zogen, zumeist über Arbeit verfügen. Die rückläufigen Bevölkerungszahlen in Verbindung mit einem vermehrten Wohnungsangebot haben in Berlin zu einer gestiegener Fluktuation geführt, durch welche die soziale Zusammensetzung der Stadtteile und damit die Segregation nachhaltig geprägt wurde.

Tabelle 6.2: Ausländer in Berlin nach Staatsangehörigkeit 1991, 1994 1998 und 2000

	31.12.1991	31.12.1994	31.12.1998	31.12.2000
Ausländer insgesamt	355.356	419.202	437.936	435.117
Bevölkerungsanteil in %	10,3	12,1	13,0	13,1
Türkei	137.592	138.959	135.159	127.335
Jugoslawien und Nachfolgestaaten	42.174	73.050	66.526	59.459
Sowjetunion bzw. Nachfolgestaaten	10.239	19.589	27.184	30.767
Polen	26.600	27.627	27.934	29.025
Europäische Union	40.482	47.870	67.764	67.283

Quelle: Statistisches Landesamt Berlin

6.3 Wohnungsüberhang und Mobilität

Die starken Veränderungen auf dem Wohnungsmarkt werden durch einen Rückblick in die Zeit vor der Wiedervereinigung überdeutlich. Die Wohnungssituation in der DDR war durch die staatliche Verwaltung des Bestands vor allem durch Restriktionen und lange Wartezeiten geprägt. Wahlmöglichkeiten bei der Wohnungssuche gab es in der DDR nur in sehr begrenztem Umfang. Es gab zwar keine offizielle Wohnungsnot und keine Obdachlosigkeit, aber die qualitative und quantitative Versorgung mit Wohnraum entsprach nicht den Vorstellungen, die in der damaligen BRD vorherrschten. Dass sich die Wohnvorstellungen in Ostdeutschland nach der Vereinigung an jene von Westdeutschland angleichen würden, davon ging man in Experten- und Regierungskreisen aus, und dies war auch eine Begründung für die umfangreichen Abschreibungsmöglichkeiten, die man für bauliche Investitionen in Ostdeutschland gewährte.

In Westdeutschland wie auch in West-Berlin war die durchschnittliche Ausstattung mit Wohnraum sowohl qualitativ als auch quantitativ besser, allerdings war die Wohnungsversorgung wesentlich ungleicher. Luxuriöses Wohnen und Obdachlosigkeit waren die beiden Seiten einer Medaille, thematisiert wurde die Wohnungsfrage im Kapitalismus an der Wohnungsnot und den „Palästen" der Oberschicht. Auch in West-Berlin hatten Ende der 1980er Jahre Bevölkerungszuwächse zu einer Wohnungsknappheit geführt, die sich zu Beginn der 1990er Jahre verschärfte. In den Zeitungen überwogen die Suchanzeigen die Wohnungsangebote bei weitem. Gerade weil das Mietniveau in West-Berlin aufgrund der bis 1987 geltenden Mietpreisbindung im Altbau und dem hohen Anteil an Sozialwohnungen sehr günstig war, stellten die Mietsteigerungen seit Ende der 1980er Jahre einen Schock für die West-Berliner dar, die es gewohnt waren, häufig mal die Wohnung zu wechseln.

In Erwartung steigender Bevölkerungszahlen wurden in Berlin Anfang der 1990er Jahre große Wohnungsbauprojekte geplant, um eine befürchtete Verschärfung der Wohnungsnot abzuwehren. Die neuen Wohnungen kamen vor allem seit 1994 auf den Markt, als die Bevölkerungszahl wieder abnahm. Angebot und Nachfrage nach Wohnraum haben sich seitdem auseinander entwickelt: Nach der Wohnungsnot konnte nun ein Überangebot von Wohnraum verzeichnet werden. Die gigantischen Wachstumserwartungen und die hohe Nachfrage nach Wohnraum schlugen sich zu Beginn der 1990er Jahre zunächst in sprunghaft gestiegenen Preisen für Neuvermietungen nieder. In Neubauwohnungen waren Mieten von DM 20 oder mehr pro qm (Kaltmiete) üblich. Bei Verkäufen von Eigentumswohnungen war ebenso ein Preissprung zu beobachten wie bei den Bodenpreisen. Da weder die tatsächliche Entwicklung der Bevölkerungszahl noch die der Wirtschaft den Erwartungen auch nur annähernd entsprach, gingen die Preise seit 1996 wieder zurück. Das Nachlassen der Mietpreise erfolgte also mit einiger Verzögerung auf die rückläufigen Einwohnerzahlen und die Fertigstellung von Wohnungen in Berlin und im Umland.

Die sinkenden Mietpreise wirkten sich jedoch nicht auf alle Wohnungsteilmärkte aus. Vor allem der besonders preisgünstige weil nicht modernisierte Altbaubestand wurde knapper und aufgrund der stabilen Nachfrage teurer; der Preisunterschied von modernisierten und nicht-modernisierten Wohnungen reduzierte sich. Die quantitativen Veränderungen in Angebot und Nachfrage haben alles in allem zu einem Wohnungsleerstand in der Stadt geführt, der im Jahr 2000 auf einen Umfang von 100.000 Wohnungen geschätzt wurde. Dadurch haben sich die Möglichkeiten, eine andere Wohnung zu finden, für einen großen Teil der Berliner Haushalte beträchtlich erhöht. Dieser vergleichsweise entspannte Wohnungsmarkt hat erhebliche Folgen für die Bevölkerungsverteilung, denn durch die gewonnenen Möglichkeiten können nun vor allem Familien und Mittelschichthaushalte mit einem nur durchschnittlichen Einkommen einen Umzug planen, wenn sie mit ihrer bisherigen Wohnsituation unzufrieden sind. Arme Haushalte haben diese Möglichkeit nicht, und auch die neu Zuziehenden füllen zunächst die Nischen, die der Wegzug der bisherigen Bewohner geschaffen hat.

Mit dem gestiegenen Wohnungsangebot hat sich in Berlin die Zahl der Umzüge deutlich erhöht, und die Berliner Bevölkerung ist mobiler geworden. Waren 1991 rechnerisch nur gut 10% der Bevölkerung umgezogen, waren dies 1997 bereits über 17%. In den Altbauquartieren der Ost-Berliner Innenstadt ist die Fluktuation am stärksten gestiegen und die Umzugsdynamik hat inzwischen das Niveau der West-Berliner Innenstadtbereiche übertroffen (siehe Tabelle 6.3). Insgesamt gab es in den Jahren 1991-1998 allein 4,7 Millionen Umzüge, diese untergliedern sich in 1,26 Mill. Umzüge, die nicht die jeweilige Bezirksgrenze überschritten, weitere 1,60 Mill. Umzüge über Bezirksgrenzen, aber noch innerhalb von Berlin, sowie 0,94 Mill. Zuzüge und 0,90 Mill. Fortzüge über die Stadtgrenze. Neben der zweifelsohne starken Außenwanderung – über die Hälfte der Zuzüge von außerhalb von Berlin kam aus dem Ausland – nimmt die Binnenwanderung, also die Umzüge innerhalb von Berlin, doch den größten Anteil der Wanderungen an. Im Folgenden sollen daher speziell die Tendenzen der Wanderungsverflechtungen innerhalb von Berlin und gegenüber dem Umland herausgearbeitet werden.

6.4 Entdichtung und Randwanderung als langfristiger Trend der Stadtentwicklung

Bereits das enorme Stadtwachstum Berlins im 19. Jahrhundert hat zu Suburbanisierungsprozessen in großem Ausmaß geführt, die in Kapitel 4 bereits dargestellt wurden. Die Eingemeindung der angrenzenden Städte und Landkreise im Jahre 1920, die zur Bildung von Groß-Berlin führte, hat die Umlandbewohner jedoch wieder zu ‚Stadtbewohnern' gemacht. Im Vergleich zu anderen Großstädten hat Berlin eine so große Fläche, dass gleichsam ein Großteil des suburbanen Gebietes innerhalb der Stadtgrenzen liegt. Allein die Innenstadt von Berlin ist flächenmäßig so groß wie die Stadt Paris, die Stadt Berlin so groß wie die Pariser Region (Ile de France). Es ist daher kaum verwunderlich, dass sich Innenstadt und Außenbezirke in Berlin strukturell deutlich voneinander unterscheiden, zeigen diese Gebiete doch große Ähnlichkeiten mit urbanen und suburbanen Gebieten.

Die Randwanderung ging in der Vergangenheit einher mit einer stetig sinkenden Bevölkerungszahl und damit auch sinkender Einwohnerdichte in den Innenstadtbezirken. Selbst bei steigenden Einwohnerzahlen in Ost-Berlin nach 1961 verloren die Innenstadtbezirke Mitte, Prenzlauer Berg und Friedrichshain an Bevölkerung, erst Ende der 1980er und Anfang der 90er Jahre stabilisierte sich die Einwohnerzahl, um seit 1994 erneut zurückzugehen. Die Randwanderung führt zu einer stetigen Verkleinerung der durchschnittlichen Haushaltsgröße in den Großstädten, und zu einem Wachstum der Wohnfläche pro Kopf. Die Bevölkerungsdichte in den Städten ging zurück und ebenso die Belegungsdichte von Wohnraum. Während in den Innenstädten im Zuge von Sanierung und Modernisierung kleine Wohnungen zusammengelegt werden, entstehen am Stadtrand und im Umland neue Wohn- und Siedlungsflächen mit überwiegend großen Wohnungen und Einfamilienhäusern. Dieser Prozess der Verlagerung von Wohn- und Gewerbenutzung von der Innenstadt an den Stadtrand und ins Umland wird, solange er innerhalb der administrativen Grenzen einer Stadt verläuft, als Randwanderung bezeichnet, als Suburbanisierung jedoch, wenn die Stadtgrenzen überschritten werden und die Ansiedlung im Umland erfolgt.

In der DDR hat es den Prozess der Suburbanisierung im eigentlichen Sinne nicht gegeben, obwohl auch im Sozialismus die Bevölkerungsdichte in den Altbaugebieten stark gesenkt wurde. Bei der „sozialistischen Suburbanisierung" wurden die Wegziehenden innerhalb der Stadtgrenzen in Großwohnsiedlungen untergebracht. Diese waren technisch modern ausgestattet, boten aber im Durchschnitt weniger Wohnfläche pro Kopf als die Altbauwohnungen. Dies lag sowohl an der geringeren durchschnittlichen Größe der Neubauwohnungen als auch an der Belegung. Die Wohnungen wurden nach dem Grundsatz ‚eine Person pro Raum' vergeben, wobei auch die Küche als Raum zählte, sodass die Wohnfläche pro Kopf im Prozess der Randwanderung sogar abnahm (vgl. Hannemann 2000).

Ganz anders war dies in den westlichen Großstädten. Dort wurde in der Zeit nach dem Zweiten Weltkrieg die Suburbanisierung überwiegend von einer Eigentumsbildung der Haushalte mit überdurchschnittlichen Einkommen getragen, meist von Familien, sodass die Wohnungen im Umland sehr viel größer als die Mietwohnungen in der Innenstadt sind. In Eigentumswohnungen liegt generell die Wohnfläche pro Kopf erheblich über derjenigen, die in den Mietwohnungen zu verzeichnen ist – am höchsten ist sie in den suburbanen Eigenheimen.

In diesen Unterschieden zeigt sich, dass die Motive und die Träger der Randwanderung bzw. der Suburbanisierung ganz unterschiedlich waren. In der DDR sollte in den Neubausiedlungen eine neue ‚sozialistische Lebensweise' realisiert werden, die durch Gleichheit und Einbindung in gesellschaftliche Organisationen charakterisiert war. Der Staat baute dafür das Gehäuse und wies auch die bescheidene Wohnfläche zu. In den westlichen Großstädten war und ist der Wunsch nach mehr Wohnfläche und nach Eigentumsbildung ein treibendes Motiv für den Umzug an den Stadtrand. Die ‚westliche' Suburbanisierung ist daher sozial selektiv, während die ‚östliche' explizit der ‚Annäherung der Klassen und Schichten' dienen sollte.

Die Motive der Wanderung an den Stadtrand sind vielfältig. Eigentumsbildung spielt hierbei eine große Rolle, denn die Realisierung von großen Wohnflächen auf einem Grundstück mit umliegender Freifläche ist typischerweise im Umland möglich. Gerade für Familien mit Kindern stellt das freistehende Haus mit Garten einen Quantensprung im Wohnwert dar. Darüber hinaus hat auch die soziale Homogenität der Nachbarschaften in den Umlandgemeinden Einfluss auf die Wohnentscheidung. Da sich nur Personen mit gehobenem Einkommen einen Umzug in die Peripherie leisten können, besteht für die Zuziehenden die Gewissheit, diejenigen sozial schwächeren Gruppen, die die Innenstadtgebiete bevölkern, dort nicht anzutreffen.

Weitere Gründe für die Abwanderung aus einem Wohngebiet sind in den Großstädten vor allem Probleme des Wohnumfeldes: Lärm, Verkehrsbelastung und soziale Konflikte. Junge Familien mit Kindern sind besonders sensibel in der Wahrnehmung sozialer Spannungen, sei es im Kindergarten, der Schule oder in den öffentlichen Räumen. Sich häufende soziale Probleme in der Nachbarschaft, Alkoholismus, Aggressivität und Verwahrlosung von öffentlichen Räumen werden so zu Ursachen der Abwanderung von Mittelschichtfamilien, da diese die genannten Phänomene als Beeinträchtigung ihrer Sicherheit erfahren. Die zu Grunde liegende kulturelle Distanz zu anderen Bewohnergruppen zeigt sich an der Thematisierung von ausländischen Jugendlichen oder anderen Lebensstilen, mit denen man nicht umgehen kann. Eine gewisse Feindseligkeit entlädt sich bisweilen schon daran, wenn Jugendliche, die keinen Zugang zu einer beruflichen Ausbildung oder einer Erwerbstätigkeit gefunden haben, sich tagsüber im öffentlichen Raum aufhalten und diesen – zum Teil ostentativ – besetzen und dominieren. Dass es sich dabei oft um ausländische Jugendliche handelt, verschärft in der Wahrnehmung der deutschen Bewohner noch die Bedrohungserfahrung.

Anlass, über einen neuen Wohnstandort nachzudenken, ist in der Regel die Veränderung der Familienzusammensetzung (z.B. die Geburt eines Kindes). Wenn das Einkommen hoch genug ist, führt dies häufig zum Wunsch nach einer größeren Wohnung, in einer Gegend mit mehr Grün und wohnungsbezogenem Freiraum. Aufgrund der Flächenreserven in Berlin wäre dies zwar auch innerhalb der Stadt möglich, doch hier sind die Bodenpreise wesentlich höher als im Umland. Die Wohnkostenbelastung insgesamt steigt zwar mit dem Umzug ins Umland in der Regel, d.h. insgesamt bringen die

Haushalte nach dem Umzug an den Stadtrand eine höhere Miete auf, aber sie sinkt pro Quadratmeter. Für dasselbe Geld lässt sich also dort eine größere Wohnung mit mehr Freiraum und weniger Umweltbelastung bekommen.

Diese Faktoren führen zu einem beständigen Strom von Randwanderungen eines bestimmten Haushalts- und Einkommenstyps. Natürlich gibt es auch eine Wanderung in die Gegenrichtung, also vom Land bzw. Umland in die Stadt. Hierbei handelt es sich überwiegend um Ausbildungswanderung, d.h. sie wird getragen von Jugendlichen, die zur Berufsausbildung oder zum Studium in die Großstadt ziehen. Ob diese Zuwanderer langfristig als Bewohner gehalten werden können, oder ob sie nach Beendigung ihrer Ausbildungszeit wieder abwandern, ist für die Bevölkerungsentwicklung der Großstädte eine bedeutsame Frage. Innerhalb der Stadt hat sich nämlich auch die Gruppe derjenigen Einwohner vergrößert, die bewusst in den Innenstadtgebieten wohnen wollen, obwohl sie über die finanziellen Mittel für den Umzug in eine größere Wohnung am Stadtrand verfügen würden. Diese Personen unterscheiden sich von den Randwanderern durch ihren Lebensstil, der stark berufsbezogen oder auf die urbanen kulturellen Einrichtungen orientiert ist. Kinder spielen im Leben dieser Urbaniten eine geringe Rolle, die sozialen Konflikte in den Schulen und auf den Straßen bereiten ihnen deswegen keine großen Sorgen. Ihr Einkommen ist hoch genug, um die vielfältigen Freizeit- und Kulturangebote der innerstädtischen Wohnquartiere nutzen zu können. In diesen Gebieten befinden sich auch die Räume ihres sozialen Milieus, das sich von den anderen Innenstadtbewohnern deutlich abgrenzt. Kontakte zwischen den ‚urbanen Professionals‘ und den sozialen Randgruppen entstehen oft nur sporadisch, und nicht zwangsläufig kommt es zu Konflikten zwischen diesen Gruppen, da sie sich in der Regel aus dem Weg gehen können. Die kurzen Wege zu den im Stadtgebiet gelegenen kulturellen Einrichtungen und kommerziellen Dienstleistungsbetrieben sind der entscheidende Grund dafür, warum die Urbaniten sich nicht an der Umlandwanderung beteiligt. Und ihre Zahl steigt mit dem Strukturwandel der Städte, der Zunahme von Dienstleistungstätigkeiten und mit dem sozialen Wandel der Lebensformen an.

In den Sozialwissenschaften sind oftmals die neuen städtischen Gruppen als Problem thematisiert worden. Die Urbaniten können mit ihren Wohnwünschen in den innerstädtischen Quartieren in Konflikt mit der anwesenden Bevölkerung geraten, wenn die Wohnungen speziell für höhere Einkommensgruppen aufbereitet und – auch zur Eigentumsbildung – verfügbar gemacht werden, also von einem Billig- in ein höheres Preissegment des Wohnungsmarktes verschoben werden (vgl. Kapitel 3). Dieser Prozess der Aufwertung eines Stadtteils, der mit einer Veränderung des sozialen Status der Bewohner verbunden ist, wird als Gentrification (von ‚gentry‘ = Adel) bezeichnet, ein Begriff der sich zunehmend zu einem Kampfbegriff gegen die ‚Yuppisierung‘

der Innenstadt entwickelt hat. In diesem Konflikt wird der ökonomische und soziale Wandel virulent, der sich in den großen Städten vollzieht – nachdem er bereits früher in anderen (westlichen) Städten beobachtet worden war (vgl. Friedrichs/Kecskes 1996), findet er nun auch in Berlin statt. Mit dem Boom der New Economy hat sich auch jene Mittelschicht vergrößert, die eine Affinität zu urbanen Milieus hat. Wo sich diese neue Schicht in Quartieren ausbreiten kann, in denen aufgrund des Wegzugs älterer Mittelschichten Wohnungen verfügbar sind, gibt es nur wenig Konflikte. Wo aber einkommensschwache und einkommensstarke Gruppen bei der Konkurrenz um Wohnraum aufeinander treffen, kann es zu einem Kampf um den Stadtteil kommen.

Die folgenden Darstellungen widmen sich den dominanten Trends sozialräumlicher Veränderungen durch Umzüge. Dass die Gentrification kein dominanter Faktor der sozialräumlichen Entwicklung Berlins werden konnte, hängt mit dem Überangebot an Wohnraum zusammen und den vielen Möglichkeiten, die sich auf dem Berliner Wohnungsmarkt für ‚young urban professionals' in den Innenstadtgebieten bieten. Durchgesetzt hat sich in den 1990er Jahren dagegen ein Prozess der Verarmung einer großen Anzahl von Quartieren, die das arme Berlin repräsentieren.

6.5 Umfang und Richtung der Wanderungsbewegungen

Die Anzahl von Umzügen ist in den 1990er Jahren durch die neuen Möglichkeiten eines vergleichsweise entspannten Wohnungsmarktes stark angestiegen, und zwar vor allem seit 1994. Warum dies der Fall ist, wurde in Kapitel 3 theoretisch begründet, empirisch zeigen dies die Daten zum Wanderungsvolumen, welche die Gesamtzahl der An- und Abmeldungen darstellen, die von den Einwohnermeldeämtern registriert werden. Auch wenn es neben den hier ausgewerteten Umzügen eine Vielzahl von weiteren nicht gemeldeten Wohnungswechseln gab, so zeigen die registrierten Wanderungsvorgänge doch, dass bestimmte Teilräume der Stadt einer höheren Fluktuation ausgesetzt sind als andere. Das Wanderungsvolumen zeigt die Häufigkeit von Umzügen und verdeutlicht damit den Anteil hochmobiler Bevölkerungsgruppen in den Gebieten. Es ist daher kaum verwunderlich, dass jene Gebiete mit einer hohen Fluktuation auch einen hohen Anteil von Bewohnern aufweisen, die erst eine kurze Zeit dort leben. Je geringer die Fluktuation desto höher ist auch der Anteil der Bevölkerung, die schon lange im Quartier wohnt, Wohndauer und Fluktuation hängen eng miteinander zusammen. Je höher aber die Fluktuation und damit der Anteil neuer Bewohner in einem Quartier ist desto schneller und umfassender kann der soziale Wandel in diesem Quartier sein.

Ob hierdurch eine Entwicklung ,nach oben' oder ,nach unten' induziert wird, wird später ausgeführt.

In Tabelle 6.3 wird das Wanderungsvolumen für vier Teilbereiche der Stadt dargestellt, und zwar jeweils für die Innenstadtgebiete und die Außenbezirke in Ost- und West-Berlin für den Zeitraum von 1994 bis 1999. Die Bereiche ,Innenstadt' und ,Außenbezirke' unterscheiden sich anhand von Bebauungsdichte und Baualter, sie werden ungefähr durch den Wilhelminischen Gürtel bzw. den S-Bahn-Ring begrenzt. Die Innenstadtgebiete sind weitgehend deckungsgleich mit den Gebieten, deren Baustruktur durch die dichten Gründerzeitgebiete geprägt ist, ungeachtet der Tatsache, dass – insbesondere im Bezirk Mitte – einige Teile in der Zeit nach dem Zweiten Weltkrieg grundlegend umgestaltet worden sind (vgl. Karte 6.1)[1].

Zwischen 1994 und 1999 wurden im Durchschnitt von Berlin bereits 310 An- und Abmeldungen gezählt, im Schnitt zogen also 15,5% der Einwohner jährlich um. Rein rechnerisch wechseln demnach in Berlin innerhalb von 6,5 Jahren in allen Wohnungen einmal die Bewohner – jedoch nicht faktisch, weil es Wohnungen gibt, in denen die Mieter mehrfach wechseln, und andere, in denen die Bewohner nie an einen Umzug denken. Durch das Wanderungsvolumen wird also das Ausmaß des Umzugsgeschehens festgehalten. In Gebieten mit hohem Wanderungsvolumen kann sich ein Wandel der sozialen Zusammensetzung der Bewohnerschaft relativ rasch durchsetzen. Ein niedriges Wanderungsvolumen ist dagegen ein Zeichen für hohe soziale Stabilität, denn offenbar gibt es wenig Anlässe für Umzüge im Quartier und für das Verlassen des Gebiets.

Das höchste Wanderungsvolumen läßt sich für die Jahre 1994-99 in den Innenstadtgebieten feststellen. Hier wurden jährlich über 360 An- und Abmeldungen pro 1000 Einwohner gezählt. Der Durchschnitt ist in diesen Ge-

---

[1] Die Daten, die im folgenden erläutert und teilweise in Karten dargestellt werden, sind gegliedert in ,Statistische Gebiete'; insgesamt gibt es davon 195, die Hälfte davon gehört zum Ostteil. Vier Teilräume der Stadt haben wir auf der Ebene der Statistischen Gebiete abgegrenzt: Als Innenstadtbezirke des Ostteils werden die Bezirke Mitte, Prenzlauer Berg und Friedrichshain bezeichnet, die anderen Ost-Berliner Bezirke sind als Außenbezirke definiert. Im Westteil zählen die Bezirke Kreuzberg, Schöneberg, Tiergarten und Wedding zur Innenstadt sowie jene Teile von Neukölln, Wilmersdorf und Charlottenburg, die sich innerhalb des S-Bahn-Ringes befinden.

Die Wanderungsdaten für die Jahre 1994-99 liegen dieser Arbeit aufgrund einer Sonderauswertung des Statistischen Landesamtes Berlin vor. Die Umzugsdynamik in einem Gebiet lässt sich mit dem Wanderungsvolumen darstellen, das aus der Summe der An- und Abmeldungen in diesem Gebiet gebildet wird. Teilt man den Wert durch zwei und bezieht ihn auf die Einwohnerzahl, so entspricht dies ungefähr der Fluktuation der Bewohner, da jeder Umzug statistisch zwei Meldevorgänge beinhaltet. Der Wanderungssaldo errechnet sich aus Zuzügen abzüglich der Fortzüge und kann daher positive (Wanderungsgewinne) oder negative Werte (Wanderungsverluste) annehmen.

Karte 6.1: Die Bezirke Berlins: Ost-West-Grenze und Innenstadtgebiete

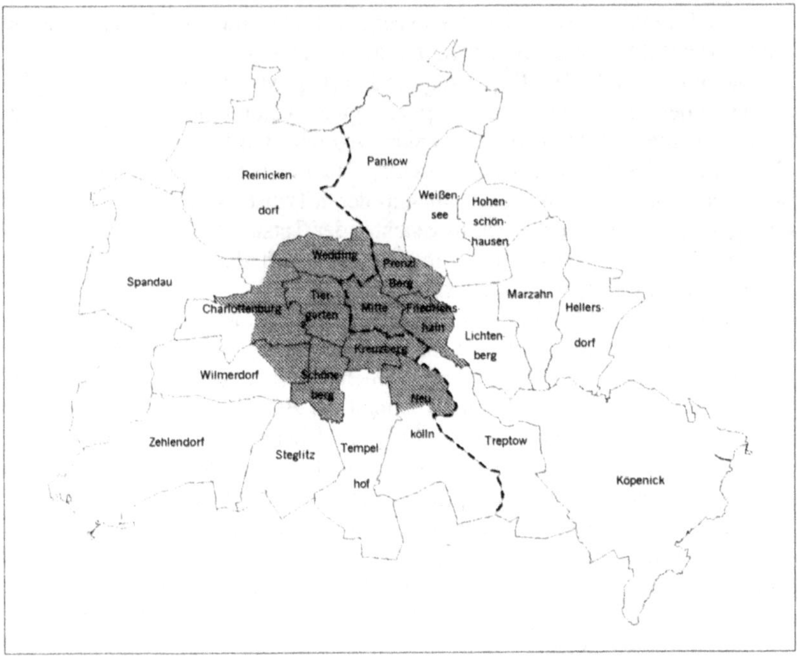

bieten von 1994 bis 1999 von 304 auf 396 um ein Drittel gestiegen, in den Ost-Berliner Innenstadtbezirken sogar um über die Hälfte von 280 auf 440. In den Innenstadtbezirken von Ost-Berlin ist die Umzugshäufigkeit am Ende der 1990er Jahre am höchsten. Den geringsten Anteil von Umzügen an den Einwohnern verzeichnen im Untersuchungszeitraum zwischen 1994 und 1999 die West-Berliner Außenbezirke, und zwar jedes Jahr und mit zunehmendem Abstand zu den anderen Gebietstypen. Hier ist demzufolge die größte soziale Stabilität zu erwarten.

Das Wanderungsvolumen zeigt die Zahl der Umzüge, aber nicht deren Richtung. Umzüge sind aber räumlich nicht neutral, vielmehr verlieren die einen Gebiete durch die Wanderungen an Einwohnern, da die Fortzüge die Zuzüge übersteigen, in anderen Gebieten gibt es mehr Zuzüge als Fortzüge, daher gewinnen diese Gebiete an Einwohnern. In den Wanderungssaldo sind sowohl die Umzüge innerhalb Berlins mit einbezogen als auch die Wanderungsverflechtungen mit dem Umland, dem restlichen Bundesgebiet und dem

Ausland. Dabei wird deutlich, dass die Innenstadtgebiete durch die Umzüge an Einwohnern verlieren (vgl. Tabelle 6.4). Dies gilt für den kompletten Zeitraum zwischen 1994 und 1999, der Schwerpunkt der Wanderungsverluste lag im Jahr 1997, seitdem verlieren auch die Außenbezirke von Ost-Berlin an Einwohnern. Wie die Karte 6.3 zeigt, geht dies vor allem auf die hohen Wanderungsverluste in den Großsiedlungen am Stadtrand zurück, die Großsiedlungen Pankow-Buch, Hohenschönhausen, Marzahn und Hellersdorf gehören zugleich zu den Gebieten mit den höchsten Wanderungsverlusten in Berlin insgesamt: diese Gebiete haben durch Umzüge zwischen 1994 und 1999 20-30% ihrer Einwohnerzahl eingebüßt.

In den Innenstadtgebieten liegen die Schwerpunkte des Bevölkerungsverlustes in den Altbaugebieten Ost-Berlins und den Bezirken Kreuzberg, Neukölln und Wedding (vgl. Karte 6.3). Der Prozess der Entdichtung der Innenstadt setzt sich also mit hoher Dynamik fort. Die Außenbezirke verzeichnen mit Ausnahme der randstädtischen Ost-Berliner Großsiedlungen zumeist Wanderungsgewinne – und zwar logischerweise insbesondere dort, wo in den letzten Jahren verstärkt Wohnraum geschaffen wurde, also in Teilen von Pankow, Weißensee, Hellersdorf, Köpenick sowie in Alt-Glienicke und der Wasserstadt Oberhavel. Die Wanderungsgewinne sind also wie der Wohnungsneubau auf die Außenbezirke des Ostteils der Stadt konzentriert.

Der Gesamttrend der Wanderungen ist sehr deutlich: Bei den Umzügen innerhalb von Berlin dominiert die Abwanderung aus den Innenstadtgebieten und aus den Großsiedlungen in die Außenbezirke. Verfolgt man die Umzüge innerhalb Berlins, so zeigt sich, dass die Wanderungen ganz überwiegend in die jeweils benachbarten Bezirke und von der Innenstadt in den nächstgelegenen Bezirk weiter außerhalb gerichtet sind. Für den Zeitraum 1991-98 geht ein Drittel der Abwanderungen von Marzahn – sofern die Zielorte innerhalb von Berlin liegen – nach Lichtenberg und Hellersdorf. Von Prenzlauer Berg ziehen die meisten Personen nach Pankow, Weißensee und Friedrichshain, von Kreuzberg geht sogar jeder vierte Umzug nach Neukölln, gefolgt von Tempelhof und Schöneberg.

Der Trend zur Entdichtung der Innenstadt und zur Randwanderung wird durch die Wanderungen in den engeren Verflechtungsraum, d.h. in die an Berlin angrenzenden Umlandgemeinden, verstärkt. Ein großer Teil der Wanderungsverluste von Berlin geht auf die Suburbanisierung zurück. Mit einiger Verzögerung hat sie nach dem Mauerfall begonnen und sich seither jährlich gesteigert. Zwischen 1991 und 1999 sind rund 200.000 Personen aus Berlin in die Umlandgemeinden gezogen, der Wanderungsverlust beläuft sich auf 130.000 Personen, allein 125.000 entfallen auf die Zeit zwischen 1994 und 1999. Von den Umlandwanderungen ist vor allem der Ostteil der Stadt betroffen, zunehmend auch die Wohngebiete unmittelbar am Stadtrand von

Tabelle 6.3: Wanderungsvolumen in Teilräumen von Berlin 1994-1999 pro 1000 Einwohner

	1994	1995	1996	1997	1998	1999	1994-96 pro Jahr	1997-99 pro Jahr	1994-99 pro Jahr
Westliche Innenstadt	311,8	338,2	353,1	382,7	398,1	381,7	334,3	387,5	360,9
Östliche Innenstadt	280,3	316,1	362,5	420,1	449,0	439,5	319,7	436,2	377,9
Westliche Außenbezirke	226,4	247,5	256,1	280,6	283,5	272,4	243,3	278,8	261,1
Östliche Außenbezirke	226,8	265,5	295,5	344,3	344,8	323,3	262,6	337,5	300,0
Westteil	264,0	287,2	298,4	324,7	332,9	319,3	283,2	325,6	304,4
Ostteil	240,5	278,3	312,2	362,9	369,9	351,2	277,0	361,3	319,2
Innenstadt gesamt	303,7	332,5	355,5	392,1	410,9	396,1	330,6	399,7	365,1
Außenbezirke gesamt	226,5	255,4	273,6	308,8	310,7	294,9	251,9	304,8	278,3
Berlin gesamt	255,2	283,9	303,6	339,0	346,7	331,2	280,9	339,0	309,9

Quelle: Statistisches Landesamt Berlin: Sonderauswertung

Karte 6.2: Wanderungsvolumen 1994 - 1999

Durchschnittliche jährliche Gesamtzahl der An- und Abmeldungen im Statistischen Gebiet pro 1000 Einwohner in den Jahren 1994 - 1999

- unter 240
- 240 bis unter 300
- 300 bis unter 360
- 360 und mehr

Mittelwert für Berlin: 310

Siedlungsfläche Wohnen

Grenzen der Statistischen Gebiete

Quelle: Statistisches Landesamt Berlin
Bearbeitung: A. Kapphan, S. Stolper

Tabelle 6.4: Wanderungssaldo in Teilräumen von Berlin 1994-1999 pro 1000 Einwohner

	1994	1995	1996	1997	1998	1999	1994-96 pro Jahr	1997-99 pro Jahr	1994-99 pro Jahr
Westliche Innenstadt	-5,4	-6,1	-10,5	-21,0	-11,5	-6,4	-7,3	-13,0	-10,1
Östliche Innenstadt	-4,9	-8,6	-15,8	-25,9	-23,7	-7,4	-9,8	-19,0	-14,4
Westliche Außenbezirke	6,3	9,7	6,1	0,8	0,0	2,3	7,4	1,1	4,2
Östliche Außenbezirke	8,2	5,4	3,1	-1,9	-3,6	-1,4	5,6	-2,3	1,6
Westteil	1,2	2,8	-1,1	-8,6	-4,9	-1,4	1,0	-5,0	-2,0
Ostteil	4,8	1,9	-1,6	-7,8	-8,5	-2,9	1,7	-6,4	-2,3
Innenstadt gesamt	-5,3	-6,7	-11,9	-22,3	-14,5	-6,7	-7,9	-14,5	-11,2
Außenbezirke gesamt	7,1	7,8	4,8	-0,4	-1,6	0,7	6,6	-0,4	3,1
Berlin gesamt	2,5	2,5	-1,3	-8,3	-6,3	-2,0	1,2	-5,5	-2,1

Quelle: Statistisches Landesamt Berlin: Sonderauswertung

Karte 6.3:
Wanderungssaldo
1994 - 1999

Durchschnittlicher jährlicher Wanderungssaldo (Zuzüge – Fortzüge) pro 1000 Einwohner in den Jahren 1994 -1999

Wanderungsgewinn
pro 1000 Einwohner und Jahr

- 50 und mehr
- 0 bis unter 50

Wanderungsverlust
pro 1000 Einwohner und Jahr

- -20 bis unter 0
- unter –20

Mittelwert für Berlin: -2,2

Siedlungsfläche Wohnen

Grenzen der Statistischen Gebiete

Quelle: Statistisches Landesamt Berlin
Bearbeitung: A. Kapphan, S. Stolper

West-Berlin. Die höchsten Verluste durch Wanderungen ins Umland haben die Großsiedlungen am Ost-Berliner Stadtrand, sie verzeichnen zwischen 1994 und 1999 Wanderungsverluste von jährlich 1,5% der Bevölkerung durch Suburbanisierung (vgl. Karte 6.4 und Tabelle 6.5). In den Großsiedlungen befindet sich das Umland ja auch direkt ‚vor der Haustür'.

Die meisten neuen Siedlungen im Umland entstanden unmittelbar an der Stadtgrenze. Im Gegensatz zu suburbanen Gebieten in Westdeutschland dominierten mehrgeschossige Wohngebäude, da durch Steuerabschreibungsmöglichkeiten (Sonder-AFA Ost) vor allem Kapitalanleger ermuntert wurden, die Mietwohnungen erbauten. Mit dem Ende der steuerlichen Abschreibungsmöglichkeiten 1998 fand der Bauboom im Umland ein Ende, 1999 waren die Wanderungsverluste Berlins in sein Umland erstmals wieder niedriger als im Vorjahr. Typisch ist, dass die Fortziehenden aus West-Berlin bevorzugt in die Gemeinden im westlichen Umland ziehen, die Suburbanisierung aus Ost-Berlin sich dagegen auf die östlich angrenzenden Gemeinden konzentriert (Beyer/Schulz 2001, 127).

Im Vergleich zu den Regionen München und Hamburg hat die Suburbanisierung in der Berliner Agglomeration – trotz jährlichen Wachstums – noch keinen großen Umfang erreicht. Die Kaufkraft der Berliner Haushalte ist vergleichsweise niedrig und das Angebot an geeigneten Wohnungen im Umland war bisher ebenfalls nicht übermäßig groß. Inzwischen ist die Nachfrage offenbar geringer als das Angebot, denn es gibt Leerstände auch im Umland. Die Suburbanisierung wird aber dennoch – nach allen Erfahrungen mit der Stadtentwicklung der letzten Jahrzehnte – weitergehen, insbesondere dann, wenn sich der Zuzug in die Berlin-Brandenburger Region verstärken und die Kaufkraft zunehmen sollte.

Betrachtet man die Wanderungssalden in den Statistischen Gebieten von Berlin, so zeigt sich, dass die Wanderungsverflechtung mit anderen Teilräumen innerhalb der Stadt noch sehr viel intensiver ist als mit den Umlandgemeinden. Man kann also von einer ‚inneren Suburbanisierung' sprechen, da die bereits geschilderte Wanderung aus den dicht bevölkerten Innenstadtgebieten in die dünner besiedelten Randbezirke quantitativ überwiegt und kontinuierlich anhält. Der Zuzug in den engeren Verflechtungsraum kommt in überproportionalem Maße aus den Ost-Berliner Quartieren. Die Ursachen für die stärkere Umlandwanderung aus den östlichen Bezirken liegen u.a. darin, dass sich die Wohnungsversorgung in West-Berlin (hinsichtlich Quadratmeterzahl pro Person und technischer Ausstattung der Wohnungen) im Durchschnitt auf einem sehr viel höheren Niveau befindet und dass die Umlandwanderung für die West-Berliner kulturell in den ‚Osten' führt, was bislang noch von einem großen Teil der West-Berliner Bevölkerung abgelehnt wird.

Solche Vorbehalte finden sich bei der Ost-Berliner Bevölkerung naturgemäß in weit geringerem Maße.

Die Rand- und Umlandwanderung zeigt ein Muster, das sich folgendermaßen charakterisieren lässt: Ost zieht nach Ost, West zieht nach West, d.h. die Haushalte bewegen sich von der Stadtmitte an den Rand und darüber hinaus ins Umland – in einer zentrifugalen Bewegung, die innerhalb von Korridoren verläuft, die von der Stadtmitte an den Rand weisen. In Berlin sind darüber hinaus spezifische Faktoren wirksam, die einige Besonderheiten erklären. Durch den Prozess der Rückübertragung von Wohnungen in das Privateigentum wurde einerseits (solange die Eigentumsfrage ungeklärt blieb) der Instandsetzungs- und Modernisierungsprozess in den Altbaugebieten verzögert. Haushalte, die eine rasche Verbesserung ihrer Wohnverhältnisse anstrebten, sahen so in einem Umzug ins Umland eine praktikable Lösung. Andererseits wurden Immobilien, die nach der Rückübertragung an gewerbliche Investoren verkauft worden waren, entmietet, um sie grundlegend zu modernisieren und anschließend teurer zu vermieten oder als Eigentumswohnungen zu verkaufen. Die erzwungene Mobilität der alten Mieter führte auch hier zum Teil in die Neubauwohnungen ins Umland.

Insgesamt gibt es in Berlin einen Nachholbedarf an Umzügen ins Umland, wenn man die Erfahrungen aus westdeutschen Großstädten zugrundelegt. Die Nachfrage nach größeren und besser ausgestatteten Wohnungen kann zu einer höheren Nachfrage nach Neubauwohnungen und dann zur Umlandwanderung führen. Insbesondere die vergleichsweise kleinen Standardwohnungen in den Großsiedlungen des staatlichen Wohnungsbaues in den Ost-Berliner Randbezirken sind deswegen stark von Abwanderungen ins Umland betroffen. Deutlich ist aber auch, dass nicht die wirklich Reichen die Stadt verlassen. Sie finden in den Wohngegenden Grunewald, Frohnau und Zehlendorf auch suburbane Qualitäten – aber innerhalb der Stadt und daher zu erheblich höheren Preisen.

Da den Ost-Berliner Haushalten bisher das Eigenkapital für eine Eigentumsbildung fehlte, vollzog sich die Suburbanisierung in der Region Berlin zu größeren Anteilen in Mietwohnungen als dies aus (vergleichbaren Prozessen in) Westdeutschland bekannt ist. Diese Suburbanisierungsprozesse tragen zu wachsender sozialer Segregation in städtischen Wohnquartieren bei. Durch den Wegzug der Erwerbstätigen mit mittleren und höheren Einkommen entsteht in der Großstadt eine wirtschaftliche Schieflage hinsichtlich der Einnahmen und Ausgaben. Denn durch ihren Wegzug sinken die Einnahmen aus der Einkommenssteuer, gleichzeitig steigen die Kosten für notwendige Sozialausgaben bei steigenden Anteilen von Arbeitslosen und Transferbeziehern. Da viele der Randwanderer die Infrastruktureinrichtungen in der Großstadt weiterhin benutzen, werden aus dem schmaler werdenden städtischen

Tabelle 6.5: Wanderungssaldo mit dem Umland in Teilräumen von Berlin 1994-1999 pro 1000 Einwohner

	1994	1995	1996	1997	1998	1999	1994-96 pro Jahr	1997-99 pro Jahr	1994-99 pro Jahr
Westliche Innenstadt	-1,5	-2,3	-3,2	-4,5	-4,5	-3,4	-2,3	-4,1	-3,2
Östliche Innenstadt	-4,1	-6,3	-7,7	-10,6	-10,1	-8,5	-6,0	-9,7	-7,9
Westliche Außenbezirke	-2,4	-4,0	-4,9	-7,4	-8,1	-7,1	-3,8	-7,5	-5,6
Östliche Außenbezirke	-3,6	-6,5	-7,8	-12,7	-13,0	-11,3	-6,0	-12,3	-9,2
Westteil	-2,0	-3,3	-4,1	-6,1	-6,6	-5,5	-3,1	-6,1	-4,6
Ostteil	-3,7	-6,5	-7,8	-12,2	-12,3	-10,6	-6,0	-11,7	-8,9
Innenstadt gesamt	-2,2	-3,3	-4,3	-6,1	-5,9	-4,7	-3,3	-5,5	-4,4
Außenbezirke gesamt	-2,9	-5,1	-6,2	-9,7	-10,3	-9,0	-4,7	-9,7	-7,2
Berlin gesamt	-2,7	-4,4	-5,5	-8,4	-8,7	-7,4	-4,2	-8,2	-6,2

Quelle: Statistisches Landesamt Berlin: Sonderauswertung

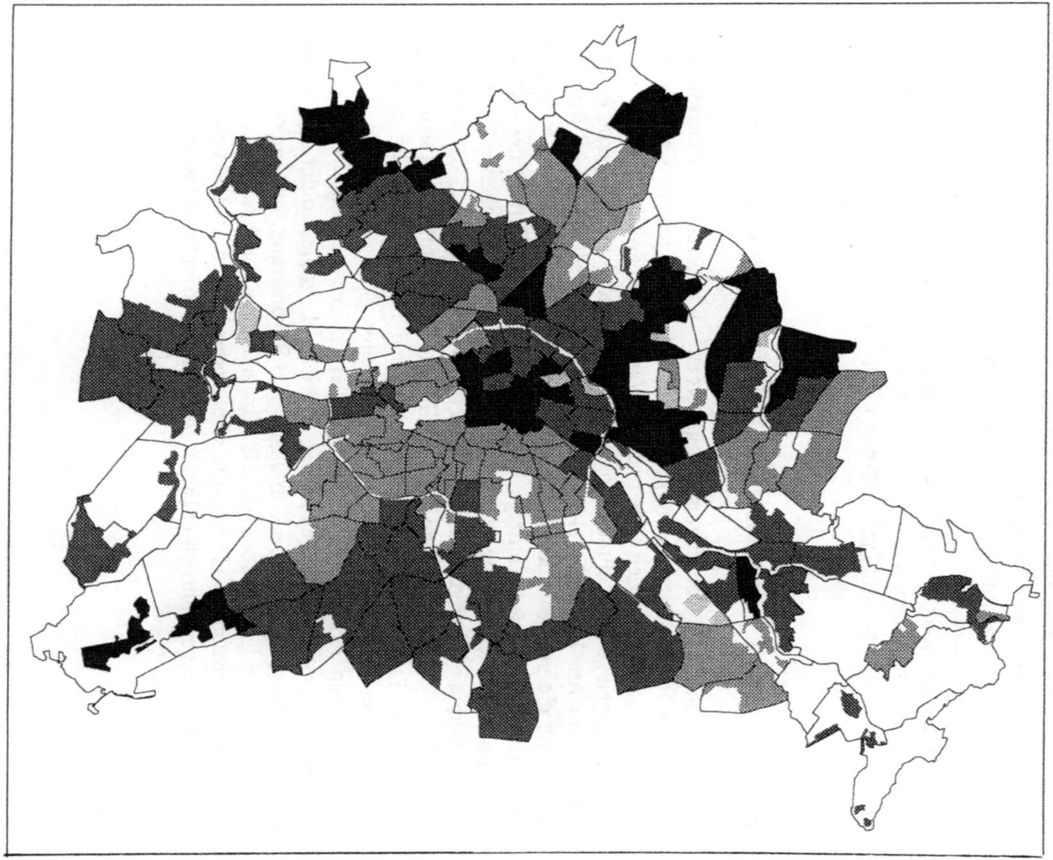

Karte 6.4:
Wanderungssaldo mit dem Umland 1994 - 1999

Durchschnittlicher jährlicher Wanderungssaldo (Zuzüge – Fortzüge) mit dem engeren Verflechtungsraum pro 1000 Einwohner in den Jahren 1994-1999

Wanderungsgewinn
-4 bis unter 0
-8 bis unter -4
Unter -8

Mittelwert für Berlin: -6,2

Siedlungsfläche Wohnen
Grenzen der Statistischen Gebiete

Quelle: Statistisches Landesamt Berlin
Bearbeitung: A. Kapphan, S. Stolper

Haushalt die Kollektivgüter finanziert, die auch den außerhalb der Stadt Wohnenden zugute kommen. Zwischen den Kommunen, die – wie (noch) im Fall von Berlin und Brandenburg – durch eine Landesgrenze getrennt sind, gibt es keinen Finanzausgleich.

Hat die Suburbanisierung erst einmal einen bestimmten Umfang erreicht, wächst die Eigenständigkeit des Umlandes als urbane Region, d.h. die Aktivitäten und Funktionen des Umlandes sind nicht mehr länger allein auf die Kernstadt bezogen. Vielmehr entwickeln sich funktional eigenständige Gebiete, die untereinander durch tangentiale Pendelverflechtungen verbunden sind. Zunehmend entstehen in den suburbanen Regionen also eigene kulturelle und ökonomische Potentiale, und diese sind immer weniger von den Angeboten der Kernstadt abhängig. Der Begriff Suburbanisierung suggeriert eine Zweitklassigkeit bzw. eine Unvollständigkeit der Entwicklung am Stadtrand, da er die Entwicklung als abgeleitete klassifiziert (‚Sub'). Mit steigender Verdichtung der suburbanen Gebiete sind aber zunehmend alle städtischen Funktionen im Umland präsent (vgl. Sieverts 1999, Brake u.a. 2001).

6.6 Die soziale Selektivität der Wanderungsbewegungen

Randwanderung und Suburbanisierung werden – wie bereits mehrfach betont – vor allem von einkommensstärkeren Haushalten getragen, sie sind also sozial äußerst selektiv. In den Daten zu den Wanderungsbewegungen sind leider keine Angaben zu Einkommen, Sozialhilfebezug und Arbeitslosigkeit enthalten. Mit der An- bzw. Abmeldung beim Einwohnermeldeamt wird lediglich erfasst, ob die umziehende Person zum betreffenden Zeitpunkt erwerbstätig ist. Diese Angabe ist der einzige Indikator für die Veränderung der sozialen Situation in den Quartieren durch Umzüge, der aktuell, flächendeckend und kleinräumig zur Verfügung steht. Durch den Wanderungssaldo der Erwerbstätigen kann ermittelt werden, ob ein Gebiet durch Umzüge Erwerbstätige verliert. Dies kann als indirekter Indikator für die Entwicklung der Einkommenssituation der Bewohner eines Gebietes gelten.

Zwischen 1994 und 1999 hat vor allem in den Innenstadtbezirken die Zahl der Erwerbstätigen abgenommen. Zum Teil liegt dies an der zunehmenden Arbeitslosigkeit unter der dort ansässigen Bevölkerung, zum anderen Teil geht dieser Rückgang jedoch auf die Abwanderung von Erwerbstätigen zurück. Die Innenstadtgebiete und die Großsiedlungen im Ostteil verlieren so durch Wanderungen jährlich teilweise über einen Prozentpunkt an Erwerbstätigen (vgl. Tabelle 6.6).

Die Tabelle spiegelt die Randwanderung von Erwerbstätigen innerhalb Berlins wider, durch die die Stadt sei 1996 an Beschäftigten verliert. Allerdings profitieren nicht alle Gebiete in den Außenbezirken von dieser Tendenz. Die östlichen Außenbezirke verlieren sei 1997 an Erwerbstätigen, was sich auf eine abweichende und sogar gegen den Trend verlaufende Entwicklung der Großsiedlungen zurückführen lässt. Auch die Großsiedlungen in West-Berlin weisen Wanderungsverluste von Erwerbstätigen auf, während alle anderen Gebiete in den Außenbezirken Gewinne verzeichnen.

In den Innenstadtbezirken weisen vor allem weite Teile des Wedding, das östliche Kreuzberg, die Altbaubereiche von Friedrichshain sowie die nördlichen Teile von Mitte und Prenzlauer Berg Wanderungsverluste von Erwerbstätigen auf. Von dieser Entwicklung profitieren die Randgebiete, in denen nach 1990 Neubaugebiete ausgewiesen wurden bzw. eine Nachverdichtung stattfand. Aber auch die statushöheren Gebiete z.B. im Südwesten Berlins, gewinnen durch die Wanderungsvorgänge an Erwerbstätigen und damit auch an Kaufkraft.

Die Umzüge von Erwerbstätigen sind zwar der einzige zur Verfügung stehende direkte Indikator zur sozialen Differenzierung von Mobilitätsvorgängen. Der oben aufgeführte Saldo der Erwerbstätigen ist jedoch für eine Bewertung nicht ausreichend, da bei einem negativen Saldo insgesamt in aller Regel auch der Saldo der Erwerbstätigen negativ ist. Um diesen Effekt zu bereinigen, kann eine Quote errechnet werden aus dem Anteil der Erwerbstätigen unter der zuziehenden Erwerbsbevölkerung in Relation zum Anteil der Erwerbstätigen unter der fortziehenden Erwerbsbevölkerung (vgl. Abbildung 6.1). Damit wird auch der Einfluss mitziehender Kinder neutralisiert. Bei Werten unter 100 ist der Anteil der Erwerbstätigen unter der zuziehenden Erwerbsbevölkerung niedriger als unter den Fortziehenden, bei Werten über 100 befinden sich unter der zuziehenden Erwerbsbevölkerung prozentual mehr Erwerbstätige als unter den Fortziehenden. In den Gebieten sinkt also nicht nur die Zahl, sondern auch der Anteil der Beschäftigten an der Erwerbsbevölkerung. Die Erwerbstätigenquote bei Wanderungen verdeutlicht Abbildung 6.1 am Beispiel des Gebietes Neukölln-Reuterplatz.

Gegenüber dem Saldo der Erwerbstätigen, welcher den absoluten Gewinn oder Verlust an Erwerbstätigen durch Umzüge misst, bildet die Erwerbstätigenquote das prozentuale Verhältnis von Erwerbstätigen bei den Umzügen ab. Daher können in Einzelfällen Gebiete zwar einen negativen Saldo der Erwerbstätigen aufweisen, die Erwerbstätigenquote jedoch über 100 liegen, was bedeutet, dass unter den (wenigen) Zuziehenden ein hoher Anteil von Erwerbstätigen festzustellen ist, wogegen die (vielen) Fortziehenden nur einen vergleichsweise geringen Anteil an Erwerbstätigen aufweisen. Dies wäre z.B. typisch für Gentrification-Gebiete.

Tabelle 6.6: Wanderungssaldo der Erwerbstätigen in Teilräumen von Berlin 1994-1999 pro 1000 EW

	1994	1995	1996	1997	1998	1999	1994-96 pro Jahr	1997-99 pro Jahr	1994-99 pro Jahr
Westliche Innenstadt	-2,7	-5,2	-6,5	-9,0	-6,5	-5,1	-4,8	-6,9	-5,8
Östliche Innenstadt	-3,0	-6,3	-10,3	-12,0	-9,8	-2,6	-6,5	-8,1	-7,3
Westliche Außenbezirke	2,7	4,6	3,2	0,6	0,0	0,8	3,5	0,5	2,0
Östliche Außenbezirke	4,1	2,8	0,7	-2,5	-3,0	-2,8	2,5	-2,8	-0,1
Westteil	0,3	0,3	-1,0	-3,5	-2,8	-1,8	-0,1	-2,7	-1,4
Ostteil	2,3	0,5	-2,1	-4,8	-4,6	-2,7	0,2	-4,1	-1,9
Innenstadt gesamt	-2,8	-5,5	-7,5	-9,8	-7,3	-4,5	-5,3	-7,2	-6,2
Außenbezirke gesamt	3,3	3,8	2,1	-0,8	-1,3	-0,8	3,1	-1,0	1,1
Berlin gesamt	1,1	0,4	-1,4	-4,0	-3,5	-2,1	0,0	-3,2	-1,6

Quelle: Statistisches Landesamt Berlin: Sonderauswertung

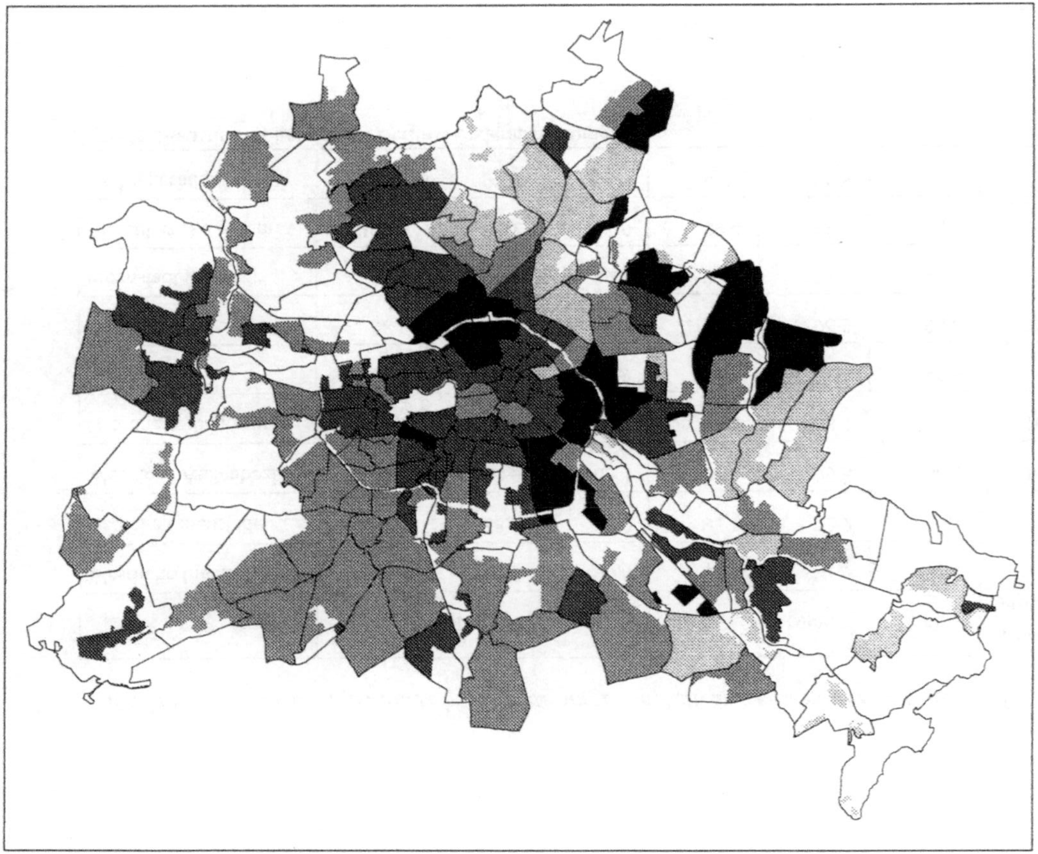

Karte 6.5:
Wanderungssaldo Erwerbstätiger 1994-1999

Durchschnittlicher jährlicher Wanderungssaldo (Zuzüge – Fortzüge) Erwerbstätiger pro 1000 Einwohner in den Jahren 1994-1999

Wanderungsgewinn pro 1000 Einwohner und Jahr

- 20 und mehr
- 0 bis unter 20

Wanderungsverlust pro 1000 Einwohner und Jahr

- -10 bis unter 0
- Unter –10

Mittelwert für Berlin: -1,6

Siedlungsfläche Wohnen

Grenzen der Statistischen Gebiete

Quelle: Statistisches Landesamt Berlin
Bearbeitung: A. Kapphan, S. Stolper

Tabelle 6.7: Erwerbstätigenindex bei Wanderungen in Teilräumen von Berlin 1994-1999

	1994	1995	1996	1997	1998	1999	1994-96 pro Jahr	1997-99 pro Jahr	1994-99 pro Jahr
Westliche Innenstadt	94,8	90,6	90,6	92,1	91,5	91,0	92,0	91,5	91,8
Östliche Innenstadt	89,7	88,3	88,0	91,1	92,2	94,4	88,7	92,6	90,6
Westliche Außenbezirke	101,8	102,9	102,4	101,1	99,6	100,1	102,3	100,3	101,3
Östliche Außenbezirke	102,9	101,8	100,0	98,0	98,1	97,0	101,5	97,7	99,6
Westteil	98,5	97,1	96,9	97,1	95,7	95,6	97,5	96,1	96,8
Ostteil	98,9	97,8	96,5	96,1	96,3	96,0	97,7	96,2	96,9
Innenstadt gesamt	93,5	90,0	89,8	91,8	91,6	92,2	91,1	91,9	91,5
Außenbezirke gesamt	102,3	102,2	101,0	99,4	98,7	98,4	101,8	98,9	100,4
Berlin gesamt	98,8	97,3	96,7	96,7	95,8	95,7	97,6	96,1	96,8

Quelle: Statistisches Landesamt Berlin: Sonderauswertung

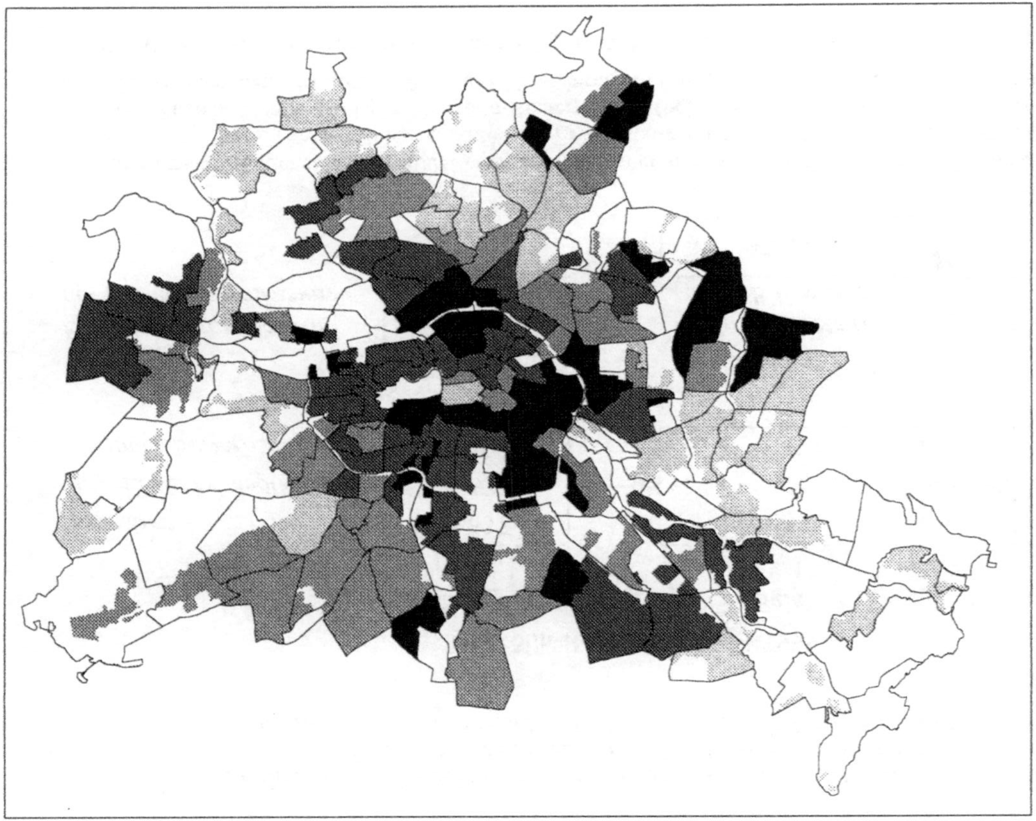

Karte 6.6:
Erwerbstätigenindex bei Wanderungen 1994-1999

Erwerbstätigenanteil unter der zuziehenden in Relation zum Erwerbstätigenanteil unter der fortziehenden Erwerbsbevölkerung (15-65 Jahre) in den Jahren 1994-1999 in Prozent

- 110% und mehr
- 100% bis unter 110%
- 90% bis unter 100%
- unter 90%

Mittelwert für Berlin: 96,8%

Siedlungsfläche Wohnen

Grenzen der Statistischen Gebiete

Quelle: Statistisches Landesamt Berlin
Bearbeitung: A. Kapphan, S. Stolper

Abbildung 6.1: Berechnung der Erwerbstätigenquote bei Wanderungsprozessen;
- Erwerbstätige an der Erwerbsbevölkerung (15-65 Jahre) -
am Beispiel des Statistischen Gebietes 75: Neukölln-Reuterplatz 1994-1999

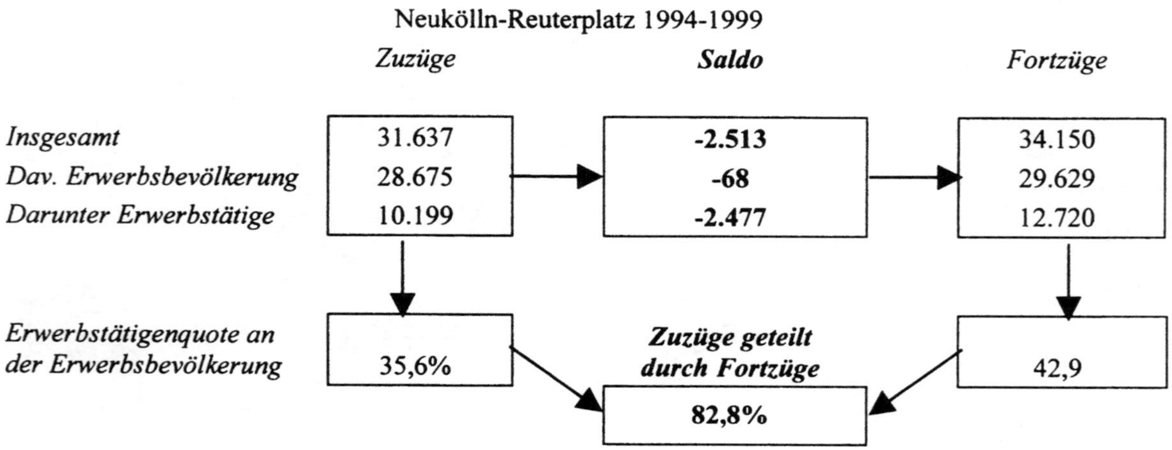

Bei einer Erwerbstätigenquote von 100% entspricht der Anteil der Erwerbstätigen unter den Zuziehenden dem der Fort ziehenden. Bei Werten unter 100 ist der Anteil der Erwerbstätigen unter den Fortziehenden höher, bei Werten über 100 unter den Zuziehenden. Im Beispiel Neukölln-Reuterplatz ist (bei einer Quote von 82,8%) der Erwerbstätigenanteil unter der zuziehenden Erwerbsbevölkerung 17,2 % geringer als unter der fortziehenden Erwerbsbevölkerung.

Quelle: Statistisches Landesamt Berlin; Berechnungen: A. Kapphan

Dieser Quotient zwischen dem Anteil der Erwerbstätigen unter den Zu- bzw. Fortziehenden ist für die Jahre 1994-99 in Karte 6.6 und Tabelle 6.9 dargestellt. Die Innenstadtgebiete weisen nicht nur flächendeckend eine Abwanderung von Erwerbstätigen auf, sondern die Karte zeigt auch, dass unter den Zuziehenden tatsächlich zu einem geringeren Anteil Erwerbstätige sind. In den Altbaubereichen der Innenstadt liegen die Werte fast überall unter 100, wobei die wanderungsbedingten Veränderungen der Erwerbstätigenquote in den Innenstadtbereichen Ost-Berlins besonders negativ sind. Allerdings muss dies nicht unbedingt eine Erosion der sozialen Stabilität bedeuten, da in die ‚Szenequartiere' auch viele Studenten zuziehen, die sich bei einem Zuzug als nicht erwerbstätig anmelden. Die Außenbezirke verbuchen unter den Zuziehenden insgesamt proportional mehr Erwerbstätige als unter den Fortziehenden.

Die stärksten (prozentualen) Verluste weisen die Gebiete mit einem hohen Anteil von Wohnungen des sozialen Wohnungsbaus auf. Diese Entwicklung geht darauf zurück, dass von den damals geltenden Bedingungen – Einkommensgrenze für Bezugsberechtigung und Fehlbelegungsabgabe für höhere Einkommensbezieher –eine Selektivität der Wanderungsprozesse zugunsten der Nicht-Erwerbstätigen erzwungen wurde. Deutlich ist, dass insbesondere Gebiete im Zentrum der Stadt von der Selektivität der Wanderungsprozesse betroffen sind sowie einige Gebiete am Stadtrand, in denen Großsiedlungen liegen. Diese Entwicklung ist für einige Siedlungen bereits durch detailliertere Studien belegt worden. So wird aus Studien über Marzahn sowie über die Gropiusstadt deutlich, dass die Bewohner, die in den vergangenen Jahren zugezogen sind, zu einem höheren Anteil arbeitslos waren, Sozialhilfe bezogen und auch ein niedrigeres Durchschnittseinkommen aufweisen. Unter den Fortziehenden befinden sich dagegen überproportional besserverdienende Haushalte, die von der Fehlbelegungsabgabe betroffen waren (vgl. Geyer 1999; IfS 1997; Weeber+Partner 1996).

Die Umzüge von Erwerbstätigen unterstreichen den Trend der selektiven Migration in den Stadtgebieten. Da die Anteile von Erwerbstätigen unter den Fortziehenden in vielen Gebieten deutlich höher liegen als unter den Zuziehenden, nehmen die Erwerbsquoten unter der verbleibenden Bevölkerung ab. In den Innenstadtgebieten sind die Erwerbsquoten niedriger als in den Außenbezirken, und aufgrund der Fortzüge von Erwerbstätigen aus der Innenstadt zusammen mit steigender Arbeitslosigkeit sinken sie in den 1990er Jahren weiter. Die Abwanderung von Erwerbstätigen erhöht die Arbeitslosenquote, da diese in Bezug zu den erwerbstätigen Personen errechnet wird, gleichzeitig steigt durch die Selektivität der Wanderungen die Arbeitslosigkeit über den vermehrten Zuzug von Arbeitslosen. Erwerbsquote, Erwerbstätigensaldo und Arbeitslosigkeit hängen im Gebiet also direkt miteinander zusammen. Welche sozialen Folgen sich hieraus für einzelne Stadtquartiere ergeben, wird in Kapitel 7 und 8 exemplarisch dargestellt.

6.7 Segregation von Zuwanderern

Im Prozess der Randwanderung sind Ausländer nur in geringem Maße beteiligt. Während vor allem Deutsche die Innenstadtgebiete verlassen und an den Stadtrand und ins Umland ziehen, verbleiben Ausländer zu einem großen Teil in den Innenstadtgebieten, und auch durch die Zuwanderung nimmt dort ihre Anzahl weiter zu, während ihr Anteil durch die rückläufige Bevölkerungszahl sowieso ansteigt. Bei der Verteilung von Ausländern im Stadtgebiet haben sich in der Vergangenheit Konzentrationen gebildet, die daher auch in den 1990er Jahren stabil geblieben sind. Die Schwerpunkte in Kreuzberg, Wedding und Tiergarten bestehen bereits seit den 1970er Jahren, und dies sind auch in den 1990er Jahren noch die Stadtteile mit den höchsten Ausländeranteilen. Jene Stadtteile, die in den 1980er Jahren durch den Abriss rückläufige Ausländerzahlen hatten, weisen nun wieder hohe Anteile auf, z.B. die Gebiete Wedding-Brunnenstraße und Kreuzberg-Mehringplatz (Hallesches Tor). Ein Teil der Umzüge von Ausländern erfolgte von den innerstädtischen Altbaugebieten in den Sozialwohnungsbestand, und auch die neuen Zuwanderer fanden vor allem dort Wohnungen.

Die Karte zeigt die Verteilung der ausländischen Wohnbevölkerung in Berlin zum Jahresende 1999 sowie die Zuzüge von Ausländern in die Statistischen Gebiete Berlins in den Jahren 1994-1999. Zu erkennen sind die hohen Ausländeranteile in den gründerzeitlichen Altbauquartieren der West-Berliner Innenstadt um den Bezirk Mitte: Im Süden Kreuzberg und der nördliche Teil von Neukölln, im Norden Wedding und im Westen Tiergarten und das nördliche Schöneberg. Diese Gebiete, in denen der Ausländeranteil über 30% beträgt, grenzen an weitere Gebiete, in denen der Ausländeranteil zwischen 20 und 30 Prozent liegt und die bis nach Charlottenburg reichen. In den Außenbezirken West-Berlins überschreitet der Ausländeranteil nur in wenigen Gebieten 10%.

Deutlich ist die nach wie vor unterschiedliche Struktur der beiden Stadthälften. In Ost-Berlin haben bisher nur wenige Gebiete einen Anteil von 10% erreicht. Diese liegen im Bezirk Mitte an der Friedrichstraße und im nördlichen, an den Wedding angrenzenden Bereich. Die Konzentrationen im äußeren Siedlungsbereich gehen auf Wohnheime für Arbeitsmigranten und Flüchtlinge zurück, daher auch die starke Konzentration an der Rhinstraße in

Lichtenberg, wo in Heimen insgesamt knapp 5.000 Ausländer leben: Bürgerkriegsflüchtlinge, Asylbewerber, Arbeitsmigranten.

Die Wanderungsgewinne in den Jahren 1994-1999 – in der Karte durch die hellen Kreise dargestellt – zeigen, in welche Teilgebiete derzeit Ausländer zuziehen. Besonders große Wanderungsgewinne verzeichnen z.B. Rahnsdorf (Köpenick), Biesdorf-Nord (Marzahn) und Hertaplatz (Pankow). In Biesdorf und in Pankow sind in diesen Jahren Siedlungen des sozialen Wohnungsbaus entstanden, in die aufgrund der Wohnberechtigung mit Dringlichkeit auch viele Zuwanderer zogen. In Rahnsdorf entstand ein neues Flüchtlingsheim. Neben diesen äußeren Stadtbezirken lassen sich in der Innenstadt weitere Schwerpunkte des Zuzugs von Ausländern feststellen. In den Gebieten Mehringplatz und Moritzplatz (Kreuzberg), in dem nördlich angrenzenden Gebiet Friedrichstraße (Mitte) sowie westlich am Lützowplatz (Tiergarten) liegen jene innerstädtischen Quartiere mit dem höchsten Ausländerzuzug. Dabei handelt es sich in Kreuzberg und Tiergarten um Gebiete mit einem hohen Anteil von Sozialwohnungen, im Gebiet Friedrichstraße liegen die Hochhäuser der Leipziger Straße.

Der Zuzug von Ausländern in den 1990er Jahren richtet sich also insbesondere auf jene Gebiete, in denen derzeit Sozialwohnungen gebaut werden oder wo Sozialwohnungen und Großsiedlungen aus älteren Bauphasen zu finden sind. Am Mehringplatz ist der Ausländeranteil zwischen 1993 und 1999 von 20 auf 33% angestiegen, an der Friedrichstraße von 15 auf 24%. Nach der Entspannung des Wohnungsmarkts aufgrund neuer Wohnungsangebote in der Stadt und im Umland sind viele deutsche Mieter gerade aus diesen Wohnquartieren ausgezogen.

In den 1990er Jahren waren deutschstämmige Aussiedler die größte Zuwanderergruppe in Berlin. Sie werden in der Statistik über die Wohnorte von Ausländern allerdings nicht erfasst, wohnen jedoch vor allem in den Großsiedlungen im Ostteil der Stadt. Die Gesamtzahl der Aussiedler in Berlin ist nicht bekannt, zwischen 1992 und 1999 kamen ungefähr 30.000 Aussiedler nach Berlin, fast alle aus der ehemaligen Sowjetunion. Immerhin ein Drittel dieser Zuwanderergruppe lebt im Bezirk Marzahn, wo sie über 10% der Bewohner der Großsiedlung ausmachen. Hier standen in den 1990er Jahren große Wohnungen leer, in welche die im Familienverband zugewanderten Aussiedler ziehen konnten. Eine besonders starke Konzentration besteht im nördlichen Teil von Marzahn, der erst direkt vor dem Mauerfall fertig gestellt wurde.

Die Geschichte der Zuwanderung zeigt, dass Zuwanderer in jene Quartiere ziehen, die von Deutschen nicht mehr nachgefragt werden und die dann herunterfiltern. Dadurch dass Ausländer auf dem Wohnungsmarkt stark diskriminiert werden, sind hohe Zuzüge von Ausländern in Gebiete zumeist ein

Karte 6.7:
Ausländeranteil 1999 und Zuzug von Ausländern 1994 – 1999
in den statistischen Gebieten von Berlin

Ausländeranteil in Prozent 31.12.1999

- unter 10%
- 10% bis 20%
- 20% bis 30%
- 30% und mehr

Wanderungsgewinn in % der Einwohner 1994-1999 (kumuliert)

- 30
- 15
- 3

Siedlungsfläche Wohnen

Grenzen der Statistischen Gebiete

Quelle: Statistisches Landesamt Berlin
Bearbeitung: A. Kapphan, S. Stolper

Zeichen für eine veränderte Nachfragesituation und einen damit verbundenen Filteringprozess. In den 1990er Jahren zogen Zuwanderer nach wie vor in Altbaubestände, es kamen nun jedoch auch Sozialwohnungen und die Großsiedlungen hinzu. Auch im Ostteil hat der Ausländeranteil in den 1990er Jahren zugenommen, im Altbaubestand wie in den Großsiedlungen.

Von vielen Autoren ist die Segregation von Ausländern in den Altbauquartieren und Sozialwohnungen mit kulturellen Gründen und niedrigen Mietpreisen erklärt worden. Tatsächlich sind die durchschnittlichen Mieten in den Quartieren niedrig, doch können die Zuwanderer ihre Nachfrage gar nicht auf andere Wohnungen richten, sie würden diese in der Regel gar nicht bekommen, auch wenn sie bereit sind, eine höhere Miete zu bezahlen. Die Konzentrationen von Ausländern sind also nicht freiwillig entstanden, die Segregation veranschaulicht vielmehr die Chancen der Zuwanderer auf dem Wohnungsmarkt und spiegelt die Nachfrage der deutschen Haushalte. Wo sich die Zuwanderer konzentrieren hängt vor allem davon ab, zu welchen Zeiten sie zugewandert sind und welche Wohnungen jeweils auf dem Markt nicht nachgefragt werden. Daher konzentrieren sich unterschiedliche Zuwanderergruppen oftmals in unterschiedlichen Quartieren: Türkische Zuwanderer in den ehemaligen Sanierungs- und Sanierungserwartungsgebieten von Kreuzberg, Neukölln und Wedding, Aussiedler in den Großsiedlungen Ost-Berlins, wo in den 1990er Jahren die stärkste Abwanderung und die höchsten Leerstände zu verzeichnen waren.

6.8 Selektive Mobilität und neue Muster der sozialen Segregation

Die Dynamik der Bevölkerungsbewegung hat sich nach der Vereinigung der beiden Stadthälften stark erhöht, in den West-Berliner Innenstadtgebieten zunächst stärker als in den übrigen Teilen der Stadt. Inzwischen haben die Ost-Berliner Innenstadtgebiete jedoch dieses Niveau sogar noch überschritten. In den innerstädtischen Bereichen finden die meisten Umzüge statt, und die durchschnittliche Wohndauer ist dort daher auch am niedrigsten.

Die Abnahme der Bevölkerungsdichte in den Innenstadtbezirken ist ein seit vielen Jahrzehnten anhaltender Prozess. Diese Entdichtung der Innenstadt ist mit sozial selektiven Wanderungen verbunden. Auf Dauer führt dieser Prozess zu einer sozialen Entmischung der Bevölkerung in den Wohngebieten und zu einer sozialräumlichen Polarisierung der Bevölkerungsstruktur nach Einkommen und Lebensstilen: die Familien mit höheren Einkommen verlassen die dichten Innenstädte und ziehen in die Randbezirke oder ins Umland.

Die Entwicklung im westlichen Teil der Innenstadt ist dagegen geprägt durch einen hohen und wachsenden Ausländeranteil, durch hohe Fluktuation und Wanderungsverluste. Die sozial selektiven Wanderungsvorgänge verstärken bisherige Muster und bewirken eine zunehmende Segregation innerhalb der Stadt: die innerstädtischen Gebiete werden von den beruflich erfolgreichen und sozial integrierten Bevölkerungsgruppen verlassen, dadurch und durch weitere selektive Zuwanderung bildet sich dort insgesamt eine Sozialstruktur der Bevölkerung heraus, die durch risikobehaftete und marginalisierte Lebenslagen geprägt ist.

Entgegen den Erwartungen vieler Experten nach der Wende, dass die an den Bezirk Mitte angrenzenden Altbaugebiete von einem starken Aufwertungsprozess (‚Gentrification') erfaßt würden, sind in den hier analysierten Daten diese Entwicklungen nicht zu erkennen. Vielmehr finden auch in den innerstädtischen Quartieren des Ostens selektive Wanderungsprozesse statt, die zu einem wachsenden Anteil von Bewohnern mit materiellen Problemen führen.

Die Suburbanisierung führt zu einer Ausdifferenzierung von suburbanen und städtischen Milieus: Im Umland sammeln sich die Haushalte, die aufgrund freiwilliger Entscheidungen die ungeliebten städtischen Quartiere verlassen und sich in den homogenen sozialen Milieus im Umland niederlassen. Für viele in der Stadt zurückbleibenden Haushalte gilt, dass sie sich aufgrund einer erzwungenen Segregation in der Nachbarschaft von Haushalten in ähnlicher sozialer Lage finden, häufig in Quartieren mit hohem Anteil an Zuwanderern, die noch keine Möglichkeit zur ökonomischen Integration hatten. Diese ‚Milieus der Verlierer' stehen in krassem Kontrast zu jenen urbanen Milieus, die von sozialen Aufsteigern, Alternativ-Kulturen und den neuen Mittelschichten mit ihren differenzierten Lebensstilen gebildet werden, und um die herum eine attraktive und distinguierte Infrastruktur entsteht.

An der Randwanderung sind Zuwanderer seltener beteiligt, die bestehenden Konzentrationen in den westlichen Innenstadtgebieten haben sich daher verstärkt. Zuwanderer zogen in den 1990er Jahren jedoch insbesondere in die Großsiedlungen und die Bestände des sozialen Wohnungsbaus und in einzelne Altbauquartiere mit geringer Nachfrage. Die Verteilungsmuster der Ausländer haben sich dadurch verändert und das Ausmaß der Segregation ist zurückgegangen, zumindest rechnerisch, da dies vor allem darauf zurückzuführen ist, dass neue Konzentrationen entstanden sind und die alten stabil geblieben sind.

Eine Trendwende im sozialstrukturellen Profil ist in den 1990er Jahren für kein Quartier erkennbar, vielmehr verstärken sich die bereits vorher angelegten Unterschiede zwischen den einzelnen Teilräumen: in den höherwertigen Gebieten nehmen die Anteile der unterprivilegierten Bewohner ab, und aus den Gebieten mit einer durchschnittlich schlechter situierten Bewohnerschaft wandern diejenigen ab, die über die materiellen Voraussetzungen dafür verfügen, sich ihren Wohnstandort aussuchen zu können. Dadurch entstehen in den Innenstadtgebieten und Großsiedlungen Abwertungsprozesse, die zur Konzentration von Armen, Arbeitslosen und Zuwanderern führen. Inwieweit diese Armutskonzentrationen negative Folgen für den Stadtteil und die betroffenen Bevölkerungsgruppen haben, soll in den folgenden Kapiteln untersucht werden.

7. Armutskonzentration und Ausgrenzung: Die Rolle des Stadtteils

7.1 Zusammenfassung der bisherigen Ergebnisse

In den bisherigen Darstellungen wurde versucht, die Entstehung und Konzentration von Armut theoretisch zu fassen und am Beispiel von Berlin empirisch darzustellen. In Kapitel 5 ist gezeigt worden, dass Armut in Berlin während der 1990er Jahre stark zugenommen hat. Dies lässt sich sowohl an der steigenden Zahl der Sozialhilfeempfänger als auch der Arbeitslosen verdeutlichen, deren Zahl sich zwischen 1990 und 1999 auf 265.000 verdoppelt hat (vgl. Kapitel 5). Immer mehr Menschen sind auf Transferleistungen der Sozial- und Arbeitsämter angewiesen, im Westteil der Stadt ist der Anteil deutlich höher als im Ostteil von Berlin. Durch den Wegfall von Arbeitsplätzen insbesondere im produzierenden Sektor ist auch die Anzahl der Beschäftigten in der Stadt gesunken, zwischen 1989 und 1997 um fast 30%.

Von Arbeitslosigkeit und Armut sind bestimmte Gruppen in der Stadt in höherem Maße betroffen. Beim Arbeitsplatzabbau im produzierenden Gewerbe wurden insbesondere gering- und unqualifiziert Beschäftigte entlassen, Frauen und Ausländer sind hierbei überproportional vertreten. Neue Zuwanderer und Berufseinsteiger zählen zu den Gruppen, die unter der gegenwärtigen Arbeitsmarktlage nur geringe Chancen auf einen der weniger werdenden Arbeitsplätze haben. Auch ältere Beschäftigte, die in neue Tätigkeitsbereiche vermittelt werden sollen, sowie Frauen mit Kindern gelten als schwer vermittelbar, letztere, da die Doppelbelastung insbesondere bei allein Erziehenden aus Sicht der Arbeitgeber ein großes Risiko darstellt

Vor dem Hintergrund einer steigenden Arbeitslosigkeit werden die Bezugszeiten von Transferleistungen länger, der Anteil der Langzeitarbeitslosen steigt. Besonders problematisch ist dies in den Gebieten, in denen sich eine deutliche Konzentration von Armut und Arbeitslosigkeit herauskristallisiert. Diese folgt sozialräumlichen Mustern, die in der Geschichte Berlins entstanden sind. Historisch hatte sich in Berlin eine deutliche Segregation zwischen den in einem „Dreiviertelring" östlich und nördlich der Innenstadt gebauten Mietskasernenquartieren und den – damals noch außerhalb der Stadt gelegenen – Villengebieten in südwestlicher Richtung entwickelt (Kapitel 4). Seit der Zeit der Weimarer Republik sind neue Wohngebiete insbesondere für eine breite Mittelschicht konzipiert worden, weniger exklusiv als die Villengebiete, aber deutlich besser ausgestattet und weniger dicht bebaut als die Mietskasernenquartiere in den Innenstadtbezirken. Die Polarität zwischen Mietskasernen und Villen ist also nicht aufgehoben, sondern nur durch das Hinzufügen eines neuen Wohnungsmarktsegmentes abgeschwächt worden. In Ost-Berlin war durch den Verfall und Abriss von alten Wohnquartieren und dem Neubau von modernen Wohnungen im Stadtbezirk Mitte das hohe Prestige des Zentrums erhalten geblieben, während die Altbaugebiete am Rand der Innenstadt verfielen.

Die soziale Segregation im Ostteil war 1989 nur gering ausgeprägt. Dort stellten die Großsiedlungen am Stadtrand einerseits die Wohnform einer breiten sozialistischen Mittelschicht dar, andererseits konzentrierte sich dort gerade aufgrund ihrer hervorgehobenen Stellung innerhalb des sozialistischen Landes die Arbeiterschaft (Kapitel 4). Die sozialräumlichen Muster, die sich daraus ergaben, unterscheiden sich von denen in West-Berlin. Hier hatten die innerstädtischen Altbaugebiete – vor allem die an den Ostteil angrenzenden – den höchsten Arbeiteranteil. In diesen Gebieten konzentrierte sich dementsprechend in den 1990er Jahren die Arbeitslosigkeit. In Ost-Berlin waren dagegen die Großsiedlungen am Standrand am stärksten betroffen (vgl. Karte 5.1).

Wenn durch den ökonomischen Wandel die soziale Ungleichheit zunimmt und bestimmte Gruppen besonders häufig arbeitslos werden bzw. Sozialhilfe beantragen müssen – die so genannten Risikogruppen der Armut bzw. Arbeitslosigkeit (vgl. Kapitel 2) –, so konzentriert sich Armut und Arbeitslosigkeit in den Gebieten, die bereits zuvor von den Risikogruppen bewohnt waren. Besonders deutlich wird dies bei Gebieten, in denen der Ausländeranteil bereits in den 1980er Jahren hoch war. Hier ist der Anteil der Arbeitslosen unter den Bewohnern auch deswegen besonders hoch, weil die hier lebenden Ausländer zu einem besonders hohen Anteil ohne Beschäftigung sind. Sie zählen aufgrund ihrer im Durchschnitt schlechten Bildungssituation zu den Risikogruppen der Armut. In den Wohngebieten der Migranten leben allerdings auch andere Risikogruppen: gering qualifizierte Deutsche, allein Erziehende, Beschäftigte über 50 Jahre etc. Der Wandel von einem Arbeiterwohngebiet zu einem „Arbeitslosenquartier" wurde in Kapitel 3.6 als soziale Mobilität des Quartiers charakterisiert, ein Prozess, der dann eintritt, wenn ein Wohngebiet kollektiv von Verarmungsprozessen betroffen ist, wie dies für die Arbeiterwohngebiete im Berlin der 1990er Jahre gilt.

Ein weiterer Prozess, der zu einer Zunahme der sozialen Segregation beitragen kann, ist die räumliche Mobilität, die zumeist in Verbindung mit sozialer Mobilität im Quartier eintritt (vgl. Kapitel 3). Durch das Herunterfiltern von Wohnquartieren verlassen diejenigen das Gebiet, die noch weitgehend sozial und ökonomisch integriert sind; die Zuziehenden hingegen sind zu einem höheren Anteil arm oder sozial diskriminiert. Das ‚Downgrading' ist somit ein sich selbst verstärkender Prozess, von dem nicht abzusehen ist, wann er zum Stillstand kommt, und der zu einem ‚Kippen' des Quartiers führen kann (vgl. IfS/S.T.E.R.N. 1998, 51).

Empirisch lässt sich die räumliche Mobilität in Berlin in den 1990er Jahren beobachten und belegen. Hintergrund für den anhand von Umzugsdaten dargestellten Entmischungsprozess war ein seit Mitte der 1990er Jahre feststellbarer Wohnungsüberhang im mittleren Marktsegment, der zu einer Senkung der Wohnungsmarktbarrieren, und in Folge dessen zu steigender Fluktuation führte. Das neue Angebot an Wohnraum am Stadtrand und im Umland stellte einen Pull-Faktor für die einkommensstärkeren Bewohner der Innenstadtgebiete und Großsiedlungen dar. Die soziale Lage im Quartier spitzte sich dadurch vor allem in den innerstädtischen Altbaugebieten West-Berlins deutlich zu, und Sozialhilfebezug und Arbeitslosigkeit stiegen stark an. Die soziale Mobilität im Quartier wirkte sich beschleunigend auf die räumliche Mobilität aus und entwickelte sich zum Push-Faktor für weitere Fortzüge.

Zu den Gebieten, die von den Entmischungsprozessen und Armut am stärksten betroffen sind, zählen die Großsiedlungen am Stadtrand und die Altbaugebiete in der Innenstadt. Die Frage ist nun, welche Folgen die räumliche Konzentration von Armut und Arbeitslosigkeit für die Bewohner dieser Gebiete hat. Im Zentrum der Debatte um die Folgen sozialer Segregation steht die Frage, ob die Bedingungen im Quartier und dessen Qualitäten Einfluss auf die Möglichkeit der Bewohner haben, ihren Lebensalltag zu bewältigen bzw. aus der Armut zu entfliehen, ob benachteiligte Gebiete ihre Bewohner zusätzlich benachteiligen (vgl. Häußermann/Kapphan 2000, 229). In den folgenden Abschnitten soll eine Antwort auf diese Kernfrage aktueller stadtsoziologischer Forschung gefunden werden.

7.2 Fragestellung an die Untersuchung

Friedrichs (1998) hat die Frage der räumlichen Benachteiligung sehr pointiert ausgedrückt: "Do poor neighbourhoods make their residents poorer?" Als Annahme formulieren Friedrichs und Blasius, dass benachteiligte Gebiete den „Kontexteffekt haben, die Handlungsoptionen, zumindest eines Teils der Bewohner, zusätzlich einzuschränken" (2000, 30). Theoretisch berufen sich die Kölner Soziologen auf Wilson, der den Begriff der ‚sozialen Isolation' verwendet hat, um die ‚Underclass' zu definieren (Wilson 1987, 57). Die Studie von Friedrichs und Blasius kann allerdings die These nicht belegen, dass sich in den untersuchten Gebieten abweichende Normen und Verhaltensmuster durchsetzen, welche die Handlungsoptionen der Bewohner einschränken. Eine Übertragung der These von Wilson auf deutsche Verhältnisse erscheint auch Keim und Neef nicht sinnvoll, da in den deutschen Problemgebieten im Regelfall deutlich höhere Erwerbsquoten erreicht werden als in den amerikanischen Ghettos (2000a, 258f.). Zu klären wäre also, worin die Benachteiligung der Bewohner in Armutsgebieten besteht.

In einer früheren Studie von Herlyn, Lakemann und Lettko wurde die Nachbarschaft noch unter anderen Vorzeichen betrachtet. In der Argumentation der Autoren spielt der Stadtteil „eine zentrale Rolle bei der Abpufferung benachteiligter struktureller Ausgangsbedingungen ... und (eröffnet) damit spezifische individuelle Handlungsspielräume für die Alltagsbewältigung (...)" (1991, 29). Stadtteile unterscheiden sich im Vorhandensein milieuspezifischer Ressourcen und Netzwerke, die von den marginalisierten Gruppen genutzt werden können (ebd. 230f.), und sie weisen spezifische Milieuqualitäten auf. Für die Wirksamkeit der Milieus sind die sich bietenden Gelegenheiten (bzw. Opportunitäten) im Quartier und die Kontakte zwischen Bewohnern von entscheidender Bedeutung. In Quartieren mit schlecht ausgeprägten Netzwerken werden die Milieuqualitäten demzufolge auch als gering eingeschätzt, funktionierende Milieus sind gekennzeichnet durch große Netzwerke, die den Bewohnern spezifische Ressourcen bieten.

Die Perspektive der beiden Arbeiten – Herlyn et al. (1991) und Friedrichs/Blasius (2000) – könnte unterschiedlicher nicht sein. Die Rolle der Armen und ihre Ziele werden jeweils unter anderen Vorzeichen betrachtet. Bei Friedrichs/Blasius wird angenommen, dass die Armen keine Möglichkeit haben, ihrer Situation und dem Quartier zu entfliehen, und sie dadurch den negativen Einflüssen abweichenden Verhaltens ausgesetzt sind. In der Studie von Herlyn et al. wird dagegen auf die positive Funktion des Quartiers für die Lebensbewältigung in Armut abgezielt, ohne dass davon ausgegangen wird, dass die Armen ihre Situation auch wirklich verbessern können. Negative Effekte des Quartiers werden wiederum bei Herlyn et al. nicht thematisiert, es gibt lediglich Gebiete mit geringen Ressourcen und geringer Milieuqualität.

In Kapitel 2 ist die Frage zunächst offen geblieben, ob der Stadtteil eine eigene Dimension von Ausgrenzung darstellen kann. Im folgenden Kapitel soll nun untersucht werden, welche Folgen die Konzentration von Armut hat, und ob diese auch zur Entwicklung von Ausgrenzung beiträgt. Dies soll entlang drei zentraler Fragen geschehen. Unter Bezug auf Herlyn et al. (1991) soll untersucht werden, ob die Quartiere Möglichkeiten der Arbeitsmarktintegration bieten, und welche Chancen die von Arbeitslosigkeit Betroffenen bei der Arbeitsplatzsuche haben (Kapitel 8.2). Besonderem Stellenwert kommt hierbei den Formen der Gelegenheitsarbeit bzw. von Nebenerwerb zu, da sie bei Arbeitslosigkeit Einkommen sichern und nach Herlyn et al. Anerkennung und Selbstwertgefühl vermitteln.

Des weiteren soll überprüft werden, welche Rolle die sozialen Infrastruktureinrichtungen und die Kontakte im Quartier spielen, wie sie vermittelt werden und welche Gruppen im Quartier sozial isoliert sind (Kapitel 8.3). Dabei soll nicht Bezug genommen werden auf die Definition von Wilson (1987) zur sozialen Isolation, da nicht das gesamte Netzwerk der Personen untersucht wurde. Statt dessen wurde nur das „egozentrierte Netzwerk“ untersucht, und vor allem gefragt, mit welchen Personen die Befragten Kontakt halten und welche Ressourcen sie sich dabei erschließen können (z.B. kurz fristig Hilfe zu organisieren oder Geld zu leihen), bzw. ob sie nur noch zu ein oder zwei Personen sporadischen Kontakt haben. Zentral ist hierbei aber die Frage, wie die sozialen Kontakte vermittelt sind und welche Ressourcen darüber organisiert werden können, also welche Potentiale bzw. Milieuqualitäten das Gebiet aufweist.

Als dritter Punkt (Kapitel 8.4) soll schließlich resümierend abgeschätzt werden, ob die Befragten als ausgegrenzt gelten können und welche Rolle der Stadtteil für ihre Lebenssituation und Armutsbewältigung spielt. Hierfür wurde für die Interviews ein Set von Fragen entwickelt, welches die subjektive Einschätzung zur Lebenssituation erfasst und eine empirische Definition von ausgegrenzten Personen erlaubt. Überprüft werden soll, ob die derart klassifizierten Interviewpartner gleichzeitig andere Merkmale sozialer Ausgrenzung und fehlender Integration in die Dimensionen Markt, Staat und Gesellschaft aufweisen.

Bevor diese drei Forschungsfragen in den jeweiligen Kapiteln behandelt werden können, soll zunächst das Untersuchungsdesign der empirischen Studie vorgestellt werden (Kapitel 7.3) und ein Überblick über die Interviews mit den untersuchten Gruppen gegeben werden (Kapitel 8.1).

7.3 Ausgrenzung und die Rolle des Stadtteils für die Lebensbewältigung von armen Haushalten: Untersuchungsdesign

Unter den Gebieten Berlins stechen bezüglich der Konzentration von Arbeitslosigkeit zwei Typen besonders hervor: Großsiedlungen und Altbaugebiete. Im Folgenden werden nun zwei Quartiere ausführlicher untersucht: das Gebiet im nördlichen Neukölln in West-Berlin (Neukölln-Reuterplatz) und das Quartier im nördlichen Marzahn am Stadtrand von Ost-Berlin (Marzahn-

Tabelle 7.1: Arbeitslose in Berlin und den Untersuchungsgebieten am 30. Juni 2000 nach ausgewählten Merkmalen

Gebiet	Einwohner insgesamt	davon Ausländer in %	Arbeitslose insgesamt	Arbeitslose in % der Einwohner zwischen 18 und 60 Jahren	Arbeitslose ... in % der Arbeitslosen insgesamt			
					Ausländer	Langzeit-arbeitslose	Frauen	Arbeiter
Neukölln-Reuterplatz (SG* 75)	33.504	31,8	4.004	17,6	34,3	36,0	38,2	68,0
Neukölln-Nord (SG* 75-79)	147.207	33,7	18.732	19,3	35,8	36,5	37,2	71,8
Bezirk Neukölln	304.298	21,2	30.252	16,3	28,6	38,3	40,9	67,2
Marzahn-Nord (SG* 181)	27.254	3,9	3.004	17,1	5,5	27,5	44,4	67,5
Großsiedlung Marzahn (SG* 181, 182, 184)	109.253	2,9	10.786	14,7	3,9	29,2	44,9	61,0
Bezirk Marzahn	137.196	3,6	12.306	13,6	4,0	29,3	45,1	59,6
Berlin	3 334.367	13,0	258.034	12,5	17,4	34,7	42,6	58,5
West-Berlin	2 085.868	17,4	160.862	12,6	24,7	38,0	41,9	60,6
Ost-Berlin	1 248.499	5,8	97.172	12,4	5,3	29,3	43,8	55,0

Quelle: Statistisches Landesamt Berlin; SG = Statistisches Gebiet

Nord bzw. Ahrensfelde-Süd). Beide Gebiete zeichnen sich durch einen überdurchschnittlichen Arbeitslosenanteil aus, in beiden Gebieten fand in den 1990er Jahren ein sozialer Wandel ‚nach unten' statt, da die sozialen Probleme zugenommen haben und Familien und Erwerbstätige fortgezogen sind.

Für die Untersuchung wurden drei Gruppen ausgewählt, die in besonderem Maße von Armut sowie von Arbeitslosigkeit betroffen sind: Migranten, langzeitarbeitslose deutsche Männer zwischen 25 und 55 Jahren sowie allein erziehende Frauen. Über ein Drittel der Arbeitslosen in Berlin (vgl. Tabelle 7.1) sind langzeitarbeitslos, im Westteil wie auch im Neuköllner Untersuchungsgebiet ist der Anteil etwas höher. Über zwei Drittel der Arbeitslosen in den Untersuchungsgebieten sind Arbeiter, deutlich mehr als im Berliner Durchschnitt, ein Hinweis auf die geringere Qualifikation und schlechtere Chancen der Arbeitslosen. Frauen sind in Marzahn zu einem höheren Anteil arbeitslos gemeldet als in Neukölln und anderen Teilen der Stadt, wobei allein Erziehende in besonderem Maße von den verschlechterten Möglichkeiten auf dem Arbeitsmarkt betroffen sind. Statistische Daten über die Betroffenheit von allein Erziehenden von Arbeitslosigkeit gibt es keine, allerdings zeigt sich in den Daten der Sozialhilfestatistik, dass unter den Haushalten mit Kindern insbesondere allein Erziehende Sozialhilfe beantragen müssen.

In den beiden ausgewählten Gebieten wurden im Frühjahr und Sommer 2000 je 28 Interviews mit arbeitslosen oder prekär beschäftigten Personen aus den drei Untersuchungsgruppen durchgeführt (vgl. Dorsch et al. 2001a). Die Interviews fanden in Form von strukturierten Leitfadengesprächen statt, in denen wir nach der Wohngeschichte der Haushalte, der Schul- und Erwerbsbiographie der Haushaltsmitglieder, der Wahrnehmung der eigenen Lage, insbesondere zur Selbsteinschätzung von Armut und Ausgrenzung, zu den sozialen Kontakten, der Nutzung von sozialen Angeboten, den vorhandenen Gelegenheiten im Quartier und der Wahrnehmung des Quartiers fragten. Die Interviews dauerten in der Regel ein bis eineinhalb Stunden und wurden mit Tonbandgeräten aufgezeichnet und transkribiert. Je zehn der Personen gehörten der Gruppe der Migranten bzw. der Gruppe der allein erziehenden Frauen an, je acht Interviews wurden mit langzeitarbeitslosen Männern im Alter zwischen 25 und 55 durchgeführt. Des weiteren wurden insgesamt 32 Experten befragt, die in den Gebieten in sozialen Diensten und Projekten arbeiten bzw. in der kommunalen Politik tätig sind. Die Ergebnisse letzterer Interviews gehen in die Analyse der Gebietsressourcen und in die Interpretation der Betroffenen-Gespräche ein, werden jedoch nicht gesondert dargestellt.

Untersuchungsgebiet 1: Marzahn-Nord

Bei den Analysen der Wanderungsvorgänge ist deutlich geworden, dass die Großsiedlungen in Ost-Berlin (Plattenbaugebiete) zu den Quartieren gehören, bei denen in den 1990er Jahren ein starker Wandel der Bevölkerungs- und Sozialstruktur zu beobachten ist. In den überwiegend von kommunalen Wohnungsbaugesellschaften verwalteten Gebieten der Ost-Berliner Großsiedlungen war 1989 die Bevölkerung relativ jung und spiegelte die sozialistische Mittelschicht aus Facharbeitern und Angestellten. Seit einigen Jahren sind die Bevölkerungszahlen – im Gegensatz zum Trend in anderen Gebieten der Außenbezirke – rückläufig. Die Abwanderung von Haushalten mit überdurchschnittlichen Einkommen (oft Familien mit Kindern) ins Umland wird von den Wohnungsbaugesellschaften übereinstimmend beklagt. Durch die geringe Nachfrage nach Wohnungen in den Großsiedlungen und die Belegungsbindung im Wohnungsbestand – 45% der Wohnungen der Wohnungsbaugesellschaften und 30% der Genossenschaftswohnungen werden nach den Kriterien des sozialen Wohnungsbaus vermietet – ziehen vorwiegend arme Haushalte in die frei gewordenen Wohnungen nach. Die Wanderungsverluste in den Großsiedlungen sind enorm, sie betragen jährlich ein Prozent der Bevölkerung. Die Daten zu den Erwerbstätigenwanderungen zeigen eine extrem starke Selektivität des Bevölkerungsaustausches, die den Charakter der Großsiedlungen in Zukunft stark verändern wird.

Obwohl die Wohnhäuser in den Großsiedlungen erst in den 1980er Jahren gebaut wurden, wurden nach der ‚Wende' große Mängel erkennbar. Die Notwendigkeit einer Gebäudesanierung – vor allem der Warmwasserversorgung und der Wärmedämmung, um die sehr hohen Mietnebenkosten zu reduzieren – und von Wohnumfeldmaßnahmen ist von den Wohnungsbaugesellschaften, der Bundesregierung und vom Land Berlin rasch erkannt worden. Entsprechende Maßnahmen wurden mit hohen Zuschüssen gefördert. Diese haben die Situation in den Großsiedlungen zwar stabilisiert, konnten aber die Abwanderung von Haushalten mit höheren Einkommen nicht aufhalten. Das Mietniveau in den Großsiedlungen scheint zu hoch zu sein, um mit dem frei finanzierten Wohnungsbau zu konkurrieren. Darüber hinaus veranlassen auch die Qualität der Gebäude, die geringe Zimmerzahl, die Wohnungsgrößen sowie die standardisierten Grundrisse, die Haushalte mit höheren Einkommen zum Wegzug (vgl. Hannemann 1996).

Ein zusätzliches Problem entstand durch die Vergabepraxis in den Plattenbaugebieten, die zu einer homogenen Altersstruktur der Bewohner geführt hat. In die neu fertig gestellten Gebiete wurden überwiegend junge Familien eingewiesen, die dann gemeinsam älter wurden. Dies hatte zur Folge, dass anfänglich Kindertagesstätten knapp waren, dann Grundschulen und heute Jugendeinrichtungen. Die Räumlichkeiten für soziale Infrastruktur stehen nun leer und es fehlt das Geld, um den Umbau, den Unterhalt oder den Abriss zu finanzieren.

Ein Dauerproblem ist die monofunktionale Struktur der Großsiedlungen. Zwar lagen die Plattenbaugebiete in der Nähe zu großen Industriearealen, doch befinden sich in den Wohngebieten selbst nur sehr wenige Arbeitsplätze. Der Einwohnerzahl nach komplette Großstädte, sind die Großsiedlungen funktional weitgehend ‚Schlafstädte‘ geblieben. In der sozialistischen Gesellschaft mag dies weniger problematisch gewesen sein, da sämtliche Bewohner – Frauen, Männer und Kinder – tagsüber entweder ihrer Arbeit nachgingen oder in einer Kinder- oder Bildungseinrichtung untergebracht waren, ihr Quartier also nur nach Feierabend erlebten. Das Wochenende verbrachte man dann in der ‚Datsche‘ (GdW 1998, 181). Bei sinkender Frauenerwerbstätigkeit und steigender Arbeitslosigkeit werden die Großsiedlungen den Bedürfnissen ihrer Bewohner nun jedoch immer weniger gerecht.

Die Attraktivität der randstädtischen Großsiedlungen in Ost-Berlin ist nach der Vereinigung zurück gegangen, die Nachfrage nach dem dort vorhandenen Wohnraum ebenfalls. Der Leerstand in Marzahn ist inzwischen beträchtlich, die offiziellen Zahlen der Wohnungsbaugesellschaft beliefen sich Ende 1999 auf 6%, im Jahr 2000 wurde dann die Zahl von 13% bekannt. Als besonders schwer zu vermieten haben sich große Wohnungen herausgestellt. In diese sind seit 1993 Aussiedlerfamilien eingezogen, da sie gerade in diesem Segment eine beträchtliche Nachfrage angemeldet haben. Ihr Bevölkerungsanteil beträgt in Marzahn-Nord inzwischen ungefähr 15%, der Ausländeranteil – vorwiegend Vietnamesen – liegt lediglich bei 3,6%. Bei den Aussiedlern handelt es sich um eine Gruppe, die bei der derzeitigen Arbeitsmarktlage in Berlin kaum Zugang zu Arbeitsplätzen findet. Zudem erweisen sich die nur geringen Deutsch-Kenntnisse meist als Qualifizierungshindernis. Von den einheimischen Bewohnern werden sie als ‚Russen‘ betrachtet und gemieden.

In Marzahn existiert eine starke rechtsradikale Jugendszene, die vor allem mit jugendlichen Aussiedlern immer wieder in Konflikt gerät. Dies führt dazu, dass die Aussiedlerjugendlichen nur wenig Berührungspunkte zu anderen Jugendlichen im Stadtteil aufbauen können. Die kulturellen und ethnischen Abgrenzungen verstärken sich in dieser Konfliktsituation und führen zu ethnisch segregierten Jugendmilieus. Verschärfend wirkt sich der Mangel an Freizeitstätten und kulturellen Angeboten aus, denn um die wenigen vorhandenen Einrichtungen wird ein Dominanzstreit geführt (vgl. Dorsch et al. 2000).

Der gesamte Bezirk hat eine für Berlin durchschnittliche Arbeitslosenquote (vgl. Tabelle 7.1), aber nur eine geringe Sozialhilfedichte (Dez. 2000:

5,7%, Dez. 1997: 5,6%). Das nördliche Marzahn zeichnet sich jedoch durch einen höheren Arbeitslosenanteil wie auch durch einen höheren Anteil an Sozialhilfeempfängern aus, der hier 1997 bei ca. 8,7% lag (vgl. AG SPAS 1999, 22). Vor allem Kinder, Jugendliche und junge Erwachsene sind von Armut betroffen. Aufgrund der hohen Erwerbsbeteiligung der Frauen verfügen die meisten Familien trotz hoher Arbeitslosigkeit noch über ein Erwerbseinkommen und gegebenenfalls über Arbeitslosengeld, sodass die nachrangigen sozialen Leistungen (Sozialhilfe) nur selten in Anspruch genommen werden müssen. In den vergangen Jahren sind die Zahlen des Sozialhilfebezugs in Marzahn-Nord/West jedoch besonders stark angestiegen, ein Zeichen dafür, wie prekär die soziale Lage geworden ist.

Die öffentliche Darstellung sozialer Probleme hat dazu geführt, dass der Bezirk gegen die ‚unberechtigten Vorwürfe‘ verteidigt wird. Dennoch wurde in Marzahn-Nord – zunächst als einziges Gebiet in den Großsiedlungen – Ende 1998 ein Quartiersmanagement eingerichtet, um das Anwachsen sozialer Probleme im Gebiet zu vermeiden. Das größte Problem ist der Fortzug der mittleren und höheren Einkommensgruppen, während als Zuzügler vor allem Sanierungsvertriebene aus den Innenstadtgebieten und Aussiedler in Frage kommen. Bisher konnte der selektive Bevölkerungsaustausch als ‚Normalisierung‘ der Sozialstruktur eines Großsiedlungsbestandes verstanden werden. Wann jedoch der Bevölkerungsaustausch an ein Ende gekommen und eine neue Stabilität erreicht sein könnte, lässt sich derzeit nicht sagen. Das Beispiel der West-Berliner Großsiedlungen zeigt vielmehr, dass neue Entmischungsprozesse auch dann einsetzen können, wenn ein Quartier bereits über längere Zeit sein soziales Profil gefunden zu haben scheint.

Untersuchungsgebiet 2: Neukölln-Reuterplatz

Im Norden des Bezirks Neukölln liegt ein ausgedehntes Altbauquartier, das direkt an Kreuzberg anschließt. Die Hälfte der 300.000 Einwohner Neuköllns lebt in diesem nördlichen Teil, der aus dichter gründerzeitlicher Bebauung mit überwiegend Ein- und Zwei-Zimmer-Wohnungen besteht sowie zwei bekannte Sozialwohnungsquartiere aufweist: die so genannte High-Deck-Siedlung und die Rollbergsiedlung. Der Ausländeranteil im nördlichen Neukölln beträgt etwas mehr als 30%. Seit den 1970er Jahren zogen verstärkt Migranten nach Neukölln, die sich zuvor in den Sanierungsgebieten Kreuzbergs konzentriert hatten.

Mit einem Anteil von 36,5% Arbeitern an den Erwerbstätigen ist Neukölln 1998 nach Wedding der Berliner Bezirk mit dem höchsten Arbeiteranteil. In den 1990er Jahren ist die Zahl der Beschäftigten um 22% gesunken, und es ist keineswegs sicher, dass der Trend von Entlassungen und Arbeitsplatzabbau damit abgeschlossen ist. Es waren vor allem gering qualifizierte und ungelernte Arbeiter, die arbeitslos geworden sind, darunter viele Ausländer. Jugendliche haben oftmals den Einstieg ins Berufsleben gar nicht erst gefunden. Die Arbeitslosenquote ist deutlich angestiegen: lag sie 1995 noch bei 16,6%, erhöhte sie sich bis 1999 auf 24%. Bei der Jugendarbeitslosigkeit und der Arbeitslosigkeit unter Ausländern weist Neukölln überdurchschnittlich hohe Werte auf, am stärksten betroffen ist dabei der nördliche Teil des Bezirks.

Zur Sozialhilfedichte gibt es ebenfalls lediglich Angaben für den ganzen Bezirk. Im Jahre 1991 waren es noch 8,5% der Einwohner Neuköllns, die Sozialhilfe bezogen haben, 2000 bereits 13,3%. Diese besonders starke Zunahme von Transferbeziehern lässt sich durch den traditionell hohen Anteil von Arbeitern in der Industrie erklären, die ihre Arbeit verloren haben. Der Ausländeranteil unter den Sozialhilfebeziehern ist mit 36,8% sehr hoch. Insgesamt beträgt der Ausländeranteil im Bezirk 20%, und diese leben vor allem im nördlichen Teil von Neukölln. Auch Kinder und Jugendliche sind besonders betroffen; über ein Drittel der Sozialhilfebezieher sind unter 18 Jahren, und es sind vor allem die Kinder von allein Erziehenden. In jedem sechsten Haushalt mit Sozialhilfebezug (17,7%) lebt nur ein Elternteil, der Anteil von vollständigen Familien im Sozialhilfebezug liegt mit 15,1% niedriger. Der ganz überwiegende Anteil der Sozialhilfebezieher sind alleinlebende Männer (39,5%) und alleinlebende Frauen (24,1%), ein Indiz für fehlende Unterstützungsnetze. Gerade im nördlichen Teil des Bezirks konzentrieren sich die Risikogruppen der Sozialhilfe: allein Erziehende, Ausländer, Single-Haushalte. Dort beziehen ungefähr 20% der Bewohner Leistungen des Sozialamts.

Betrachten wir das Gebiet um den Reuterplatz, der ganz im Norden an der Grenze zu Kreuzberg liegt, im Folgenden genauer. Das Quartier entspricht weitgehend anderen Teilen des nördlichen Neukölln, der Ausländeranteil und die Arbeitslosenquote sind sogar etwas geringer. Zwischen 1974 und 1982 stieg die Anzahl der Ausländer von 3.000 auf 6.500 an, blieb dann bis zum Ende der 1980er Jahre stabil und erhöhte sich in den 1990er Jahren auf 10.000 Personen. Die Zunahme von Ausländern in diesem Gebiet ist darauf zurückzuführen, dass deutsche Haushalte verstärkt fortziehen und nicht-deutsche Personen nachfolgen.

Die Zahl der Erwerbstätigen in Neukölln insgesamt ist stark rückläufig, die Kaufkraft sinkt und das Angebot an Waren reduziert sich zunehmend auf Supermärkte mit Billig-Angeboten und Gemüseläden, die meist von Zuwanderern betrieben werden. Der Leerstand von Wohnungen und Ladenwohnungen hat zugenommen. Im Jahre 2000 waren 17,6% der Erwerbsbevölkerung arbeitslos, bezogen auf die erwachsene Bevölkerung unter 60 Jahre, dies entspricht einer Quote von 25-30% an den Erwerbstätigen. 34,3% der Arbeitslosen sind Ausländer, dies übersteigt ihren Bevölkerungsanteil von 31,8% leicht. Das bedeutet, dass die Arbeitslosigkeit im Gebiet nicht nur Ausländer betrifft, vielmehr geht ein hoher Ausländeranteil im Gebiet einher mit einem hohen Anteil armer und arbeitsloser deutscher Bewohner. Über ein Drittel der Arbeitslosen (36%) sind bereits mehr als ein Jahr arbeitslos.

Zu der sozial hoch problematischen Situation im Norden Neuköllns trägt seit 1994 eine starke Abwanderung von Mittelschichtfamilien bei. Zwischen 1994 und 1999 haben 7,3% der Einwohner per Saldo das Gebiet verlassen, vor allem Erwerbstätige mit Kindern. Der Anteil der Erwerbstätigen unter den Zuziehenden ist deutlich niedriger als unter den Fortziehenden, wie in Abbildung 6.1 exemplarisch dargestellt. Die Fluktuation im nördlichen Neukölln beträgt in den Jahren 1994-1999 pro Jahr 20% (vgl. Karte 6.2). Das heißt, dass über ein Fünftel der Bewohner jährlich umzieht, bei steigender Tendenz über den genannten Zeitraum. Aufgrund einer starken Fluktuation der Bewohner können sich dauerhafte und tragfähige soziale Beziehungen, die die Situation gleichsam von innen stabilisieren könnten, nur schwer bilden. Auch instabile familiäre Situationen führen dazu, dass Konflikte in die Nachbarschaft hinein wirken. Erwerbstätige und Familien mit kleinen Kindern sind die Gruppen, die das Gebiet besonders häufig verlassen, die Verluste an den Einwohnern betragen 7,4 bzw. 6,8%. Die selektive Abwanderung bei gleichzeitig steigender Arbeitslosigkeit der zurückbleibenden Bevölkerung ist ein wachsendes Problem im nördlichen Neukölln. Da sich bei hoher Mobilität unter den Zuziehenden weniger Erwerbstätige befinden, erhöht sich die Konzentration von Transferempfängern und Armen fortlaufend.

Das Wohnungsangebot scheint für Wohnungssuchende in den 1990er Jahren wenig attraktiv zu sein. Mit anderen Wohnungsangeboten vor allem am Stadtrand und dem Umland konnte der Stadtteil nicht konkurrieren. Viele der Wohnungen sind klein, und erst in den 1990er Jahren fanden verstärkt Sanierungs- und Modernisierungsmaßnahmen statt. Nach der Volkszählung von 1987 zählt das Gebiet um den Reuterplatz 18.800 Wohnungen in zumeist fünfstöckigen Häusern. Drei Viertel der Gebäude wurden vor dem Zweiten Weltkrieg gebaut, danach entstand sozialer Wohnungsbau in den Lücken, die Kriegsbomben in den Bestand gerissen hatten. Die durchschnittliche Wohnungsgröße beträgt 2,2 Zimmer bzw. 62 Quadratmeter. 1987 waren 63% der Haushalte Singles, die durchschnittliche Haushaltsgröße lag bei 1,6 Personen. Der Anteil von größeren Haushalten ist äußerst gering, und schon 1987 waren dies vor allem ausländische Familien.

Aufgrund des schlechten baulichen Zustandes sollte ein Teilgebiet zu Beginn der 1990er Jahre als Sanierungsgebiet ausgewiesen werden. Zwar fand 1992 eine vorbereitende Untersuchung statt, die erhebliche Defizite im

Ausstattungsgrad der Wohnungen, der Infrastrukturversorgung und der Grünflächen feststellen konnte, jedoch wurden nur wenige ‚briefmarkengroße' Grundstücke tatsächlich als Erneuerungsgebiete festgelegt. Die öffentlichen Mittel für Sanierungsgebiete fließen seit den 1990er Jahren fast ausschließlich in den Ostteil. Bis heute gelten die Mieten in Neukölln als besonders niedrig, sodass vor allem Haushalte zuziehen, die sich eine teurere Wohnung in einem anderen Bezirk nicht leisten können. Nicht alle Wohnungen finden aber neue Mieter, auch im nördlichen Neukölln ist der Leerstand hoch, ungefähr 10% der Wohnungen sind nicht bewohnt.

Ein besonderes Problem stellen die Freiflächen und Kinderspielplätze dar, auf denen leicht Konflikte entstehen, da sie aufgrund des geringen Angebots besonders stark beansprucht werden. Die öffentlichen Räume sind von männlichen Jugendlichen und Alkohol konsumierenden Erwachsenen geprägt. Aggressives Verhalten, Kampfhunde und Drogenhandel erzeugen bei vielen Anwohnern ein Klima der Bedrohung und Verängstigung. Oftmals ist es aber auch die generelle Verwahrlosung von öffentlichen Räumen, die Bewohner abstößt und beunruhigt. Sperrmüll wird in Höfen, auf Gehsteigen und freien Flächen abgeladen, ohne dass sich irgend jemand dafür verantwortlich fühlt (vgl. IfS/S.T.E.R.N. 1998).

In Neukölln ist Resignation eingezogen, die Konflikte nehmen zu. So diskutierte im Sommer 2000 der Sozialstadtrat öffentlich, private Sicherheitsdienste zu beschäftigen, um die Mitarbeiter des Sozialamts vor tätlichen Angriffen seiner Klientel zu schützen. Viele Bewohner fühlen sich von der Politik im Stich gelassen und versprechen sich von Wahlen keine Einflussmöglichkeiten. Neben der prekären sozialen Situation und der selektiven Abwanderung weist das nördliche Neukölln eine extrem niedrige Wahlbeteiligung auf, die inzwischen auf unter 60% gesunken ist. Über die Hälfte der erwachsenen Einwohner hatte also entweder kein Interesse oder kein Recht, sich an der Wahl politischer Repräsentanten zu beteiligen. Die formellen politischen Institutionen verlieren dort dramatisch an Legitimation und damit auch an Integrationskraft. Der nördliche Teil Neuköllns gehört auch zu den Gebieten mit einer relativ hohen Quote von Wählern rechtsradikaler Parteien.

Das Bezirksamt hat mit seiner Initiierung eines territorialen Beschäftigungspaktes in Neukölln das Problem der sozialen Ausgrenzung angegangen, während das Sozialamt gleichzeitig für seinen restriktiven Umgang mit Hilfebedürftigen bekannt ist. Der Sozialstadtrat übernimmt seit kurzem auch das Amt des Ausländerbeauftragten, nachdem sich der CDU-Bürgermeister jahrelang geweigert hatte, diesen Posten einzurichten. In den Gebieten Schillerpromenade, Rollbergsiedlung und High-Deck-Siedlung wurde im Jahr 1998 jeweils ein Quartiersmanagement eingesetzt, das Gebiet um den Reuterplatz wurde Ende des Jahres 2001 nachträglich in das Programm aufgenommen.

Zusammenfassung der Rahmenbedingungen sozialer Entwicklung in den Untersuchungsgebieten

Beide Quartiere werden nun anhand der unterschiedlichen Ressourcen, die sie ihren Bewohnern bieten und die die strukturellen Rahmenbedingungen für Integrations- und Ausgrenzungsprozesse beeinflussen, charakterisiert. Während Marzahn-Nord als Teil einer staatlich geplanten, industriell gefertigten Großsiedlung ein reines Wohngebiet darstellt, zeichnet sich das Quartier Neukölln-Reuterplatz aufgrund seiner innerstädtischen Lage durch eine funktional gemischte Struktur aus. Im innerstädtischen Altbauquartier leben die Bewohner auf wesentlich engerem Raum und mit wesentlich weniger Grünflächen, während in Marzahn-Nord eine offenere und weitläufigere Bebauung mit viel „Abstandsgrün" vorliegt.

Gemeinsam ist beiden Quartieren ein starker Bevölkerungsverlust durch Abwanderung seit Beginn der 1990er Jahre. Der Wohnungsmarkt bietet in beiden Quartieren relativ günstigen und inzwischen überwiegend modernisierten Wohnraum. Die Nachfrage nach Wohnraum ist in beiden Gebieten allerdings nicht so hoch wie das Angebot, Leerstand ist die Folge. Beide Quartiere sind in einen Prozess einbezogen, in dem sich ihre Bevölkerungsstruktur sozial homogenisiert und ethnisch differenziert. Trotz dieser Ähnlichkeiten unterscheidet sich die gegenwärtige Bevölkerungsstruktur der beiden Quartiere. In Marzahn-Nord ist die Bevölkerung durchschnittlich jünger und besser ausgebildet als in Neukölln. Außerdem sind Arbeitslosigkeit und die damit verbundenen Verarmungs- und Ausgrenzungsprozesse in Marzahn-Nord erst seit der Wende ein Problem. Neukölln-Reuterplatz ist als Arbeiter- und Industrieviertel schon in den 1980er Jahren von den Prozessen ökonomischer Umstrukturierung betroffen gewesen, in den 1990er Jahren haben sich diese noch drastisch verschärft.

Beide Quartiere können ihren Bewohnern nur begrenzt Ressourcen zur Lebensbewältigung bieten. Arbeitsmöglichkeiten sind in Marzahn-Nord aufgrund der monofunktionalen Struktur als Wohngebiet nur in sehr geringem Umfang vorhanden; im Quartier Neukölln-Reuterplatz nimmt die Zahl der Arbeitsplätze aufgrund der Deindustrialisierung des Bezirks ab. Eine Folge davon ist der Rückgang der Kaufkraft, der zur Ausdünnung des Einzelhandels führte. Dennoch ist die kommerzielle Infrastruktur in beiden Quartieren ausreichend entwickelt und ermöglicht eine preisgünstige Versorgung mit Waren des täglichen Bedarfs. In Marzahn-Nord sind die Konsummöglichkeiten seit der Wende gestiegen, jedoch wenig ausdifferenziert. Es fehlen spezifische Dienstleistungs- und Warenangebote für die ökonomisch benachteiligten Bewohner, wie z.B. Second-Hand-Läden oder Waschsalons.

In Bezug auf die sozialstaatliche Versorgung mit sozialen Einrichtungen stellt die Wiedervereinigung Berlins für beide Quartiere eine Zäsur dar. In ihrer Folge verbesserte sich die soziale Infrastruktur in Marzahn-Nord durch die Herausbildung eines differenzierten sozialen Hilfesystems, wohingegen sich in Neukölln-Reuterplatz die traditionell mangelhafte soziale Infrastruktur durch massive Kürzungen im Sozialbereich weiter verschlechterte. Der Bestand an personengestützter Infrastruktur stellt sich in beiden Quartieren als gefährdet dar. Anstatt einer festen Personalausstattung müssen die Projekte und Maßnahmen der sozialen Versorgung zunehmend auf Arbeitsbeschaffungsprogramme zurückgreifen. Die Projekte sind damit nicht mehr kontinuierlich finanziert und finanziell abgesichert. Hierdurch verringert sich auch die Qualität der Angebote. Die beschäftigten Kräfte müssen zuvor in der Regel mindestens ein Jahr arbeitslos gewesen sein, und sind den Abläufen und Problemen in vielen Feldern nicht gewachsen.

Das Umfeld für nachbarschaftliche Beziehungen hat sich in beiden Quartieren für den Großteil der Bewohner verschlechtert. In Marzahn-Nord sind die organisierten Hausgemeinschaften aus DDR-Zeiten größtenteils zusammengebrochen, neue Formen nachbarschaftlicher Zusammenhänge haben sich kaum herausbilden können. Im Quartier Neukölln-Reuterplatz verhindern die hohe Fluktuation der Bevölkerung und das Fehlen von Kommunikationsräumen nachbarschaftliche Kontakte. Eine Ausnahme bilden in beiden Quartieren nachbarschaftliche Netzwerke der Migranten, die auf stabilen informellen Beziehungen innerhalb der eigenen „ethnischen" Community und einer entsprechenden Infrastruktur von Treffpunkten basieren. Dieser Befund muss allerdings in Kapitel 8 relativiert werden.

Hinsichtlich quartiersbezogener politischer Maßnahmen zur Bekämpfung der sozio-ökonomischen Probleme unterscheiden sich die beiden Quartiere. In Marzahn-Nord wurde 1998 durch die Einrichtung eines Quartiersmanagements relativ frühzeitig auf die sich abzeichnenden Verarmungs- und Ausgrenzungsprozesse reagiert und neben den quartiersübergreifenden arbeitsmarkt- und wirtschaftspolitischen Maßnahmen lokale Integrationsbemühungen in die Wege geleitet. Im Quartier Neukölln-Reuterplatz hingegen existiert trotz einer enormen Verarmung erst seit kurzem eine spezifische Quartierspolitik, obwohl sozio-ökonomische Probleme dort schon wesentlich länger deutlich werden. Die quartiersübergreifenden Maßnahmen vernachlässigen die bereits verfestigte Armutssituation eines großen Teils der Bevölkerung und konzentrieren sich statt dessen auf eine mittelständische Wirtschaftspolitik. Die Armen werden vom Sozialamt verwaltet und zu Arbeitsprogrammen gezwungen, oftmals ohne dass damit eine berufliche Perspektive verbunden wäre. Als Dilemma zeigt sich, dass beide Quartiere über wenige

Ressourcen verfügen, an die eine Politik und auch die Bewohner selbst anknüpfen können.

8. Soziale Ausgrenzung und die Rolle des Stadtteils: Ergebnisse der Untersuchung

8.1 Die sechs Untersuchungsgruppen in den Quartieren

In der Untersuchung zur Lebensbewältigung von armen Haushalten und ihrer sozialen Integration und Ausgrenzung wurden in den zwei Stadtteilen jeweils drei Gruppen eingehender untersucht: Langzeitarbeitslose deutsche Männer, allein erziehende Frauen sowie Migranten. Die Befragten sollten arbeitslos oder prekär beschäftigt sein und damit das Risiko sozialer Ausgrenzung tragen. Die drei Untersuchungsgruppen werden im Folgenden jeweils für Neukölln-Reuterplatz und Marzahn-Nord sowie im Vergleich zueinander dargestellt. Die Untersuchungsgebiete Neukölln-Reuterplatz und Marzahn-Nord werden im Folgenden in Kurzform mit dem Namen des Bezirks unterschieden.

Auf eine separate Darstellung der Biographien und der aktuellen Lebenssituation der befragten Personen haben wir aus Datenschutzgründen und der notwendigen Kürze der Darstellung verzichtet. Auch finden sich keine Zitate der Gesprächspartner in den Ausführungen, da dies die Lesbarkeit des Textes erschwert hätte. In den folgenden Kapiteln werden jedoch jene Merkmale der Biographie und der sozialen Situation der Befragten verknüpft, die generalisierbare Aussagen ermöglichen.

In dem folgenden Überblick über die Untersuchungsgruppen wird bereits ein Ergebnis der Interpretation der empirischen Daten vorweggenommen. In der Auswertung wurde der Begriff der Ausgrenzung durch die Nennung von verschiedenen Merkmalen belegt. Als sozial ausgegrenzt soll im Folgenden eine Person dann bezeichnet werden, wenn sie mindestens drei der folgenden Merkmale im Gespräch benannte: ein Gefühl von Nutzlosigkeit zu empfinden, sich ‚außen vor' zu fühlen, nicht mithalten zu können, Stigmatisierungserfahrungen zu machen oder sich als arm zu bezeichnen. Eine detailliertere Qualifizierung dieser analytischen Festlegung erfolgt an späterer Stelle dieses Kapitels.

Bei den acht befragten Männern handelt es sich überwiegend um alleinstehende Personen, ihr durchschnittliches Alter ist 40 Jahre. Zwei leben mit dem Partner zusammen, ein Mann hat eine fünfköpfige Familie. Die meisten der Langzeitarbeitslosen wohnen erst seit maximal zwei Jahren im Gebiet, nur zwei Personen sind schon acht Jahre dort. Die Befragten haben zur Hälfte einen Hauptschulabschluss und eine Berufsausbildung absolviert, eine Person hat einen Fachhochschulabschluss, drei keine Berufsausbildung.

Die Chancen auf dem Arbeitsmarkt werden von der Hälfte der Befragten als positiv eingeschätzt, wobei es sich eher um die besser ausgebildeten Personen des Samples handelt. Die Erwerbsbiographien der Befragten sind entweder seit langem unstet, oder die Personen hatten noch nie ein langfristiges reguläres Arbeitsverhältnis: die Hälfte der Befragten ist über 8 Jahre arbeitslos. In Folge dessen haben sich Schulden angesammelt – insbesondere wegen nicht bezahlter Alimente für eigene Kinder im Haushalt der Mutter –, die nun einen Wiedereinstieg in den Arbeitsmarkt behindern, da das Sozialamt dann den größten Teil des Einkommens einziehen würde. Daher weichen viele Personen des Samples auf Gelegenheitsarbeiten und Schwarzarbeit aus. Zwei geben Einkünfte von mehr als 1000 DM monatlich an, drei kleinere Beträge unter 500 DM, die aus Nebenjobs und Gelegenheitsarbeit gewonnen werden.

Die Wahrnehmung der Sozial- und Arbeitsämter ist meist negativ, nur zwei Befragte sprechen von einem guten Verhältnis zu ihren Sachbearbeitern bzw. geben an, korrekt oder sachverständig behandelt zu werden. Die meisten Befragten weisen eine gute Ämterkompetenz auf, sie wissen, was ihnen zusteht und wie sie dies durchsetzen können. Die Hälfte des Samples nutzt soziale Angebote staatlicher oder öffentlicher Träger, von vier Befragten werden Kneipen, Vereine und Treffs frequentiert. Nur in einem Fall grenzt sich der Befragte im Gespräch deutlich vom Wohngebiet ab, ansonsten dominiert die Identifikation bzw. liegt keine klare Position zum Gebiet vor. Der Familienvater beabsichtigt, aus dem Gebiet fortzuziehen.

In zwei Fällen existieren praktisch keine Kontakte mehr zu Verwandten, bei vier Personen sind die Kontakte zu Freunden und Verwandten insgesamt sehr eingeschränkt. Unter den Kontakten befinden sich viele andere Arbeitslose. Insgesamt überwiegt die Zahl derer, die als ausgegrenzt bezeichnet werden können. Sechs Personen geben mindestens drei der folgenden Merkmale an: ein Gefühl von Nutzlosigkeit zu empfinden, sich ‚außen vor' zu fühlen, nicht mithalten zu können, Stigmatisierungserfahrungen zu machen oder sich als arm zu bezeichnen. Letzteres war allerdings nur bei vier Personen der Fall. Fast alle Befragten geben Sucht (4 Personen) oder psychische

Probleme an, die sie am Wiedereinstieg in den Arbeitsmarkt hindern. Als weitere Probleme kommen die langen Zeiten ohne Arbeit und die zum Teil erheblichen Schulden hinzu.

Langzeitarbeitslose in Marzahn

Die Befragten acht langzeitarbeitslosen Männer in Marzahn sind im Durchschnitt 39 Jahre alt und leben – abgesehen von einem Paar – alleine in einer Wohnung. Drei Befragte lebten bereits vor der Wende im Gebiet, die anderen sind in den vergangenen vier Jahren zugezogen. Mit Ausnahme eines Hochschulabsolventen haben alle die Politechnische Oberschule (POS) absolviert und eine Berufsausbildung in der DDR abgeschlossen.

Die Erwerbsbiographien sind bei allen Befragten durch die Wende unterbrochen worden. Seitdem haben alle Erfahrung mit Umschulungen und Arbeitsbeschaffungsmaßnahmen gemacht, zwei sind zum Zeitpunkt des Gesprächs in einer solchen Maßnahme des Zweiten Arbeitsmarktes untergebracht. Zusammengerechnet beträgt die Zeit der Arbeitslosigkeit bei nur drei Personen mehr als drei Jahre. Die Chancen auf dem Arbeitsmarkt werden von den Befragten ganz überwiegend als schlecht beurteilt. Die meisten haben zwar gelegentlich nebenbei etwas Geld verdient, die Möglichkeiten dazu sind aber äußerst selten. Vier der Befragten haben Schulden.

Die Wahrnehmung der Sozial- und Arbeitsämter durch die Befragten ist unterschiedlich: drei geben an, gut zurecht zu kommen, drei äußern sich sehr negativ über den Umgang auf dem Amt, zwei äußern positive und negative Erfahrungen. Die Kompetenz im Umgang mit dem Amt ist ähnlich ambivalent. Die Hälfte der Befragten nutzt Angebote der sozialen Träger im Gebiet.

Vor allem die Befragten, die keine sozialen Infrastrukturangebote nutzen, haben Treffpunkte im Gebiet, an denen sie Freunde treffen. Zum Teil handelt es sich hierbei um Treffs vor der Kaufhalle oder einem Imbiss, die von Anderen als „Trinkertreffs“ bezeichnet werden. Die meisten Befragten haben nur wenige Kontakte, je drei geben an, keine Kontakte zu Familienangehörigen bzw. zu Freunden zu haben. Meist werden drei Bezugspersonen genannt, unter denen nur wenige Erwerbstätige sind. Vier Personen äußern explizit negative Seiten des Quartiers, einen Wegzugswunsch hat jedoch nur eine Person formuliert.

In Marzahn können ebenfalls 6 der 8 befragten Langzeitarbeitslosen als ausgegrenzt bezeichnet werden, nur drei bezeichnen sich dagegen als arm. Fast alle Befragten geben Suchtprobleme (3) bzw. psychische Probleme oder Krankheit (3) an, die ihnen einen Wiedereinstieg in den Arbeitsmarkt erschweren. In dieser Gruppe sind auch die beiden Personen, die nicht als ausgegrenzt bezeichnet werden können.

Vergleich der Langzeitarbeitslosen von Neukölln und Marzahn

In beiden Quartieren kann die Mehrzahl der Befragten als ausgegrenzt bezeichnet werden. Als besonderes Problem kommen bei den meisten psychische Probleme, Krankheit oder Sucht hinzu. Überraschend ist, dass die meisten Befragten erst in den vergangenen Jahren ins Quartier zugezogen sind, wobei dieser Anteil in Neukölln höher ist, wo alle Befragten erst in den acht Jahren vor dem Interview ins Quartier kamen.

Im Vergleich der beiden Untersuchungsgebiete lässt sich feststellen, dass die Neuköllner ein im Schnitt deutlich schlechteres Ausbildungsniveau besitzen, allerdings schätzen sie ihre Chancen auf dem regulären Arbeitsmarkt höher ein und haben auch mehr Möglichkeiten zur Gelegenheits- bzw. Schwarzarbeit als die Marzahner.

Die meisten Befragten wollen nicht aus ihren Quartieren wegziehen. In Marzahn ist jedoch der Anteil der Befragten höher, die negative Aspekte des Gebiets benennen. Auch die Kontakte der Befragten sind in ihrem Umfang geringer als bei den Neuköllnern. Dies kann darauf zurückgeführt werden, dass der Schutz vor Stigmatisierung in Neukölln höher ist und sich hier auch mehr Personen in ähnlicher Lebenslage finden lassen.

Allein Erziehende in Neukölln

Die zehn befragten allein Erziehenden in Neukölln sind im Durchschnitt 38 Jahre alt, die Jüngste 31, die Älteste 51 Jahre. Die Haushalte der allein Erziehenden bestehen im Regelfall aus zwei oder drei Personen, eine Frau versorgt vier Kinder, bei den beiden Frauen über 40 sind die Kinder bereits ausgezogen. Die Wohndauer im Gebiet ist sehr unterschiedlich, aber auch in dieser Gruppe sind vier Befragte erst in den drei vorhergehenden Jahren zugezogen, drei Haushalte leben aber bereits über 15 Jahre im Gebiet. Zur Hälfte haben die Befragten einen Universitätsabschluss, zwei Personen haben keinen Beruf erlernt, und drei haben eine Berufsausbildung absolviert.

Die Chancen auf dem Arbeitsmarkt werden von den meisten Frauen als positiv bewertet. Eine Frau ist halbtags beschäftigt, eine Frau wird sich bald selbständig machen, vier befinden sich in ABM oder Umschulungsmaßnahmen. Drei Frauen schätzen ihre Chancen bei der Arbeitsplatzsuche allerdings als sehr schlecht ein. Lange Dauer der Arbeitslosigkeit (6 und 17 Jahre), keine

Berufsausbildung und Schulden sind Merkmale, von denen die drei Frauen jeweils zwei nennen. Diese Frauen sind auch fast die einzigen im Sample, die keiner Gelegenheitsarbeit nachgehen.

Die Wahrnehmung von Sozial- und Arbeitsamt ist überwiegend negativ, und soziale Einrichtungen und Beratungsangebote werden nur in Ausnahmefällen in Anspruch genommen. Kontakt zu staatlichen Einrichtungen besteht jedoch über Schulen bzw. Kindertagesstätten, allerdings werden die bestehenden Angebote als unzureichend betrachtet, da sie die Flexibilität, die auf dem Arbeitsmarkt verlangt wird, nicht garantieren können.

Die meisten Frauen haben gute Kontaktnetze vor allem durch einen ausgedehnten Bekanntenkreis, sie sind oftmals ehrenamtlich engagiert oder Mitglied in einem Verein. Das Quartier selbst spielt in der alltäglichen Nutzung nur eine untergeordnete Rolle. Treffs im Gebiet werden nur von zwei Frauen genutzt. Sechs Frauen betonen sogar, dass sie gerne fortziehen würden, und grenzen sich – wie auch zwei weitere Frauen – deutlich vom Gebiet ab. Sie fühlen sich aufgrund einer aggressiven Stimmung im Quartier unwohl, sie distanzieren sich deutlich vom sozialen Status, den die anderen Quartiersbewohner haben und registrieren, dass alte Bekannte fortgezogen sind. Diese Abgrenzung vom Quartier ist auch bei den Frauen anzutreffen, die sich in einer besonders schlechten Lebenssituation befinden.

Von den allein Erziehenden können zwei als ausgegrenzt bezeichnet werden. Nur eine der beiden verweist auf schlechte ökonomische Chancen und bezeichnet sich auch als arm. Die andere Frau ist sozial stark isoliert und benennt psychische und Alkoholprobleme, die sie aktuell daran hindern, Arbeit zu suchen. Die geringe Anzahl von ausgegrenzten Personen lässt sich einerseits auf die subjektiv guten Chancen der Befragten auf dem Arbeitsmarkt zurückführen. Andererseits betonen die Frauen wiederholt, dass sie sich wegen der Verantwortung für ihre Kinder nicht als nutzlos und außenstehend fühlen, sie aber durch die schlechte Vereinbarkeit von Kindererziehung und Erwerbsarbeit an der Aufnahme einer Beschäftigung gehindert werden.

Allein Erziehende in Marzahn

Die zehn befragten allein Erziehenden leben mit bis zu vier Kindern zusammen, zum Teil leben weitere Kinder bereits außer Haus. Das durchschnittliche Alter der Befragten liegt bei 39 Jahren, die älteste Person – der einzige Mann im Sample – ist 47 Jahre alt. Vier allein Erziehende lebten bereits vor der Wende im Quartier, alle anderen sind in den vergangenen fünf Jahren zugezogen. Der Ausbildungsgrad der Befragten ist relativ einheitlich, eine Person hat einen Fachhochschulabschluss, zwei verfügen über keine Berufsausbildung, alle anderen haben in der DDR die Politechnische Oberschule besucht und danach einen Beruf erlernt.

Die Arbeitslosigkeit begann – mit einer Ausnahme – für alle Befragten nach der Wende. Die Dauer der Arbeitslosigkeit reicht von 1,5 Jahren bis zu 10 Jahren, und umfasst in diesem Fall die komplette Zeit nach der Wende. Die Erfahrung von Umschulung und Arbeitsbeschaffungsmaßnahmen haben fast alle Befragten gemacht, zwei Frauen sind aktuell in solchen Maßnahmen vermittelt und suchen daher nicht aktiv nach Arbeit. Lediglich drei der Befragten rechnen sich auf dem Arbeitsmarkt gute Chancen aus, nur eine Person kann derzeit mit einem Gelegenheitsjob etwas Geld verdienen. Von den restlichen Befragten geben allerdings fünf an, durch Krankheit und psychische Probleme bei der Arbeitsplatzsuche beeinträchtigt zu sein.

Die meisten Befragten sind mit den Dienstleistungen der Sozial- und Arbeitsämter zufrieden und fühlen sich dort gut behandelt. Umfassend ist auch das Wissen darüber, was ihnen an Leistungen zusteht und wie sie diese bekommen können. Soziale Infrastrukturangebote werden von allen genutzt, darüber hinaus fungieren die öffentlichen Einrichtungen, Vereine und Schulen als Treffpunkte und als Orte ehrenamtlichen Engagements. Die Freundes- und Verwandtschaftskreise der allein Erziehenden sind nicht immer groß, drei Befragte nennen sogar gar keine engen Freunde. Die Frauen begründen dies dadurch, dass ihnen die Zeit für die Pflege von Kontakten fehlt, da sie diese für ihre Kinder benötigen.

Die meisten der Befragten stehen dem Quartier überwiegend kritisch gegenüber. Sie identifizieren sich, äußern jedoch auch Unbehagen und Kritik an der Entwicklung des Stadtteils. Die Abgrenzungen beziehen sich auf den Zuzug von Aussiedlern, die Zunahme von „Trinkern" und die Präsenz der rechtsradikalen Szene. Mit allen drei Gruppen wird auch Aggression und Gewalt im öffentlichen Raum in Verbindung gebracht. Lediglich zwei Personen wollen aber das Gebiet verlassen.

Als arm oder ausgegrenzt können zwei Befragte der Gruppe bezeichnet werden, eine der Personen ist seit der Wende ununterbrochen arbeitslos. Zwar geben 6 Personen an, in der Gesellschaft nicht mithalten zu können, doch würden sie sich nicht als arm bezeichnen. Ein Gefühl der Nutzlosigkeit erfahren die allein Erziehenden nicht, da sie für ihre Kinder – und diese für sie – eine wichtige Funktion haben.

Vergleich der allein Erziehenden von Neukölln und Marzahn

Unter den allein Erziehenden in beiden Quartieren sind nur sehr wenige als ausgegrenzt zu bezeichnen. Die Verwandtschafts- und Freundschaftsnetze sind bei den meisten gut, wenn sie auch oft als nicht sehr tragfähig beschrieben werden. Die Sozial- und Arbeitsämter werden von den Befragten überwiegend positiv beurteilt. Die Veränderungen in den beiden Quartieren werden allerdings von den allein Erziehenden als konflikthaft beschrieben, und viele Frauen grenzen sich deutlich von den Entwicklungen ab. In Neukölln führt dies auch dazu, dass sehr viele Frauen aus dem Gebiet fortziehen wollen, vor allem die länger ansässigen.

Die subjektiv angenommenen Chancen auf dem Arbeitsmarkt hängen sehr stark mit den vorhandenen Qualifikationen zusammen, daher rechnen sich die Frauen in Neukölln in der Regel bessere Chancen aus. Auch ist in Neukölln die Nutzung von Gelegenheitsjobs ausgeprägter. Die befragten allein Erziehenden in Marzahn sind jedoch auch zu einem höheren Anteil von Krankheit und psychischen Problemen betroffen. Sie nutzen aber umfassend die sozialen Einrichtungen und können dadurch ihre soziale Lage stabilisieren. Dies ist auch der Grund für einen geringer ausgeprägten Wegzugswunsch.

Migranten in Neukölln

In Neukölln wurden zehn Migrantenhaushalte befragt. Die Befragten waren im Schnitt 37 Jahre alt, 4 davon waren Frauen, mit einem durchschnittlichen Alter von 31 Jahren. Die Haushalte haben 1-5 Mitglieder, die mittlere Haushaltsgröße beträgt 3,2 Personen. Unter den zehn Haushalten waren neben acht türkischen je ein Befragter aus Jugoslawien und aus Sri Lanka. Drei der Haushalte leben bereits über zehn Jahre im Gebiet, weitere drei sind erst in den letzten drei Jahren zugezogen. Das Sample ist vergleichsweise jung (v.a. zweite Migrantengeneration), die Befragten haben jedoch zur Hälfte keine Berufsausbildung, zwei Personen nicht einmal einen Schulabschluss.

Die Hälfte der Befragten sucht nicht aktiv nach Arbeit. Die Gründe hierfür liegen in der vorrangigen Versorgung der Kinder, in Krankheit und in einem Fall auch im Abwarten auf eine Verrentung. Die Chancen, Arbeit zu finden, werden von den anderen Befragten als sehr gering eingeschätzt, nur zwei von ihnen äußern Optimismus, wobei eine Frau angibt, dass sie in Zukunft als Putzfrau arbeiten will. Zwei Personen können derzeit durch Gelegenheitsarbeiten einen zusätzlichen Verdienst erzielen. Die Hälfte der Haushalte hat Schulden, die in der Regel aus Ratenkäufen resultieren. Dieser ist – im Gegensatz zu Geldanleihen bei Bekannten oder der Bank – die übliche Form, Luxus- und Gebrauchsgüter für den Haushalt auch in finanziellen schwierigen Zeiten kaufen zu können.

Staatlichen Stellen gegenüber sind die meisten Befragten überwiegend skeptisch. Nur vier Befragte äußern, dass die Sozial- oder Arbeitsämter hilfreich und angemessen agiert haben, dass sie sich nicht beschweren können. Die restlichen Befragten äußern sich negativ über die Ämter, allerdings zeigt sich in den Schilderungen auch, dass nur sehr wenig Kenntniss über die genauen Rechte und Vorschriften besteht, und damit Situationen zum Teil falsch eingeschätzt wurden. Nur ein Befragter nutzt soziale Angebote von Wohlfahrtsverbänden und öffentlichen Trägern.

Die Kontakte der Befragten bewegen sich ganz überwiegend innerhalb der eigenen ethnischen Gemeinde, allerdings sind drei Haushalte weitgehend sozial isoliert, und sie können nicht mehr von den ethnischen Ressourcen profitieren. Diese Haushalte haben kaum mehr Kontakt zu Verwandten, und der Freundeskreis hat sich durch die Arbeitslosigkeit erheblich verkleinert. Die Hälfte der Befragten nutzt Treffs im Quartier, wobei es sich überwiegend um ethnisch geprägte Strukturen wie türkische Cafés und Vereine, Moscheen sowie einen arabischen Getränkeladen im Quartier handelt, in einem Fall auch um einen (deutschen) Fußballclub im Gebiet. Fast alle Befragten identifizieren sich stark mit dem Gebiet, und im Gegensatz zu vielen deutschen Befragten wird das benachbarte Kreuzberg nicht als angenehmerer Wohnort und bessere Alternative empfunden. Vielmehr geben einige Befragte an, dass sie froh sind, dort nicht mehr zu leben, da sie Kreuzberg als heruntergekommen und konfliktreich empfinden und daher Neukölln sehr schätzen, weil es nicht so sei wie Kreuzberg. Dennoch sind die Migranten nicht unkritisch ihrem Wohngebiet gegenüber. Abgrenzungen erfolgen von der Hälfte der Befragten gegenüber der Zunahme von Gewalt, Kriminalität und Dreck. Thematisiert wird auch der soziale Wandel, der dazu führe, dass man die Nachbarn nicht mehr kenne, wie auch der Zuzug von anderen Zuwanderergruppen ins Gebiet, der von einigen türkischen Befragten kritisiert wurde. Zwei Befragte geben an, gerne aus dem Gebiet fortziehen zu wollen.

Die Hälfte der Befragten bezeichnet sich als arm und äußert auch Merkmale von Ausgrenzung. Diskriminierung und Erniedrigung, Rückzug und Freudlosigkeit sind andere Begriffe, die die Zuwanderer zur Beschreibung ihrer Lebenssituation nennen. Besonders problematisch ist für viele, dass sie Verwandte im Herkunftsland aufgrund der angespannten Finanzsituation nicht besuchen können. Auch die Erkenntnis, dass man lange gedacht hatte, eines Tages ins Herkunftsland zurückzukehren und dies nun aus finanziellen Gründen nicht mehr tun kann, verletzt das Selbstwertgefühl der Migranten. Zwei Befragte thematisieren psychische Probleme, die sie in direkten Zusammenhang mit Arbeitslosigkeit und Verlust des Selbstwertgefühls stellen.

Migranten in Marzahn

Die Befragten Migranten in Marzahn sind überwiegend Spätaussiedler aus der Russischen Föderation und Kasachstan, zwei Personen haben keinen deutschen Pass, kommen aber ebenfalls aus den russischsprachigen Ländern. Sieben der Befragten sind Frauen, drei Männer, das durchschnittliche Alter liegt bei 47 Jahren und damit deutlich höher als in den anderen Untersuchungsgruppen. Die Hälfte der Migranten lebt alleine, daneben gibt es im Sample eine allein Erziehende und vier Paare, davon drei mit Kindern. Alle Befragten sind in den fünf Jahren vor dem Gespräch zugezogen.

Die meisten Befragten haben in der UdSSR kontinuierlich gearbeitet. Die Zeit der Arbeitslosigkeit begann für alle mit der Zuwanderung nach Deutschland. Die Chancen, hier Arbeit zu finden, schätzen alle Befragten als sehr gering ein. Fünf Personen suchen aktiv nach Arbeit. Eine Person hat keine Arbeitserlaubnis, weil sie keinen deutschen Pass hat, eine Person wartet auf die Zuteilung von Rente, eine weitere hat sich nach der Zuwanderung arbeitsunfähig schreiben lassen und verdient sich nun mit gelegentlichen Aushilfen ein Taschengeld. Einer der Befragten hat inzwischen Arbeit gefunden, eine Frau sucht nicht mehr aktiv, da der Mann nun arbeitet. Es wurde mehrmals der Eindruck geäußert, dass es Männer bei der Arbeitssuche einfacher haben. Keiner der Befragten hat Schulden gemacht, und alle achten darauf, nicht über ihre Verhältnisse zu leben, sondern mit den geringen Mitteln gut zurechtzukommen, was ihnen Dank der Erfahrungen in ihren Herkunftsländern auch gelingt.

Die Kontakte mit den Sozial- und Arbeitsämtern werden überwiegend positiv bewertet. Die meisten Zuwanderer sind äußerst zufrieden mit den Leistungen des Staates und dankbar für die Hilfe der Sachbearbeiter. Lediglich bezüglich des Arbeitsamts wird mehrfach bemerkt, dass es wenig hilfreich sei, da es keine Jobs anbieten könne. Die Mehrzahl der Befragten nutzt auch eines der vielfältigen Angebote für russischsprachige Zuwanderer. Auch werden russischsprachige Treffs in Vereinen, Kirchen und im Nachbarschaftshaus genutzt. Die Kontakte der Aussiedler beschränken sich ganz überwiegend auf andere russischsprachige Zuwanderer, und ganz überwiegend auf verwandtschaftliche Beziehungen. Verwandtschaftsbesuche sind die wichtigste Kontaktmöglichkeit und oft genannte Freizeitbeschäftigung. Die Identifikation mit dem Wohngebiet ist außerordentlich hoch. Die Zuwanderer fühlen sich alle sehr wohl, schätzen die Baustruktur, das Grün und die hohe Zahl russischsprachiger Menschen. Nur in einem Fall kritisiert eine Person die Aggressivität der Jugendlichen, und nur ein Befragter äußert die Absicht fortzuziehen. Wegen der schlechten Arbeitsmarktsituation verspricht er sich eine Beschäftigung in Westdeutschland und will deshalb Bekannten folgen, die in der Autoindustrie gut bezahlte Arbeit gefunden haben.

Die Hälfte der Befragten leidet unter gesundheitlichen Beeinträchtigungen, eine Person unter psychischen Problemen. Armut und Ausgrenzung sind dagegen unter den Zuwanderern in Marzahn selten und nur bei insgesamt drei Personen festzustellen. Zwei davon geben an, sich als arm einzuschätzen, ebenfalls zwei äußern, sich ‚außen vor', nutzlos, untätig, isoliert, unfrei zu fühlen und können daher als ausgegrenzt bezeichnet werden. Die weiteren sieben Befragte sprachen vereinzelt von Langeweile, Demütigung auf den Ämtern und dem Gefühl, ‚außen vor' zu sein wegen der mangelhaften Sprachkenntnisse. Allerdings geben sie immer nur einzelne Merkmale an.

Vergleich der Migranten von Neukölln und Marzahn

Vergleicht man die Migrantengruppen in den beiden Quartieren, so lässt sich zunächst festhalten, dass sich die Qualifikationen zwar formal unterscheiden, aber bei beiden Gruppen gleichermaßen ungenügend sind. In Marzahn hat nur eine befragte Person keinen Berufsabschluss und zwei haben sogar eine Universität besucht, aber die Abschlüsse sind formal nicht anerkannt. In Neukölln haben die Hälfte der Befragten gar keinen Abschluss. Die Chancen, wieder Arbeit zu finden, werden in Neukölln jedoch als besser eingeschätzt, allerdings sind auch die Ausgrenzungserfahrungen häufiger.

Beide Gruppen bewegen sich vor allem innerhalb der ethnischen Gemeinden. In Neukölln überwiegen Vereine und ethnische Gewerbe als Treffs, die Angebote von sozialen Trägern werden nicht genutzt. In Marzahn werden die sozialen Einrichtungen des Bezirks und freier Träger dagegen intensiv frequentiert. Auch die Wahrnehmung der Ämter ist in Marzahn deutlich positiver.

Die unterschiedlichen Erfahrungen der beiden Migrantengruppen lassen sich vor allem auf die Migrationsgeschichte zurückführen. Die Aussiedler sind erst in den vergangenen Jahren nach Deutschland gekommen, sie vergleichen ihren Lebensstandard häufig mit dem des Herkunftslandes und sind – abgesehen von der Arbeitslosigkeit – sehr zufrieden. Die vor allem türkischen Zuwanderer, die wir befragt haben, blicken auf eine längere Migrationsgeschichte zurück, in deren Verlauf in den 1990er Jahren eine deutliche Verschlechterung der sozialen Lage eingetreten ist. Dadurch blicken sie oftmals hoffnungslos in die Zukunft und haben Angst vor Ausgrenzung.

Bisher wurden die einzelnen Untersuchungsgruppen vorgestellt und auf spezifische Merkmale in der Gruppe und im Unterschied zu den Vergleichsgruppen hingewiesen. Im Folgenden soll nun versucht werden, die Betrachtung auf das komplette Sample auszudehnen, um Zusammenhänge jenseits der untersuchten Teilgruppen aufzudecken. Zentral sind hierbei folgende Fragen: 1. Welche Chancen haben die Befragten auf dem Arbeitsmarkt und kann fehlende Marktintegration wegen Arbeitslosigkeit durch andere Formen der Marktintegration ausgeglichen werden? 2. Können die Befragten in der Nutzung von öffentlichen Einrichtungen und Netzwerken Ressourcen erlangen? 3. Welche Zusammenhänge bestehen zwischen Ausgrenzung und der Nutzung des Wohnquartiers?

8.2 Integration in den Markt

Die von uns befragten Personen in den beiden Quartieren haben wir danach ausgewählt, ob sie von Arbeitslosigkeit betroffen waren oder zumindest so prekär in den Arbeitsmarkt integriert waren, dass sie auf zusätzliche staatliche Transferleistungen zurückgreifen müssen. Per Definition haben wir also bei den Befragten eine Integration in den Markt nur in sehr wenigen Fällen vorgefunden, nämlich dann, wenn sie nur ein geringes Erwerbseinkommen hatten, irregulären oder geringfügigen Nebenbeschäftigungen nachgingen, oder aber bei einzelnen Personen, bei denen sich im Gespräch herausstellte, dass sie gerade wieder eine Arbeit gefunden hatten. Da die Arbeitslosigkeit die Regel unter den Befragten war, muss die Marktintegration dahingehend diskutiert werden, wie weit die Desintegration vom Arbeitsmarkt fortgeschritten ist und welche Chancen der Marktintegration die Befragten noch haben.

Die Dauer der Arbeitslosigkeit ist bei den Untersuchungsgruppen recht unterschiedlich. Am Längsten ist sie im Schnitt bei den Neuköllner Langzeitarbeitslosen, am kürzesten bei den Neuköllner allein Erziehenden. Hierbei gilt über das gesamte Sample, dass die Dauer der Arbeitslosigkeit im Durchschnitt bei fehlender Berufsausbildung länger ist als bei einer Berufsausbildung, und im Schnitt auch kürzer ist bei den Personen mit akademischem Abschluss.

Im Vergleich der Befragten der beiden Stadtteile zeichnet sich Neukölln sowohl durch mehr Hochschulabsolventen mit einem hohen Ausbildungsgrad aus (6 gegenüber 4), als auch durch einen höheren Anteil von Personen ohne Berufsausbildung (10 von 28, gegenüber 3 von 28 in Marzahn). Die Dauer der Arbeitslosigkeit ist im Durchschnitt in Neukölln etwas höher, dies betrifft aber vor allem die Langzeitarbeitslosen und Migranten, wohingegen in Marzahn die allein Erziehenden höhere Arbeitslosenzeiten haben. Die subjektiven Chancen der Befragten werden in Neukölln jedoch von der Hälfte der Befragten als gut eingeschätzt, in Marzahn war dies nur bei einem Fünftel der Gesprächspartner der Fall.

Zwar korrespondiert das Ausbildungsniveau der Befragten deutlich mit der Dauer der Arbeitslosigkeit, doch zeigt sich bei der subjektiven Wahrnehmung der Chancen, wieder einen Job zu bekommen, kein direkter Zusammenhang. Die Chancen, die Arbeitslose bei der Arbeitsplatzsuche haben, lassen sich kaum objektiv messen, weder in einer Interviewsituation noch von einem Mitarbeiter des Arbeitsamtes. An dieser Stelle sollen dennoch die subjektiv von den Befragten wahrgenommenen und genannten Chancen diskutiert werden, um die Diskrepanz zwischen den beiden Quartieren zu erklären.

Subjektiv gute Chancen versprachen sich vor allem die jüngeren Befragten, wie auch diejenigen, die gute Kompetenzen im Umgang mit Ämtern haben. Davon abweichend malen sich Langzeitarbeitslose in Neukölln relativ gute Chancen auf dem Arbeitsmarkt aus, obwohl sie die längsten Phasen der Arbeitslosigkeit verzeichnen, relativ geringe Ausbildungsniveaus haben und oftmals mit Suchtproblemen leben. An dieser Stelle lässt sich allerdings nicht klären, ob es sich bei den subjektiv wahrgenommenen Chancen um reale Chancen handelt, oder um eine – vielleicht notwendige – Selbsttäuschung der Befragten.

Eine Erklärung für die Diskrepanz ist, welche Art von Arbeit sich die Befragten erhoffen. In Marzahn lehnen viele eine Arbeit für eine Zeitarbeitsfirma, eine weitere ABM oder Umschulungsmaßnahme kategorisch ab, statt dessen wollen die Befragten wieder in einem regulären und sozialversicherungspflichtigen, also abgesicherten, Arbeitsverhältnis arbeiten, welches ihnen ein Gehalt deutlich über dem Sozialhilfesatz ermöglicht. Viele Befragten in Neukölln versprechen sich dagegen gerade gute Aussichten auf eine ABM und geben daher an, Chancen bei der Arbeitsplatzsuche zu haben. Eine Frau aus Neukölln, die keine Berufsausbildung besitzt, schätzt ihre Chancen bei der Arbeitsplatzsuche als gut ein, obwohl sie aktuell gar nicht sucht. Sie verweist jedoch darauf, dass sie bald putzen gehen will, also eine sehr schlecht bezahlte Arbeit mit niedrigem sozialen Status ausführen wird. Zwei Befragte geben wiederum an, dass sie zwar nach Arbeit suchen, für sie jedoch nur Schwarzarbeit in Frage komme, da sie wegen hoher Schulden von dem offiziellen Verdienst über Jahre hinweg keinen höheren Lebensstandard erreichen würden. Zusammenfassend kann man feststellen, dass zwar die überwiegende Mehrheit der Befragten nach einer Arbeit sucht, dass sich aber die Art der gesuchten Arbeit deutlich unterscheidet. Entsprechend geben die Neuköllner Befragten häufiger an, gute Chancen bei der Arbeitsplatzsuche zu haben, da ihre Ansprüche inzwischen sehr niedrig sind.

Da bei armen Haushalten die Einkommen oftmals nicht ausreichen, die Bedürfnisse zu befriedigen, werden neben den Einkommensquellen aus Erwerbsarbeit und staatlichen Transferleistungen oftmals Einkommen aus Gelegenheitsarbeit angestrebt, die das Haushaltseinkommen aufstocken sollen. Die Erhebung von Nebenverdienst ist schwierig und immer mit Fehlern behaftet, weil nicht klar ist, zu welchem Anteil Schwarzarbeit in Befragungen überhaupt genannt wird. Nach Andreß (1999) spielt Nebenerwerbstätigkeit 1994 vor allem in Westdeutschland eine Rolle und kommt dort häufiger vor als in Ostdeutschland, was Andreß als Hinweis darauf wertet, „dass der zu DDR-Zeiten weit verbreitete informelle Sektor unter den neuen marktwirtschaftlichen Rahmenbedingungen seine Funktion verloren hat und nicht durch neue Formen informeller Tätigkeiten ersetzt wurde“ (ebd. 154f.).

Heinze/Offe sprechen bei der Schwarzarbeit von einem „Grenzfall der normalen Erwerbsarbeit“ (1986, 478), da es sich immer noch um eine über den Markt vermittelte Zuteilung von Arbeitsleistung und Einkommen handle. Allerdings spielen bei informellen Tätigkeiten soziale Kontakte, soziale Kompetenz und Vertrauen zwischen Auftraggeber und Auftragnehmer eine entscheidende Rolle. Dies ist der Grund, warum informelle Tätigkeiten oftmals unter die reziproken Arrangements gefasst werden, obwohl sie Marktprinzipien unterliegen. Die Annahme dabei ist, dass Schwarzarbeit gerade bei den Gruppen besonders häufig ist, die aus dem Arbeitsmarkt ausgeschlossen sind und sich zusätzliche Einkünfte außerhalb des Marktes unter Nutzung ihrer sozialen Kontakte suchen. Empirische Untersuchungen aus Großbritannien zeigen jedoch, dass Arbeitslose auf dem Schwarzmarkt weniger Chancen haben als Erwerbstätige, da sie vom Arbeitsmarkt abgeschnitten sind und ihnen damit die Zugänge zu Aufträgen fehlen (Offe/Heinze 1986, 480). Zudem mangelt es oftmals an Ressourcen, die für Schwarzarbeit benötigt werden und sie überhaupt erst möglich machen. Wesentlich häufiger treten dagegen spontane Formen des Aushelfens auf, die keine Produktionsmittel voraussetzen und „eher zufällig, kleinräumig, sachlich eng begrenzt und von Instabilitäten bedroht sind“ (ebd. 481). Diese Formen des gelegentlichen Nebenverdienstes treten zumeist in nachbarschaftlichen Zusammenhängen auf. In bestimmten Branchen, z.B. im Einzelhandel, in der Gastronomie, im Reinigungsgewerbe sowie bei Bau- und Renovierungsarbeiten, bestehen vielfältige Möglichkeiten für Schwarzarbeit.

Nach Herlyn et al. spielen für Tätigkeiten im informellen Sektor Kontakte, Informationen und das Eingebundensein in das Quartier eine entscheidende Rolle, denn nur so sei es auch möglich, von gelegentlichen Jobs zu erfahren (Herlyn et al. 1991, 205). In ihrer Studie, in der vier Hannoveraner Stadtteile untersucht werden, führen Herlyn et al. die guten Möglichkeiten für informelle Tätigkeiten auf die im Gebiet vorhandenen kleingewerblichen Strukturen zurück, wobei der Stadtteil Linden-Mitte mit dem zugleich höchsten Anteil an Erwerbstätigen die besten Möglichkeiten bietet. Aufgrund der vorhandenen Gaststätten, Läden, Dienstleistungseinrichtungen sowie der heterogenen Bevölkerungsstruktur bietet das innerstädtische Altbauquartier die günstigsten Voraussetzungen für Gelegenheitsarbeiten, die dort sowohl von Arbeitslosen als auch von Erwerbstätigen häufiger genutzt werden als in den anderen untersuchten Stadtteilen (Herlyn et al. 1991, 207). Im angrenzenden Stadtteil Linden-Süd sind die Beschäftigungsmöglichkeiten deutlich geringer, die Arbeitslosigkeit höher und die Bevölkerung weniger heterogen.

Bei den Gelegenheiten für Nebenerwerb gibt es also Unterschiede zwischen Stadtteilen, die sich auf die Wirtschafts- und Bevölkerungsstruktur zurückführen lassen. Es kann demnach angenommen werden, dass Neukölln aufgrund seiner funktional gemischten Struktur mehr Möglichkeiten für Gelegenheitsarbeiten bietet. Tatsächlich ergaben die Befragungen, dass die Befragten hier zu einem höheren Anteil Gelegenheiten zum Nebenerwerb hatten, was zu einer höheren Quote von Gelegenheitsarbeit und Schwarzarbeit in Neukölln führt. Dieser Umstand ist jedoch nicht darauf zurückzuführen, dass wir in Neukölln eine Bevölkerungsgruppe befragt haben, die Schwarzarbeit weniger ablehnend gegenüber steht, vielmehr gaben in Marzahn viele Befragte an, schon schwarz gearbeitet zu haben, aber nur sehr selten auch die Möglichkeit hierzu zu haben. Dies ist ein deutlicher Hinweis darauf, dass Neukölln als innerstädtisches und funktional gemischtes Gebiet tatsächlich mehr Möglichkeiten für Nebenerwerbstätigkeiten bietet.

Die Bewertung von Schwarz- und Gelegenheitsarbeit ist bei Herlyn et al. sowie bei Keim/Neef überwiegend positiv: Sie stärkt das Selbstwertgefühl, belebt Sozialbeziehungen, fördert die Arbeitsethik und erhält auch weitere Fähigkeiten, die wichtig für den Arbeitsmarkt sind (vgl. Keim/Neef 2000a, 261ff.). Als Problem sehen die Autoren jedoch an, dass durch Gelegenheitsarbeit nur selten der Übergang in Normalbeschäftigung ermöglicht wird (ebd. 263). Auch haben die Personen, die Nebenerwerb mit Sozialhilfe oder Arbeitslosengeld kombinieren, mit negativen Folgen zu rechnen, wenn ihre informelle Tätigkeit bekannt wird, was zu einer gewissen psycho-sozialen Be lastung und zur Rechtfertigung der Tätigkeit führt. Viele Befragte würden daher angeben, nur aufgrund des Zwangs der Verhältnisse und des Fehlens anderweitiger Möglichkeiten der Erwerbsarbeit Schwarz- oder Gelegenheitsarbeit nachzugehen (Herlyn et al. 1991, 204 und 207).

Für Personen, die einen Nebenerwerb haben, ist dies also einerseits die Möglichkeit, einen Zuverdienst zum Haushaltseinkommen zu erzielen, andererseits förderlich für das Selbstwertgefühl und die Erhaltung der Qualifikationen. Die Ausübung von Nebenerwerbsarbeit – und dies muss ausdrücklich betont werden – ist in der Wahrnehmung der Befragten allerdings keine Alternative zu regulärer Beschäftigung. Dies hängt zum einen mit der niedrigen gesellschaftlichen Reputation von Schwarzarbeit zusammen, aber auch mit dem Umstand, dass über diese gelegentlichen Arbeiten im Regelfall keine hohen Verdienste realisiert werden können. Nur in zwei Fällen unter unseren Befragten – und hier können wir der Verlässlichkeit der Aussagen weitgehend vertrauen – übersteigt das erzielte Einkommen monatlich 1000 DM. Ansonsten bewegt sich der monatlich erzielte Gewinn zwischen 150 und 600 DM. Die Befunde entsprechen also denen von Keim/Neef, die angeben, dass Nebenerwerb in der Regel nur ein ‚Taschengeld' erbringe (2000a, 262).

Die Ausübung von Nebenerwerbstätigkeiten – und darauf weisen einige Befragte ausdrücklich hin – hat die Chancen auf dem Arbeitsmarkt nicht immer erhöht. Dies hängt zum einen damit zusammen, dass über die hier gewonnenen Erfahrungen und Qualifikationen keine Zertifikate vorliegen, sie also bei einer Bewerbung auch nicht eingebracht werden können, zum anderen ergeben sich durch die Gelegenheitsarbeit keine Zugänge zu regulärer Erwerbsarbeit. In der Folge äußern unter denjenigen, die Nebenerwerb nachgehen, besonders viele, dass sie ihre Chancen auf dem Arbeitsmarkt als sehr schlecht einschätzen. Darüber hinaus zeigt sich auch, dass die Befragten, die Gelegenheitsarbeit oder Schwarzarbeit machen, besonders häufig äußern, dass sie sich arm und ausgegrenzt fühlen. Anders gesagt: Nebenerwerb sichert den befragten Personen zwar einen Verdienst und gibt ihnen eine Form der Bestätigung, sie selbst sind sich aber der gesellschaftlichen Geringschätzung ihrer Beschäftigung und der damit verbundenen fehlenden Anerkennung bewusst. Schwarz- und Gelegenheitsarbeit schützt also nicht vor sozialer Ausgrenzung.

8.3 Kontakte und Netzwerke im Gebiet

Die These von Wilson, dass die Bewohner von Schwarzenghettos in den USA sozial isoliert sind, hat in der deutschen Forschung die Frage aufgebracht, ob mit längerer Dauer von Arbeitslosigkeit auch eine Einschränkung von Kontakten erfolgt. Andreß (1999) und auch Friedrichs/Blasius (2000) verneinen diesen Zusammenhang und zeigen, dass vor allem andere Variablen eine Rolle spielen, z.B. dass mit zunehmendem Alter Kontaktkreise kleiner werden, und dass die Größe der egozentrierten Netzwerke stark vom Bildungs- und Sozialstatus abhängt.

Kontakte sind Voraussetzung für soziale Unterstützung, und sie basieren auf Reziprozität. Dies gilt insbesondere für Freundschaften, da in der unmittelbaren Verwandtschaft die Geltungskraft des Reziprozitätsprinzips zum Teil außer Kraft gesetzt ist (Andreß 1999, 162). Weite und lose Kontaktkreise sind die Voraussetzung dafür, dass Informationen weitergeleitet werden, über Arbeitsplätze und frei werdende Stellen, über Leistungen und Angebote von staatlichen Trägern, aber auch über Sonderangebote und Hilfeleistungen, die über die gemeinschaftlichen Arrangements erlangt werden können (vgl. auch Granovetter 1973; 1974; Wegener 1987). Untersucht wird in den meisten Studien das egozentrierte Netzwerk, also die Summe der Kontakte einer Person. Diese stellen allerdings keinesfalls das gesamte soziale Netzwerk dar, in dem eine Person eingebunden ist, vielmehr müssten dann auch Freunde von Freunden berücksichtigt werden.

Die Untersuchung von Kontaktnetzen und der darin empfangenen wie auch potentiellen Hilfen gestaltet sich nach Andreß schwierig, da Unterstützungsleistungen nur indirekt erfasst werden können, also zum Beispiel anhand von hypothetischen Notsituationen, bei denen Hilfe benötigt wird, oder anhand von tatsächlich empfangenen Hilfeleistungen abgefragt werden müssen (Andreß 1999, 163). Bei der Erhebung von empfangenen Hilfeleistungen ist allerdings zu berücksichtigen, dass diese mit dem Grad der Hilfsbedürftigkeit variieren (ebd. 165). Da arme Personen nicht immer Gegenleistungen für empfangene Hilfe bieten können, besteht die Gefahr, dass Kontakte durch Verarmung abbrechen. Die Ausgrenzung vom Arbeitsmarkt könnte dann auch die Einschränkung von Kontakten zur Folge haben, und somit die Möglichkeiten reduzieren, auf der gemeinschaftlichen Ebene Hilfeleistungen, materielle Werte und Informationen auszutauschen.

Zumindest bezüglich des Umfangs des Verwandtschaftsnetzes (außerhalb des Haushalts) gibt es nach Andreß keine Unterschiede nach der Höhe des Einkommens. Bestätigt wird allerdings die geringe Größe des Freundeskreises für die untersten Einkommensgruppen: „Schaut man sich vor allem die Extremkategorie derjenigen ohne Freunde und Bekannte an, dann ist ein gewisses Maß an sozialer Isolation im unteren Einkommensbereich erkennbar" (ebd. 167). Nach der Studie von Friedrichs und Blasius (2000) in vier Kölner Stadtteilen ergeben sich weitere Einschränkungen des Bekanntenkreises bei Arbeitslosen: „Erwerbstätige nennen überdurchschnittlich viele Erwerbstätige als Netzwerkpersonen, Arbeitslose überdurchschnittlich viele Arbeitslose" (ebd. 65).

Es ist zu vermuten, dass das Einkommen nur zum Teil Einfluss auf die Häufigkeit von Sozialkontakten hat, z. B. wenn mit den Kontakten kostspielige Freizeitaktivitäten verbunden sind. Eine größere Rolle spielt hingegen Arbeitslosigkeit, da hier häufig ein Abbruch von Kontakten zu Arbeitskollegen stattfindet, oder es werden durch den Bezug von Sozialhilfe die gewohnten Sozialbeziehungen aus Scham eingeschränkt, was ebenfalls zu sozialer Isolation und rückläufiger sozialer Unterstützung führt. Dies könnte die stark eingeschränkten Kontakte im untersten Einkommensbereich erklären, die sich aus Abhängigkeit von Transferleistungen und der fortschreitenden Isolierung ergeben, ein Prozess, der oft über mehrere Jahre läuft. In diesem Fall hätte die

Ausgrenzung vom Arbeitsmarkt Folgen auch für die Integration in anderen Bereichen.

Analysiert man die Ergebnisse unserer Interviews zu dieser Frage, so wird die These bestärkt, dass mit längerer Dauer der Arbeitslosigkeit auch eine soziale Isolation der Arbeitslosen erfolgt. Bei einer Dauer der Arbeitslosigkeit von zehn oder mehr Jahren sinkt die Zahl der Kontaktpersonen bei den untersuchten Personen deutlich und viele Menschen vereinsamen. Einige Interviewpartner verweisen auf den Wegfall von Arbeitskollegen im Freundeskreis und dass sie nun kaum mehr Möglichkeiten haben, neue Freunde kennenzulernen. Eine andere Gesprächspartnerin erzählt, dass man sich im Freundeskreis kaum mehr sehe, weil die gemeinsamen Aktivitäten mit Geldausgeben verbunden sind und sie sich dies nun nicht mehr leisten kann.

Eine weiterhin bestehende Kontaktmöglichkeit bieten Treffpunkte im Quartier und die Nutzung sozialer Infrastruktureinrichtungen. In Neukölln sind es die Langzeitarbeitslosen, die am häufigsten informelle Treffs nutzen, gleichzeitig stellen sie auch die Gruppe dar, die Angebote staatlicher oder freier Träger am häufigsten besuchen. In Marzahn ist die Nutzung sozialer Infrastruktur jedoch bei allen Gruppen noch höher. Aufgrund unserer Interviews ist die unterschiedliche Nutzung der Angebote allerdings nur begrenzt vergleichbar. Denn vor allem in Marzahn haben wir viele unserer Interviewpartner genau über deren Vermittlung gefunden, somit ist wenig überraschend, dass sie auch die Angebote nutzen. In Neukölln haben wir eine Reihe unserer Interviewpartner über Treffs im Stadtteil rekrutiert. Entsprechend höher ist auch der Anteil der befragten Personen, die Treffs im Quartier nutzen, vor allem unter den Langzeitarbeitslosen und den Migranten. Dies ist auch dem Umstand geschuldet, dass viele Langzeitarbeitslose entweder Treffs oder aber soziale Einrichtungen nutzen, nur in wenigen Fällen frequentieren sie beides. Noch deutlicher zeigt sich dies bei den befragten Migranten in Neukölln, die in der Regel soziale Einrichtungen gar nicht aufsuchen. Gerade in Neukölln ist die Bedeutung von Treffs hoch, und bestimmte Personen konnten nur über die informellen Treffs für eine Befragung gewonnen werden.

Zu den Treffs können alle Einrichtungen gezählt werden, die nicht von staatlichen oder freien Trägern der Wohlfahrtspflege betrieben werden. Dies sind zum Beispiel Moscheen- und Migrantenvereine, Erwerbsloseninitiativen und Tauschbörsen, darüber hinaus auch Kneipen und ‚Trinkertreffs'. Es handelt sich also um ganz unterschiedliche Möglichkeiten, mit anderen Menschen in Kontakt zu kommen. Diese Treffs werden vor allem von langzeitarbeitslosen Männern in beiden Quartieren sowie wie von Migranten in Neukölln genutzt. Auffällig ist, dass Personen, die diese Treffs nutzen, nur eine geringe Ämterkompetenz aufweisen und oftmals bereits eine lange Zeit arbeitslos sind. Bei den Marzahner Langzeitarbeitslosen sind es häufig etwas ältere

Männer, die bereits lange im Gebiet leben, aber nur noch wenige soziale Kontakte haben.

Was zeichnet nun die Qualität von Treffs aus? Die Treffs fungieren vor allem als Möglichkeit, die Zeit angenehm zu verbringen, sie ermöglichen aber selten die Erlangung von Ressourcen. Weder Ämterkenntnisse scheinen auf diesem Wege vermittelt zu werden, noch ermöglichen sie notwendigerweise soziale Integration. Von den befragten Personen, die Treffs im Gebiet nutzen, können nämlich die meisten als ausgegrenzt bezeichnet werden. Es handelt sich also ganz überwiegend um jene Gruppe, die besonders schlechte Erfahrungen gemacht hat, und die nur noch sehr marginal in die Gesellschaft integriert ist. Auch wenn bei einigen Befragten eine Vielzahl von Bekannten im Gespräch benannt wurden, so ist aufgrund anderer empirischer Befunde wahrscheinlich, dass es sich überwiegend um Bekannte in einer ähnlichen sozialen Situation handelt. Die Wirksamkeit des Reziprozitätsprinzips und damit die Wahrscheinlichkeit von Unterstützungsleistungen ist bei diesen Kontakten aber gering.

Zu untersuchen ist des weiteren, ob bei den Treffpunkten Kenntnisse über den Umgang mit Ämtern gewonnen werden, die wiederum wichtig sind, um Arbeit vermittelt zu bekommen oder Leistungen zu erhalten, auf die die Befragten Anspruch anmelden können. Die Höhe der erzielten Transferleistungen ist davon abhängig, welche zusätzliche Sozialleistungen beantragt werden, die im Ermessen der Sozialämter als ‚Hilfe in besonderen Lebenslagen' ausbezahlt werden, also z.B. Kleidergeld. Entscheidend ist insbesondere, ob die Befragten mit den rechtlichen Regelungen vertraut sind und im Aushandlungsprozess mit den Sachbearbeitern ihr Wissen und ihre Hartnäckigkeit einbringen können.

Viele der Befragten haben einen kompetenten Umgang mit Ämtern erkennen lassen. Mehrere Personen hatten etwa Leistungen beantragt, die ihnen zunächst abgelehnt wurden. Nachdem sie sich ‚schlau' gemacht hatten, stellten sie den gleichen Antrag nochmals und konnten diesen dann bewilligt bekommen. Vor allem unter den Langzeitarbeitslosen in Neukölln und den allein Erziehenden in Marzahn finden sich viele, die im Umgang mit den staatlichen Stellen ihre Rechte zu nutzen wissen und zu wahren Experten der Sozialhilfe geworden sind.

Die Nutzung von Treffs hat allerdings nachweislich keine förderlichen Effekte auf die Erlangung von Ämterkompetenz. Lediglich ein Drittel der Befragten, die Treffs besuchen, zeichnet sich durch ein umfassendes Wissen im Umgang mit den Ämtern aus, soweit sie dies in den Gesprächen mitteilten. Unter den sonstigen Befragten liegt der Anteil deutlich höher, vor allem unter jenen, die soziale Einrichtungen nutzen und sich dort das nötige Wissen verschaffen, um gegenüber den Sachbearbeitern der Ämter kompetent und hartnäckig aufzutreten.

8.4 Ausgrenzung und die Rolle des Stadtteils

Zur Untersuchung von Ausgrenzung haben Musterd et al. (1999) unter Bezug auf Polanyi (1978) vorgeschlagen, die (fehlende) Integration in drei Systeme zu untersuchen: Markttausch (market exchange), staatliche Verteilungssysteme (redistribution) und soziale Netzwerke (reciprocity). Diese drei Dimensionen stellen zugleich mögliche Ebenen der Ausgrenzung dar, wenn die jeweils vermittelten Ressourcen von Haushalten nicht mehr erlangt werden können. In diesen Bereichen können von den Haushalten Güter und Leistungen erzielt werden, die durch die Nutzung des Haushalts zu ‚Wohlfahrt' transformiert werden (vgl. Evers/Olk 1996). Die Haushaltsmitglieder greifen dafür auf eigene Ressourcen zurück, z.B. auf ihr soziales Netzwerk und ihre Fähigkeiten.

In der modernen Gesellschaft hat nach Heinze und Offe (1986) allerdings eine Erosion der haushaltlichen Fähigkeiten und Möglichkeiten stattgefunden. Durch die zunehmende Integration der Haushalte in die Erwerbsarbeit und die verstärkte Versorgung über den Markt seien die Fähigkeiten privater Selbstversorgung in der Gesellschaft zurückgegangen. Gleichzeitig sind die Haushalte kleiner geworden, sie kumulieren daher nicht mehr in gleichem Maße Qualifikationen und stellen betriebswirtschaftlich nur noch sehr kleine Einheiten dar, was sich als hinderlich für die Erlangung und Transformation von Ressourcen erweist. „Zu diesen Hindernissen zählen vor allem der Verlust der kulturellen und motivationalen Grundlagen für Selbstversorgung, die vollzogene Dequalifizierung haushaltlicher Eigenarbeit, d.h. der Verfall des für sie erforderlichen ‚Humankapitals', sowie die geringere Größe privater Haushalte" (Heinze/Offe 1986, 474).

Die wohlfahrtsproduzierenden Instanzen Markt, Staat sowie die sozialen Netzwerke verhelfen dem Haushalt (oder dem Individuum) dazu, seine Bedürfnisse zu decken. In diesem Sinne stellt Armut einen Zustand mangelhafter Wohlfahrtstransformation dar, da es dem Haushalt nicht gelungen ist, von den gegebenen Ressourcen ausreichend abzubekommen bzw. er diese nicht zufriedenstellend umwandeln konnte. Ausgrenzung bezeichnet dagegen den Prozess, in welchem Haushalte von ressourcenvermittelnden Instanzen ausgeschlossen und abgekoppelt werden und die Qualifikation zur Transformation von Ressourcen verlieren. Bei den Qualifikationen handelt es sich um spezifisches Wissen, z.B. um nötige Informationen zu bekommen, aber auch um soziale Kompetenz. Der Verlust sozialer Kompetenz ist von Paugum

(1991) mit dem Begriff der ,disqualification sociale' belegt worden, der konstitutiv für Ausgrenzung ist.

Am Beispiel der Gelegenheits- oder Schwarzarbeit wurde gezeigt, dass durch die Ausübung dieser Tätigkeiten zwar eine Marktintegration in dem Sinne erreicht wird, dass Einkommen erzielt werden können, dass diese Formen des Nebenerwerbs aber weder soziale Integration noch gesellschaftliche Anerkennung garantieren. Gleiches gilt für informelle Treffpunkte. Denn auch dort werden zwar Kontakte unterhalten, sie sind aber nicht dazu geeignet, Ressourcen zu erlangen und stabile soziale Netzwerke aufzubauen, die in Notsituationen zu Unterstützung verhelfen können, da sich die anderen Nutzer dieser Treffs in einer ähnlich marginalisierten sozialen Lage befinden. Schließlich wurde gezeigt, dass die Ämterkompetenz gerade bei den Gruppen besonders schlecht ist, die diese informellen Treffs nutzen, wie auch bei denen, die ihrer eigenen Einschätzung nach geringe Chancen auf dem Arbeitsmarkt haben.

Die Prozesshaftigkeit von Ausgrenzung ist am Besten durch Langzeitstudien zu untersuchen, ex post kann diese nur über die Schilderung der Lebensgeschichten belegt werden und über die subjektive Einschätzung der eigenen Lebenssituation, z.B. als Gefühl, zu den ,Überflüssigen' zu gehören und Ausgrenzung subjektiv wahrzunehmen. In unserer Untersuchung haben wir letzteres versucht. Hierzu haben wir gefragt, ob sich die Interviewpartner als arm bezeichnen würden, oder ob sie sich ,außen vor' fühlen. Weitere Fragen waren, ob die Personen das Gefühl haben, nicht mithalten zu können, und ob sie ein Gefühl der Nutzlosigkeit kennen. Schließlich haben wir erfasst, ob die Befragten Erfahrungen mit Stigmatisierung gemacht haben. Aus diesen fünf Fragen wurde dann gefolgert, ob sich die Personen als ausgegrenzt bezeichnen lassen, da ihre subjektiven Erfahrungen dem theoretischen Konzept der Ausgrenzung entsprechen. In einem weiteren Schritt wurde schließlich überprüft, inwieweit andere, eher objektive Merkmale – lange Dauer der Arbeitslosigkeit, geringe Chancen auf dem Arbeitsmarkt, mangelhafte Ämterkompetenz sowie weitgehendes Fehlen sozialer Kontakte – mit der Nennung von Ausgrenzungserfahrungen korrespondieren. Die Ergebnisse sind oben bereits vorgestellt worden und werden im Folgenden resümiert.

Die Antworten auf die Fragen zur Ausgrenzung waren meist dann positiv, wenn die Befragten sich auch als arm bezeichnen. Armut und Ausgrenzung werden also meist zusammen genannt, allerdings haben viele der Interviewpartner verneint, dass sie sich arm fühlen, aber später dann von einem Gefühl der Nutzlosigkeit, von Stigmatisierung berichtet, bzw. das Gefühl, ,außen vor' zu sein und nicht mithalten zu können, benannt. Ausgrenzung tritt in unserem Sample also häufiger (23 Mal) auf als Armut (17), ist jedoch in den meisten Fällen miteinander verbunden. Nur in einem Fall bezeichnet sich eine Person als arm, die nicht auch Merkmale von Ausgrenzung hat. Subjektiv empfundene Armut und Ausgrenzungserfahrungen hängen also sehr eng miteinander zusammen.

Erfahrungen und Wahrnehmungen der Ausgrenzung haben vor allem langzeitarbeitslose Männer gemacht, darunter auch die männlichen Migranten in Neukölln. Verbunden mit Ausgrenzung ist bei ihnen eine lange Dauer der Arbeitslosigkeit, eine deutliche soziale Isolierung und oftmals auch Probleme, gegenüber den Ämtern Leistungen durchzusetzen. Ausgrenzung betrifft also alle drei Bereiche möglicher Integration, sowohl die Arbeitsmarktintegration als auch die staatliche und gemeinschaftliche Ebene. Hinzu kommen bei vielen Befragten psychische oder gesundheitliche Probleme, darunter auch Sucht und Abhängigkeit sowie hohe Schulden. Bei einigen Befragten stellten diese Probleme den Beginn ihrer Ausgrenzungskarriere dar. Zum großen Teil sind diese Probleme aber erst in der langen Zeit der Arbeitslosigkeit entstanden, etwa die Belastung durch Schulden, oder aber als Reaktion auf eine ausweglos erscheinende Situation, die zu psychischen Problemen und Sucht führte.

Formen der Integration, wie die Nutzung von Treffs und die Ausübung von Nebenerwerbstätigkeiten, die vor allem bei Ausgegrenzten vorkommen, widersprechen vordergründig der These der sozialen Ausgrenzung. Die Unsicherheit von Nebenerwerbstätigkeiten wie auch die geringe Verlässlichkeit von ‚Kumpels', die die Befragten bei den angegebenen Treffpunkten sehen, sprechen allerdings dafür, sie nur als marginale Formen der Integration zu werten, die nicht zu einem befriedigenden Management der Situation führen. Anders gesagt: Schwarz- und Gelegenheitsarbeit kann soziale Ausgrenzung nicht verhindern, die Nutzung von Treffs kann soziale Integration nicht gewährleisten.

Gleichwohl haben Treffs im Gebiet wie auch Nebenerwerbsmöglichkeiten für die Befragten eine hohe Bedeutung, denn sie sichern den Lebensunterhalt, stabilisieren die Persönlichkeit und das Selbstwertgefühl. Sie tragen auch dazu bei, dass sich die Befragten mit dem Quartier identifizieren. Treffpunkte im Quartier und Nebenerwerbsmöglichkeiten stellen für diejenigen, die diese Gelegenheiten nutzen, stadtteilbezogene Ressourcen dar, ein Wegzug aus dem Gebiet wäre daher für die Befragten wenig sinnvoll. Als Strategie für einen Ausstieg aus Arbeitslosigkeit und Ausgrenzung sind sie allerdings nicht geeignet.

Ausgrenzung, Nebenerwerb und die Nutzung von Treffs kommen bei den Befragten in beiden Quartieren vor, häufiger allerdings in Neukölln. Der Stadtteil bietet diesen Befragten Identifizierungsmöglichkeiten und Sicherheit, auch vor Stigmatisierung und Anfeindung. Das Quartier dient gewissermaßen als sicheres Refugium in einer fremd gewordenen und feindlichen Welt, in der der Zugang zu Arbeit und damit zu Konsum und Anerkennung versperrt ist. Das gilt auch für die Personen, die noch nicht lange im Stadtteil leben und erst in den drei Jahren vor dem Gespräch zugezogen sind. Dies führt zu einem widersprüchlichen Ergebnis: Die Ausgegrenzten sind gewissermaßen am besten im Quartier integriert, auch wenn sie zu einem hohen Teil erst in das Gebiet zugezogen sind.

Während Herlyn et al. das Quartier als Ort nur eines Milieus verstehen, verweisen Keim und Neef auf unterschiedliche Milieugruppen innerhalb eines Quartiers, die zum Teil in einem konflikthaften Wettbewerb um knappe Ressourcen und die Dominanz im Quartier stehen (vgl. Keim/Neef 2000a, 253). Diese Perspektive ermöglicht, die förderlichen und hinderlichen Handlungsbedingungen von Stadtteilen zu betrachten und die Bewohnergruppen daraufhin zu untersuchen, ob die im Quartier verfügbaren Ressourcen von ihnen auch genutzt und angeeignet werden können. Gerade die unterschiedlichen Milieuqualitäten können für bestimmte Gruppen bessere, für andere Gruppen schlechtere Ausgangsbedingungen darstellen und daher auch selektive Wanderungsbewegungen erklären.

Die Ausgegrenzten weisen eine sehr starke Identifikation mit dem Quartier auf, jedoch erleben andere Befragte ihren Stadtteil wenig positiv. Vor allem in Neukölln war die Anzahl der Ausgegrenzten hoch, gleichzeitig ist hier auch die Zahl derjenigen hoch, die das Quartier verlassen wollen. Im Gebiet selbst gibt es also keine einheitliche Einschätzung zu den Qualitäten des Stadtteils. Diejenigen, die fortziehen wollen, leben in der Regel bereits länger im Gebiet und verfügen auch relativ häufig über einen hohen Bildungsgrad. In Marzahn wollen nur vier Befragte fortziehen, zwei davon ins Umland von Berlin, zwei in die Innenstadtbezirke. Als Grund nennen sie die Unzufriedenheit mit dem aktuellen Wandel im Bezirk. Die Personen mit Kindern wollen in einem homogeneren suburbanen Umfeld wohnen, für die anderen Befragten sind die funktional gemischten und sozial heterogenen Quartiere der Innenstadt attraktiver als die derzeitige Umgebung. Die allein Erziehenden wollen zwar ganz überwiegend im Gebiet verbleiben, sie grenzen sich jedoch stark von anderen Gruppen im Quartier ab, von den Aussiedlerjugendlichen, den Trinkern, den Rechtsradikalen. In Neukölln will dagegen jeder Dritte der befragten Haushalte aus dem Quartier wegziehen. Besonders hoch ist der Anteil unter den allein Erziehenden, doch auch Paare mit Kindern haben Fortzugsabsichten. Familien, die noch im Gebiet bleiben wollen, leben überwiegend seit erst kurzer Zeit im Gebiet (weniger als drei Jahre). Im Vergleich zum restlichen Sample haben diejenigen, die das Gebiet verlassen wollen, ein vergleichsweise hohes Ausbildungsniveau und eine lange Wohndauer. Haushalte ohne Kinder wollen dagegen alle im Gebiet bleiben. Dies unterstützt die These der selektiven Mobilität im Quartier, die in Kapitel 6 ausführlicher dargestellt wurde.

Keiner der Befragten, der das Gebiet verlassen will, hat die Wohnsituation im engeren Sinn, also die Ausstattung oder Größe der Wohnung, als Wegzugsgrund genannt. Statt dessen steht bei allen die sich verschlechternde soziale Situation im Quartier im Vordergrund. Eine große Rolle spielt auch die schlechte Schulsituation im Gebiet, die von den Befragten mit Kindern thematisiert wurde. Haushalte, die wegziehen wollen, nutzen die soziale Infrastruktur des Gebietes nicht, sie haben eine innere Distanz zum Quartier aufgebaut, die sich auch in der Ablehnung von sich bietenden Gelegenheiten niederschlägt. Anders gesagt: Die am wenigsten Ausgegrenzten unter den befragten Bewohnern des Quartiers grenzen sich am stärksten ab und sind am wenigsten lokal integriert.

Ob die Befragten allerdings tatsächlich wegziehen werden ist unklar, denn die Einkommenssituation dieser Haushalte ist ebenfalls schlecht und lässt einen Umzug größtenteils gar nicht zu. Auch ist ungewiss, ob ein Umzug die Situation wirklich verbessern würde. Vielleicht stellt dieser lediglich eine Flucht dar, aus Angst, in den Strudel von Ausgrenzung gerissen zu werden, oder um den eigenen Status zu sichern, indem man in ein Umfeld ziehen will, welches mehr Sicherheit und Integration verspricht.

Schließlich bleiben noch diejenigen, die weder als ausgegrenzt gelten können noch fortziehen wollen. Diese Gruppe ist am differenziertesten und nur schwer zu beschreiben. Es ist jedoch die einzige Gruppe, die die soziale Infrastruktur im Gebiet nutzt, die sich arrangiert hat und die vielfältigen Möglichkeiten des Quartiers schätzt, sich gleichzeitig aber auch von bestimmten Entwicklungen abgrenzt. Für diese Personen stellt das Gebiet eine Ressource dar, doch distanzieren sie sich oftmals von den sozialen Veränderungen im Quartier.

Kecskes (1994) hat in einem Beitrag zur Umzugsmobilität die Bewohner eines Stadtteils danach unterschieden, ob sie passiv im Quartier wohnen bleiben, ob sie aktiv werden und abwandern oder ob sie einen Widerspruch formulieren. Überträgt man diese Typisierung auf unsere Untersuchung, so stellen die Personen, die passiv im Gebiet verbleiben, nach den hier präsentierten Befunden die Ausgegrenzten dar, bei den Fortziehenden handelt es sich überwiegend um die Familien, die ihre Bezüge zum Quartier längst abgebrochen haben und daher auch auf keine Ressourcen mehr zurückgreifen können. Ob die restlichen Verbleibenden allerdings einen Widerspruch formulieren, bleibt fraglich. In der ursprünglichen Typologie von Hirschman (1974) wurde diese Gruppe noch dem Begriff der ‚Loyalität' zugeordnet. Vielleicht beschreibt dieser Begriff die restlichen Befragten besser denn er beinhaltet auch einen passiven Verbleib, ohne Engagement, aber mit der Option, sich doch irgendwann gegen das Quartier zu entscheiden. Die „Loyalen" stellen jedoch die Gruppe unter der armen Bevölkerung dar, die das Quartier stabilisieren können. Der hohe Anteil von „Loyalen“ unter den Marzahner Befragten deutet darauf hin, dass die Möglichkeiten der Nutzung des Stadtteils dort besser wahrgenommen werden. Am Reuterplatz in Neukölln ist die Armutsbevölkerung stärker gespalten, in Ausgegrenzte und nicht-Integrierte mit Wegzugswunsch. Die Gruppe der Loyalen ist klein, und damit auch die stabilisierende Wirkung, die von ihnen ausgehen kann.

9. Städtische Polarisierung, Armutskonzentration und Ausgrenzung: ein Fazit

Berlin ist in den 1990er Jahren deutlich ärmer geworden. Eine soziale Polarisierung fand vor allem dadurch statt, dass die Zahl der Erwerbstätigen sank und die Arbeitslosigkeit als Folge des Abbaus von Arbeitskräften vor allem im produzierenden Gewerbe anstieg. Die soziale Polarisierung ist in Berlin ganz überwiegend ein Prozess der Verarmung, da die oberen Einkommensgruppen kaum zunehmen. Dies liegt daran, dass nur wenig neue Beschäftigungsmöglichkeiten entstanden sind, aber auch an der Abwanderung der Besserverdienenden. Die Polarisierung war entsprechend mit einer sinkenden Bevölkerungszahl verbunden, da in den 1990er Jahren erstmals die Möglichkeit zur Suburbanisierung bestand. Die Zuwanderung in die Stadt konnte die Abwanderung ins Umland und den Sterbeüberschuss nicht ausgleichen. Die Zuwanderer kommen vor allem aus dem osteuropäischen Ausland, und sie reihen sich aufgrund der schlechten ökonomischen Möglichkeiten in das Heer der Arbeitslosen und prekär Beschäftigten ein.

In Verbindung mit einem Wohnungsüberhang war Berlin in den 1990er Jahren von einer umfassenden Mobilität geprägt, deren wesentliches Merkmal eine Randwanderung und Suburbanisierung der Mittelschicht darstellt. Vor allem die Altbaugebiete in der Innenstadt, die Großsiedlungen in Ost-Berlin wie auch die Siedlungen des sozialen Wohnungsbaus in West-Berlin waren von diesen selektiven Wanderungsbewegungen betroffen, da die Zuziehenden zu einem höheren Anteil arm und arbeitslos waren. Der Anstieg von Arbeitslosigkeit und Armut hat in diesen Gebieten durch die Verarmung der ansässigen Bewohner und den Zuzug anderer marginalisierter Gruppen stark zugenommen, die räumliche Mobilität führte also in Verbindung mit der Verarmung zu einer Zunahme der Konzentration von Armut.

In den Stadtteilen wird die Verarmung und selektive Mobilität auch unter der befragten Armutsbevölkerung wahrgenommen. Es überwiegt die Meinung, dass in den Gebieten ein sozialer Entmischungsprozess vonstatten geht und die Quartiere absteigen. In den beiden untersuchten Quartieren lässt sich beobachten, dass gerade unter den Befragten mit großen ökonomischen und sozialen Problemen besonders viele erst in den letzten Jahren zugezogen sind. In Marzahn-Nord gilt dies insbesondere für die Aussiedler, in Neukölln-Reuterplatz vor allem für die Langzeitarbeitslosen. Daneben besteht bei einem

Teil der Befragten die Absicht, die Gebiete zu verlassen, vor allem in Neukölln, wo die Verarmung weit fortgeschritten ist. Dass es sich hierbei gerade um die Befragten mit Kindern und eher um die besser Qualifizierten handelt, bestärkt die These, dass durch die Verarmung ein sich selbst verstärkender Mobilitätsprozess in Gang gesetzt wird, der eine weitgehende soziale Entmischung zur Folge haben kann.

Dass die soziale und räumliche Mobilität vor allem in dem untersuchten innerstädtischen Quartier zu einer besonders gravierenden sozialen Situation und Verarmung führt, ist darauf zurückzuführen, dass hier die gering qualifizierte Arbeiterschaft immer die dominante soziale Gruppe war. Hier bezieht im Laufe eines Jahres ungefähr jeder dritte Bewohner Sozialhilfe. Hinzu kommen all jene, die von Arbeitslosengeld leben bzw. in prekären oder schlecht bezahlten Jobs arbeiten. Auch die Zahl derer ist hoch, die keine Berufsausbildung oder nicht einmal einen Schulabschluss besitzen. Im Vergleich dazu ist der Anteil der Arbeitslosen in der randstädtischen Großsiedlung zwar auch hoch, der Anteil der Sozialhilfebezieher jedoch deutlich geringer. Seine Ursache hat dies einerseits darin, dass die Haushalte in der Regel größer sind und eine hohe Erwerbsneigung bei beiden Geschlechtern vorhanden ist. Andererseits war die Marzahner Großsiedlung in den 1980er Jahren ein Quartier der breiten Mittelschicht, und die Identifizierung der Bewohner mit dem Quartier ist bis heute stabil geblieben. Dies zeigt sich an der relativ geringen Anzahl von befragten Personen, die das Gebiet verlassen wollen, aber auch an der intensiven Nutzung von sozialen Infrastrukturangeboten und der überwiegend positiven Wahrnehmung der Sozial- und Arbeitsämter. Da die Bewohner in der Regel Berufsabschlüsse besitzen, sind ihre Chancen auf dem Arbeitsmarkt nicht ganz aussichtslos. Diese strukturellen Unterschiede zwischen innerstädtischen und Großsiedlungsquartieren lassen sich auch in anderen Städten finden (Kronauer et al. 2001).

Der Begriff der sozialen Ausgrenzung kann die Lebenssituation eines Teils der Befragten gut beschreiben. Er vereint lange Arbeitslosigkeit, geringe Chancen auf dem Arbeitsmarkt, soziale Isolation, geringe Durchsetzungsfähigkeit gegenüber Ämtern und nur in wenigen Fällen eine Nutzung sozialer Einrichtungen. Diese Merkmale gehen einher mit dem subjektiven Empfinden von Armut und gesellschaftlichem Ausschluss. Hierzu gehören die Empfindung von Ohnmacht und Nutzlosigkeit, das Gefühl, außen vor zu stehen und nicht mithalten zu können. Häufig sind Stigmatisierungs- und Diskriminierungserfahrungen bei diesen Befragten präsent, viele leiden zudem unter Krankheit, Sucht oder psychischen Problemen. Bei dieser Gruppe ist besonders deutlich, dass sie sich im Alltagsleben stark einschränken muss, um mit den geringen finanziellen Mitteln zurecht zu kommen. Diese Situation wird aber nicht als temporär betrachtet und damit wird sie noch schwieriger zu ertragen. Die Befragten wissen im Regelfall, dass sie nur geringe Chancen haben, dass sich unter den derzeitigen ökonomischen Rahmenbedingungen ihre Lebenssituation wieder verbessert.

Die Armutsbevölkerung ist in beiden Stadtteilen in sich differenziert und bildet keine einheitliche Gruppe. Ausgrenzung und soziale Isolation betreffen nur einen Teil der Armutsbevölkerung. Die anderen Gruppen sind noch weitgehend integriert und grenzen sich zum Teil deutlich von den Ausgegrenzten ab, insbesondere, wenn sie Kinder haben. Dadurch entwickelt sich im Quartier auch keine Identifizierung mit den anderen Bewohnern oder eine eigene, positiv besetzte Gebietsidentität. Anders als dies Wilson (1987) für die Ghettos in Chicago dargestellt hat und Friedrichs und Blasius (2000) dies für Köln auch vermutet hatten, findet im Gebiet keine Diffusion von abweichenden Werten und Normen statt. Gerade dadurch, dass zwischen den Gebietsbewohnern starke Abgrenzungen beobachtet werden können, finden über die Gruppengrenzen hinweg keine Kontakte und auch keine Übernahme von devianten Werten statt.

Die These des sozialräumlichen Milieus, auf welche die Studie von Herlyn et al. (1991) aufbaut, erweist sich ebenfalls nicht als geeignet, um die beobachteten quartierlichen Zusammenhänge adäquat zu erfassen. Das Quartier – bei Herlyn et al. aufgrund guter Netzwerke und als Quelle von Ressourcen mit durchweg positiven Merkmalen behaftet – hat nur für einen Teil der befragten Bewohner wirklich diese Integrationsfunktion. Auch ein einheitliches Milieu hat sich in beiden Untersuchungsquartieren nicht konstituiert, vielmehr haben die unterschiedlichen Gruppen je eigene Zugänge zum Quartier und spezifische Ressourcen, die sie nutzen können. Zwischen diesen Gruppen bestehen oftmals keine Kontakte. Als Quelle von Ressourcen sind im Gebiet vor allem soziale Angebote von Bedeutung.

Damit relativiert sich auch die Annahme, dass arme und ausgegrenzte Personen besonders regen Gebrauch von reziproken Netzwerken machen. In der Realität sieht dies oft ganz anders aus, da – wie dies schon Simmel (1906) beschrieb – die Situation der Armen durch eine Störung der Reziprozitätsnorm charakterisiert ist. Ihre Armutssituation ist gerade dadurch gekennzeichnet, dass sie keine Fähigkeiten und Informationen zum Tauschen haben. Dies betrifft im Wesentlichen auch die Migranten in Neukölln. Die so oft als besonders unterstützend beschriebenen ethnischen Gemeinden sind mit der massiv auftretenden Arbeitslosigkeit in ihrer ethnischen Gruppe – unter türkischen Berlinern wurde von der Ausländerbeauftragten des Senats und dem Türkischen Bund Berlin-Brandenburg die Arbeitslosenquote im Frühjahr 2001 auf 42% geschätzt – vollkommen überfordert, auch die verwandtschaftlichen Netze sind bei Armut, Alter und Krankheit nicht mehr so tragfähig, wie dies in der ersten Phase nach der Einwanderung am Beispiel der Aussiedler in

Marzahn-Nord noch beschrieben werden kann. Der Mythos der großen Bedeutung ethnischer Gemeinden muss im Falle der Ausgrenzung überprüft werden. In den letzten Jahren haben sich die Hilfestrukturen ethnischer Gemeinden in Ansätzen professionalisiert, weil ein steigender Bedarf insbesondere nach Kranken- und Altenbetreuung offensichtlich geworden war, der über die bestehenden v.a. familiären Netze nicht mehr getragen werden kann.

Die Armen und Ausgegrenzten können sich nur begrenzt selbst helfen, da sie nur über wenige Ressourcen verfügen, die sie tauschen können und die ökonomischen Möglichkeiten in den Quartieren wie auch in der Stadt insgesamt sehr schlecht sind. Gelegenheiten für Nebenerwerb bieten sich zwar insbesondere in Neukölln-Reuterplatz, aber dieser garantiert keine Integration. Dies gilt auch für die informellen Treffs. Diese sind sozial recht homogen und vermitteln keine Ressourcen, kein zusätzliches Wissen, und nur zum Teil verlässliche soziale Kontakte. Dies hängt auch damit zusammen, dass sich bei diesen Treffs oftmals Gruppen von Ausgegrenzten treffen, und diejenigen, die Arbeit gefunden haben, diese Treffs nicht mehr frequentieren. Dies gilt auch für die Erwerbsloseninitiativen und Tauschringe.

Die meisten Befragten wollen Erwerbsarbeit nachgehen, aber aufgrund der hohen Arbeitslosigkeit und ihren Erfahrungen sind sie sich der Schwierigkeiten bei der Arbeitsplatzsuche bewusst. Für viele ist klar, dass sie nur geringe Chancen haben, wieder ein reguläres Beschäftigungsverhältnis zu finden, sie streben daher zum Teil Beschäftigungsmaßnahmen des zweiten Arbeitsmarktes an. Für diese Gruppe müssten Angebote geschaffen werden, die ein Einkommen und eine sinnvolle Aufgabe geben. Die Leistungen der Sozial- und Arbeitsämter stellen für alle Befragten eine notwendige Absicherung und einen Grundpfeiler der Integration dar. Aus der Sicht der Befragten ist es allerdings oftmals nicht verständlich, dass die beiden Behörden nicht intensiver zusammen arbeiten. Sie fühlen sich von einem Amt zum anderen gehetzt und empfinden dies als Schikane der Bürokratie. Die aktuellen Überlegungen zur stärkeren Vernetzung der Ämter stellen eine Überlegung in die richtige Richtung dar. Besser wäre allerdings die Funktionen komplett zu vereinen, um eine gezielte Betreuung und eventuell eine Rückführung auf den Arbeitsmarkt zu gewährleisten.

Die sozialen Einrichtungen öffentlicher und privater Träger stellen in den Quartieren wichtige Institutionen dar, die von einem Großteil der Befragten genutzt werden. Diejenigen, die die Angebote nutzen, zeichnen sich durch eine vergleichsweise gute Ämterkompetenz aus, die über die Einrichtungen vermittelt wird, und rechnen sich vergleichsweise gute Chancen auf dem Arbeitsmarkt aus. Möglichkeiten der positiven Intervention in den Gebieten liegen insbesondere im Bereich der Fort- und Weiterbildung, da hierüber auch Chancen auf dem Arbeitsmarkt verbessert werden. Die Möglichkeiten der Intervention über staatliche und freie Träger sind in Marzahn wahrscheinlich erheblich besser, da hier unter der befragten Armutsbevölkerung eine größere Identifikation mit dem Quartier festgestellt werden konnte.

Die soziale Infrastruktur sollte aber auch für diejenigen Gruppen ausgebaut werden, die sie bisher nur marginal nutzen. Die Ausgegrenzten benötigen insbesondere niedrigschwellige Angebote, die ihnen wieder Perspektiven vermitteln und eine Ausweitung ihrer Netzwerke ermöglichen. Solche niedrigschwelligen Angebote können zum Beispiel Teestuben mit Beratungsangebot sein. Je breiter das Angebot an sozialer Infrastruktur, desto mehr arme und nicht-arme Personen können das Angebot nutzen. Das Angebot an sozialer Infrastruktur stellt eine wesentliche Qualität des Quartiers in der Sicht der Befragten dar. Und es stellt eine der wenigen Möglichkeiten dar, von öffentlicher Seite aus direkt auf die Lebensqualität und die Chancen der Bewohner verarmter Stadtteile Einfluss zu nehmen.

Die untersuchten Quartiere bieten den Befragten abgesehen von den günstigen Einkaufs- und Wohnmöglichkeiten und der vorhandenen Infrastruktur wenig Ressourcen. In beiden Gebieten herrscht hoher Leerstand, der einen deutlichen Hinweis auf die geringe Attraktivität der Räume als Wohnstandort darstellt. Durch selektive Umzüge und die Verarmung der ansässigen Bewohner ist eine Abwärtsspirale in Gang gesetzt worden, aus der die Gebiete von selbst nicht wieder heraus kommen. In Marzahn-Nord ist bereits Ende 1998 ein Quartiersmanagement eingerichtet worden, um die vorhandenen Ressourcen des Stadtteils zu bündeln und die soziale Entwicklung zu stabilisieren. Am Neuköllner Reuterplatz ist die Einrichtung eines Quartiersmanagements erst 2001 erfolgt.

Eine Evaluation des Quartiersmanagements in Berlin liegt Ende 2001 noch nicht vor. Das Programm ist auch noch zu neu, um beurteilen zu können, welche Entwicklungen in den ausgewählten Quartieren angestoßen werden können. Ob die soziale Segregation durch das Quartiersmanagement erfolgreich bekämpft werden kann, ist allerdings wenig wahrscheinlich, die Erwartungen an das Programm sind nach einer anfänglichen Euphorie deutlich nach unten geschraubt worden. Deshalb sollte überlegt werden, weitere Maßnahmen zu etablieren, die sich nicht wie das Quartiersmanagement überwiegend auf eine Koordination, Moderation, Vernetzung und Beteiligung richten (vgl. Häußermann/Kapphan 2000, 262ff., Kapphan 2002), sondern den Schwerpunkt auf eine qualitativ hochwertige Ausstattung mit öffentlichen Einrichtungen setzen.

Die Grenzen des Quartiersmanagements liegen sicherlich darin, dass es eine Arbeitsmarkt-, Sozial-, Bildungs- und Jugendpolitik nicht ersetzen kann, sondern vielmehr darauf angewiesen ist dass diese den nötigen Rahmen für eine Arbeit im Quartier stellen. Gegen eine Sozialpolitik, die Mittel streicht und keine Wege aus der Sozialhilfe bieten kann, gegen heruntergekommene Schulen, die an chronischem Personalmangel leiden und mit den Problemen im Quartier hoffnungslos überfordert sind, gegen fehlende Lehrstellen und Stellenstreichungen im Sozialbereich, höhere Gebühren von Kindertagesstätten, die rasante Abmeldungen von Kindern vor allem aus armen Zuwandererfamilien zur Folge haben, kann das beste Stadtteilmanagement nicht ankommen. Nicht zuletzt ist die erfolgreiche Arbeit auf der Quartiersebene auch darauf angewiesen, dass in der Wohnungspolitik die Weichen richtig gestellt werden, damit eine weitere Konzentration von Armen verhindert wird. Die strukturellen Rahmenbedingungen haben also weitreichende Auswirkungen auf die Arbeit der Quartiersmanagement-Teams.

In den Quartieren sollte vielmehr versucht werden, mittels einer positiven Diskriminierung die Lebensqualität zu verbessern und die Integration zu fördern. Eine solche positive Diskriminierung könnte – vergleichbar mit der ‚affirmative action' in den USA – die bewusste Bevorzugung von Stadtteilen mit hoher Armutskonzentration darstellen. Das Quartiersmanagement stellt eine Möglichkeit dar, gezielt Qualifikationen und Projekte in die Gebiete zu bekommen und den Stadtteil mit mehr Geld auszustatten. Denkbar wäre aber auch, die Schulsituation in den Gebieten dadurch zu verbessern, dass geringe Klassenzahlen, mehr Lehrpersonal, Sondermittel für eine qualitativ gute Ausbildung (z.B. Computer) finanziert werden. Eine solche Maßnahme würde einerseits die armen und unterprivilegierten Gruppen fördern, die selbst über wenig kulturelles Kapital verfügen, andererseits könnte dies auch dazu führen, dass Familien, die bisher aufgrund der schlechten Schulsituation die Gebiete verlassen haben, in Zukunft nicht mehr fortziehen müssen bzw. auch wieder angezogen werden.

Literaturverzeichnis

AG SPAS: Arbeitsgemeinschaft für Sozialplanung und angewandte Stadtforschung e.V. 1999: Marzahn Nord und West (Stadtteil 1). Soziale Lage und Strategien für eine soziale Aufwertung. Berlin: Eigenverlag

Alisch, Monika (Hg.) 1998: Stadtteilmanagement. Voraussetzungen und Chancen für die soziale Stadt. Opladen: Leske + Budrich

Alisch, Monika 1993: Frauen und Gentrification. Der Einfluß von Frauen auf die Konkurrenz um innerstädtischen Wohnraum. Wiesbaden: Deutscher Universitäts-Verlag

Alisch, Monika; Dangschat, Jens S. 1998: Armut und soziale Integration. Strategien sozialer Stadtentwicklung und lokaler Nachhaltigkeit. Opladen: Leske + Budrich

Alter, Peter (Hg.) 1993: Im Banne der Metropolen. Berlin und London in den 20er Jahren. Göttingen, Zürich: Vandenhoeck&Ruprecht

Andreß, Hans-Jürgen 1999: Leben in Armut. Analysen der Verhaltensweisen armer Haushalte mit Umfragedaten. Opladen: Westdeutscher Verlag

Andreß, Hans-Jürgen; Lipsmeier, Gero 1995: Was gehört zum notwendigen Lebensstandard und wer kann ihn sich leisten? Ein neues Konzept der Armutsmessung. In: Aus Politik und Zeitgeschichte B 31-32/95, S. 35-49

Arbonville, Denise; Palomares, Elise; Simon, Patrick 2000: Comparative Statistical Analysis France: Paris. Amsterdam: AME (Urbex Series No. 3)

Arin, Cihan; Gude, Sigmar; Wurtinger, Hermann 1985: Auf der Schattenseite des Wohnungsmarktes: Kinderreiche Immigrantenfamilien. Basel, Boston, Berlin: Birkhäuser

Asmus, Gesine (Hg.) 1982: Hinterhof, Keller und Mansarde. Einblicke in das Berliner Wohnungselend 1901-1920. Reinbek: Rowohlt

Ausländerbeauftragte des Senats 1995: Bericht zur Integrations- und Ausländerpolitik. Fortschreibung 1995. Berlin: Kulturbuchverlag

Barlösius, Eva 1995: Armut und Soziologie in Deutschland. In: Leviathan Jg. 23, H.4, S. 530-546

Bartelheimer, Peter; Freyberg, Thomas von 1997: Neue Bündnisse in der Krise der sozialen Stadt – Das Beispiel der Sozialpolitischen Offensive Frankfurt. In: W. Hanesch (Hg.): Überlebt die soziale Stadt? Konzeption, Krise und Perspektive kommunaler Sozialstaatlichkeit. Opladen: Leske + Budrich, S. 173-212

Becker, Heidede; Schulz zur Wiesch, Jochen (Hg.) 1982: Sanierungsfolgen. Eine Wirkungsanalyse von Sanierungsmaßnahmen in Berlin. Stuttgart u.a.: Kohlhammer

Beetz, Stephan; Kapphan, Andreas 1997: Russischsprachige Zuwanderer in Berlin und Potsdam. Migrationsregime und ihr Einfluß auf die Wohnsituation von Zuwanderern. In: I. Oswald, V. Voronkov (Hg.): Post-sowjetische Ethnizitäten. Ethnische Gemeinden in St. Petersburg und Berlin/ Potsdam. Berlin: Berliner Debatte, S. 160-188

Berlin Handbuch 1992: Berlin Handbuch, Das Lexikon der Bundeshauptstadt. Berlin: FAB

Blasius, Jörg 1988: Indizes der Segregation. In: J. Friedrichs (Hg.): Soziologische Stadtforschung. Sonderheft 29 der Kölner Zeitschrift für Soziologie und Sozialpsycholgie. Opladen: Westdeutscher Verlag , S. 410-431

Blasius, Jörg 1993: Gentrification und Lebensstile. Wiesbaden: Deutscher Universitäts-Verlag

BMAS: Bundesministerium für Arbeit und Sozialordnung 2001: Lebenslagen in Deutschland. Der erste Armuts- und Reichtumsbericht der Bundesregierung. Bonn

Bodenschatz, Harald 1987: Platz frei für das neue Berlin! Geschichte der Stadterneuerung seit 1871. Berlin: Transit

Bodenschatz, Harald 1992: Berlin West: Abschied von der ‚steinernen Stadt'. In: K. v. Beyme et al. (Hg.): Neue Städte aus Ruinen. Deutscher Städtebau der Nachkriegszeit. München: Prestel, S. 58-76

Bohleber, Wolfgang 1990: Mit Marshallplan und Bundeshilfe. Wohnungspolitik in Berlin 1945-1968. Berlin: Duncker & Humblot

Bourdieu, Pierre 1983: Ökonomisches Kapital, kulturelles Kapital, soziales Kapital. In: R. Kreckel (Hg.): Soziale Ungleichheiten. Soziale Welt Sonderband 2. Göttingen: Otto Schwartz & Co., S. 183-198

Bourdieu, Pierre et al. 1997: Das Elend der Welt. Zeugnisse und Diagnosen alltäglichen Leidens an der Gesellschaft. Konstanz: UVK

Breckner, Ingrid; Heinelt, Hubert; Krummacher, Michael; Oelschlägel, Dieter; Rommelspacher, Thomas; Schmals, Klaus M (Hg.) 1989: Armut im Reichtum. Erscheinungsformen, Ursachen und Handlungsstrategien in ausgewählten Großstädten der Bundesrepublik. Bochum: Germinal

Bremer, Peter 2000: Ausgrenzungsprozesse und die Spaltung der Städte. Zur Lebenssituation von Migranten. Opladen: Leske + Budrich

Bremer, Peter; Gestring, Norbert 1997: Urban Underclass – neue Formen der Ausgrenzung auch in deutschen Städten. In: Prokla, Jg. 27, H.106, S. 55-76

Bude, Heinz 1998: Die Überflüssigen als transversale Kategorie. In: P. A. Berger, M. Vester (Hg.): Alte Ungleichheiten, neue Spaltungen. Opladen: Leske + Budrich, S. 363-382

Burgess, Ernest W. 1967: The Growth of the City. An Introduction to a Research Project. In: R. E. Park, E. W. Burgess, R. D. Mc Kenzie: The City. Suggestion for Investigation of Human Behavior in the Urban Environment. Chicago: University of Chicago Press (1. Auflage 1925), S. 47-62

Bürkner, Hans-Joachim 1987: Die soziale und sozialräumliche Situation türkischer Migranten in Göttingen. Saarbrücken: Breitenbach

Clay, Phillip L. 1979: Neighborhood Renewal. Toronto: Lexington Books

Cyrus, Norbert 1999: Die aktuelle Zuwanderung aus Polen nach Berlin. Darstellung anhand einer analytisch-idealtypischen Kategorisierung der Zuwanderer. In: A. Kapphan (Hg.): Paris – Berlin. Formen und Folgen der Migration. Les Travaux du Centre Marc Bloch, Cahier No. 14, S. 51-70

Dangschat, Jens 1988: Gentrification. Der Wandel innenstadtnaher Wohnviertel. In: J. Friedrichs (Hg.): Soziologische Stadtforschung. Sonderheft 29 der Kölner Zeitschrift für Soziologie und Sozialpsychologie. Opladen: Westdeutscher Verlag , S. 272-292

Dangschat, Jens S. 1995: „Stadt“ als Ort und als Ursache von Armut und sozialer Ausgrenzung. In: Aus Politik und Zeitgeschichte, B 31-32, S. 50-62

Dangschat, Jens S. 1998: Warum ziehen sich Gegensätze nicht an? Zu einer Mehrebenen-Theorie ethnischer und rassistischer Konflikte um den städtischen Raum. In: W. Heitmeyer, R. Dollase, O. Backes (Hg.): Die Krise der Städte. Frankfurt am Main: Suhrkamp, S. 21-96

Davis, Mike 1990: City of Quartz. London: Verso

Dietz, Berthold 1997: Soziologie der Armut. Eine Einführung. Frankfurt/Main, New York: Campus

Dorsch, Pamela; Häußermann, Hartmut; Kapphan, Andreas; Keim, Rolf; Kronauer, Martin; Schumann, Claudia; Siebert, Ingo; Vogel, Berthold 2000: Comparative Statistical Analysis at National, Metropolitan, Local and Neighbourhood Level. Germany: Berlin and Hamburg. Urbex Series No. 4. Amsterdam: AME

Dorsch, Pamela; Häußermann, Hartmut; Kapphan, Andreas; Siebert, Ingo 2001a: Spatial Dimensions of Urban Social Exclusion and Integration. The Case of Berlin, Germany. Urbex Series No. 11. Amsterdam: AME

Dorsch, Pamela; Kapphan, Andreas; Siebert, Ingo 2001b: Sozialräumliche Segregation in der Stadt. Literaturbericht. Netzwerke im Stadtteil - Wissenschaftliche Begleitung E & C. München: Deutsches Jugendinstitut e.V.

Dubet, Francoise; Lapeyronnie, Didier 1994: Im Aus der Vorstädte. Der Zerfall der demokratischen Gesellschaft. Stuttgart: Klett-Cotta

Eekhoff, Johann 1987: Wohnungs- und Bodenmarkt. Tübingen: Mohr

Einem, Eberhard von 1991: Berlin Szenario 2010 – Flächen und Standorte. In: Senatsverwaltung für Stadtentwicklung, Umweltschutz und Technologie (Hg.): Metropole Berlin: Mehr als Markt! Dokumentation des Symposiums, 26./27. Nov. 1990: Berlin: Kulturbuchverlag, S. 59-89

Ellger, Christof 1995: Zwischen Hauptstadtboom und Niedergang: zur Entwicklung Berlins in den 90er Jahren. In: B. Hofmeister, F. Voss (Hg.): Exkursionsführer zum 50. Deutschen Geographentag; Berliner Geographische Studien Bd. 40, S. 25-35

Evers, Adalbert; Olk, Thomas 1996: Wohlfahrtspluralismus. Analytische und normativ-politische Dimension eines Leitbegriffs. In: dies. (Hg.): Wohlfahrtspluralismus. Vom Wohlfahrtsstaat zur Wohlfahrtsgesellschaft. Opladen: Westdeutscher Verlag, S. 9-62

Fainstein, Susan; Gordon, Ian; Harloe, Michael (Hg.) 1992: Divided Cities. New York and London in the Contemporary World. Oxford: Blackwell

Farwick, Andreas 1996: Armut in der Stadt: Prozesse und Mechanismen der räumlichen Konzentration von Sozialhilfeempfängern. Arbeitspapier Nr. 25 der ZWE Arbeit und Region. Bremen: Universität Bremen

Farwick, Andreas 1998: Soziale Ausgrenzung in der Stadt. In: Geographische Rundschau, Jg.50, H.3, S. 146-153

Farwick, Andreas 1999: Segregierte Armut in der Stadt – das Beispiel Bielefeld. Ursachen und soziale Folgen der räumlichen Konzentration von Sozialhilfeempfängern in benachteiligten Gebieten der Stadt Bielefeld. Arbeitspapier Nr. 33 der ZWE Arbeit und Region. Bremen: Universität Bremen

Farwick, Andreas 2001: Segregierte Armut in der Stadt. Ursachen und soziale Folgen der räumlichen Konzentration von Sozialhilfeempfängern. Opladen: Leske + Budrich

Farwick, Andreas; Voges, Wolfgang 1997: Segregierte Armut und das Risiko sozialer Ausgrenzung. Zum Einfluß der Nachbarschaft auf die Verstetigung von Sozialhilfebedürftigkeit. Arbeitspapier Nr. 27 der ZWE Arbeit und Region. Bremen: Universität Bremen

Freyberg, Thomas von 1996: Der gespaltene Fortschritt. Zur städtischen Modernisierung am Beispiel Frankfurt am Main. Frankfurt/Main, New York: Campus

Friedrichs, Jürgen 1983 (3'): Stadtanalyse. Soziale und räumliche Organisation der Gesellschaft. Opladen: Westdeutscher Verlag

Friedrichs, Jürgen 1995: Stadtsoziologie. Opladen: Leske + Budrich

Friedrichs, Jürgen 1998: Do Poor Neighbourhoods Make Their Residents Poorer? Context Effects of Poverty Neighbourhoods on Residents. In: H.-J. Andreß (Hg.): Empirical Poverty Research in a Comparative Perspective. Aldershot u.a.: Ashgate, S. 77-99

Friedrichs, Jürgen; Blasius, Jörg 2000: Leben in benachteiligten Wohngebieten. Opladen: Leske + Budrich

Friedrichs, Jürgen; Kecskes, Robert (Hg.) 1996: Gentrification, Theorie und Forschungsergebnisse. Opladen: Leske+Budrich

Frieling, Hans-Dietrich v. 1980: Räumliche soziale Segregation in Göttingen. Zur Kritik der Sozialökologie. Arbeitshefte Urbs et Regio. Kassel: Universität Gesamthochschule Kassel

Gans, Paul 1984: Innerstädtische Wohnungswechsel und Veränderungen in der Verteilung der ausländischen Bevölkerung in Ludwigshafen/Rhein. Eine empirische Studie über Wohnungsteilmärkte und Mobilitätsbarrieren. In: Geographische Zeitschrift, 72, S. 81-98

GdW: Bundesverband deutscher Wohnungsunternehmen e.V. 1998: Überforderte Nachbarschaften. Zwei sozialwissenschaftliche Studien über Wohnquartiere in den alten und den neuen Bundesländern. Köln: GdW Schriften 48

Geffers, Dieter 1990: Perspektive und Ergebnis der Stadterneuerung. In: Senatsverwaltung für Bau- und Wohnungswesen (Hg.): Stadterneuerung in Berlin. Berlin, S. 7-18

Geißler, Rainer 1992: Die Sozialstruktur Deutschlands. Ein Studienbuch zur Entwicklung im geteilten und vereinten Deutschland. Opladen: Westdeutscher Verlag

Geist, Johann Friedrich; Kürvers, Klaus 1980: Das Berlin Mietshaus. 1740-1862. München: Prestel

Geist, Johann Friedrich; Kürvers, Klaus 1984: Das Berlin Mietshaus. 1862-1945. München: Prestel

Geist, Johann Friedrich; Kürvers, Klaus 1989: Das Berlin Mietshaus. 1945-1989. München: Prestel

Geist, Johann Friedrich; Kürvers, Klaus 1995: Tatort Berlin, Pariser Platz. Die Zerstörung und ‚Entjudung' Berlins. In: 1945, Krieg, Zerstörung, Aufbau. Architektur und Stadtplanung 1940-1960 (Schriftenreihe der Akademie der Künste, Band 23). Berlin: Henschel, S. 55-118

Gesemann, Frank (Hg.): Migration und Integration in Berlin. Opladen: Leske + Budrich

Gesemann, Frank; Kapphan, Andreas 2000: Islamische Organisationen in Berlin zwischen Marginalisierung und Anerkennung. In: iza – Zeitschrift für Migration und soziale Arbeit, H. 3-4/2000, S. 49-57

Geyer, Mathias 1999: Die Gropiusstadt. Wohnzufriedenheit und Umzugsabsichten in einer Großsiedlung. Unveröffentlichte Diplomarbeit am Geographischen Institut der Freien Universität Berlin

Giese, Ernst 1978: Räumliche Diffusion ausländischer Arbeitnehmer in der BRD 1960-1976. In: Die Erde 109, S.92-110

Giffinger, Rudolf 1999: Wohnungsmarktbarrieren und Stadtentwicklung. Ein regionalwissenschaftlicher Beitrag zur Ausländerdiskriminierung am Beispiel von Wien. Basel, Boston, Berlin: Birkhäuser

Glebe, Günther 1984: Tendenzen ethnischer Segregation und Konzentration von Gastarbeiterminoritäten in Düsseldorf 1974-1982. In: Zeitschrift für Wirtschaftsgeographie 28, S. 91-111

Goetze, Dieter 1992: „Culture of Poverty" – Eine Spurensuche. In: S. Leibfried, W. Voges (Hg.): Armut im modernen Wohlfahrtsstaat. Opladen: Westdeutscher Verlag, S. 88-103

Granovetter, Mark S. 1973: The Strength of Weak Ties. In: American Journal of Sociology Jg.78, H.6, S. 1360-1380

Granovetter, Mark S. 1974: Getting a Job. Cambridge: Harvard University Press

Großsiedlungsbericht 1994. Bundestagsdrucksache 12/8406. Bonn: Bundesministerium für Raumordnung, Bauwesen und Städtebau

Grundmann, Siegfried 1984: Die Stadt - Gedanken über Geschichte und Funktion. Berlin: Dietz Verlag

Grzywatz, Berthold 1988: Arbeit und Bevölkerung im Berlin der Weimarer Zeit. Eine historisch-statistische Untersuchung. Berlin: Colloquium (Historische Kommission zu Berlin Band 63)

Hain, Simone 1992: Berlin Ost: ‚Im Westen wird man sich wundern'. In: K. v. Beyme et al. (Hg.): Neue Städte aus Ruinen. Deutscher Städtebau der Nachkriegszeit. München: Prestel, S. 33-57

Hain, Simone 1993: Die andere 'Charta'. In: Städte bauen, Kursbuch 112. Berlin: Rowohlt, S. 47-62

Hämer, Hardt-Waltherr 1990: Behutsame Stadterneuerung. In: Stadterneuerung Berlin. Erfahrungen, Beispiel, Perspektiven. Berlin: Senatsverwaltung für Bau- und Wohnungswesen, S. 56-72

Hamnett, Chris 1994: Social Polarisation in Global Cities: Theory and Evidence. In: Urban Studies, Jg. 31, H. 3, S. 401-424

Hanauske, Dieter 1993: Die Berliner Wohnungspolitik in den 50er und 90er Jahren. Berlin: Berlin Verlag

Hanesch, Walter (Hg.) 1997: Überlebt die soziale Stadt? Konzeption, Krise und Perspektiven kommunaler Sozialstaatlichkeit. Opladen: Leske + Budrich

Hanesch, Walter et al. 1994: Armut in Deutschland: Der Armutsbericht des DGB und des Paritätischen Wohlfahrtsverbandes. Reinbek: Rowohlt

Hannemann, Christine 1996: Neubaugebiete in DDR-Städten und ihr Wandel. In: U. Schäfer (Hg.): Städtische Strukturen im Wandel. Opladen: Leske + Budrich

Hannemann, Christine 2000: Die Platte. Industrialisierter Wohnungsbau in der DDR. Berlin: Schelzky&Jeep (2. erweiterte Auflage)

Harlander, Tilmann; Fehl, Gerhard (Hg.) 1986: Hitlers sozialer Wohnungsbau 1940 - 1945. Wohnungspolitik, Baugestaltung und Siedlungsplanung. Hamburg: Christians (Stadt, Planung, Geschichte 6)

Harth, Annette; Herlyn, Ulfert; Scheller, Gitta 1998: Segregation in ostdeutschen Städten. Opladen: Leske + Budrich

Harth, Annette; Scheller, Gitta; Tessin, Wulf (Hg.) 2000: Stadt und soziale Ungleichheit. Opladen: Leske + Budrich

Harvey, Davis 1974: Klassenmonopolrente, Finanzkapital und Urbanisierung. In: Stadtbauwelt. Beiträge zur Neuordnung von Stadt und Land. Jg. 65, Nr.41, S. 25-34

Hauser, Richard 1995: Das empirische Bild der Armut in der Bundesrepublik Deutschland. Ein Überblick. In: Aus Politik und Zeitgeschichte B 31-32/95, S. 3-13

Hauser, Richard 1999: Die Entwicklung der Einkommensverteilung und der Einkommensarmut in den alten und neuen Bundesländern. In: Aus Politik und Zeitgeschichte, B 18, S. 3-9

Häußermann, Hartmut 1996: Von der Stadt im Sozialismus zur Stadt im Kapitalismus. In: H. Häußermann, R. Neef (Hg.): Stadtentwicklung in Ostdeutschland. Soziale und räumliche Tendenzen. Opladen: Westdeutscher Verlag, S. 5-45

Häußermann, Hartmut 1997a: Armut in den Großstädten – eine neue städtische Unterklasse? In: Leviathan, Jg. 25, H. 1, S. 12-27

Häußermann, Hartmut 1997b: Berlin: Lasten der Vergangenheit und Hoffnungen der Zukunft. In: Aus Politik und Zeitgeschichte B 17/1997, S. 10-19

Häußermann, Hartmut 2000: Die Krise der ‚sozialen Stadt'. In: Aus Politik und Zeitgeschichte B 10-11/2000, S. 13-21

Häußermann, Hartmut; Holm, Andrej; Zunzer, Daniela 2002: Stadterneuerung in der Berliner Republik. Modernisierung in Berlin-Prenzlauer Berg. Opladen: Leske + Budrich

Häußermann, Hartmut; Kapphan, Andreas 1999: Berlin: Bilden sich Quartiere sozialer Benachteiligung. In: S. Herkommer (Hg.): Soziale Ausgrenzungen. Gesichter des neuen Kapitalismus. Hamburg: VSA, S.187-208

Häußermann, Hartmut; Kapphan, Andreas 2000: Berlin: von der geteilten zur gespaltenen Stadt? Sozialräumlicher Wandel seit 1990. Opladen: Leske + Budrich

Häußermann, Hartmut; Kapphan, Andreas; Münz, Rainer 1995: Migration. Berlin: Zuwanderung, gesellschaftliche Probleme, politische Ansätze. Berlin: Kulturbuchverlag (Hg. von der Senatsverwaltung für Stadtentwicklung, Umweltschutz und Technologie)

Häußermann, Hartmut; Neef, Rainer (Hg.) 1996: Stadtentwicklung in Ostdeutschland. Soziale und räumliche Tendenzen. Opladen: Westdeutscher Verlag

Häußermann, Hartmut; Siebel, Walter 1987: Neue Urbanität. Frankfurt/Main: Suhrkamp

Häußermann, Hartmut; Siebel, Walter 1988: Die schrumpfende Stadt und die Stadtsoziologie. In: J. Friedrichs (Hg.): Soziologische Stadtforschung. Sonderheft 29 der Kölner

Zeitschrift für Soziologie und Sozialpsychologie. Opladen: Westdeutscher Verlag, S. 78-94

Häußermann, Hartmut; Siebel, Walter 1995: Dienstleistungsgesellschaften. Frankfurt/Main: Suhrkamp

Häußermann, Hartmut; Siebel, Walter 1996: Soziologie des Wohnens. Weinheim: Juventus

Häußermann, Hartmut; Walter Siebel 1991: Bausteine zu einem Szenario der Entwicklung von Berlin. Soziale Mobilität, Mieten und Verdrängung. In: Senatsverwaltung für Stadtentwicklung und Umweltschutz Berlin (Hg.): Metropole Berlin: Mehr als Markt. Berlin, S. 23-58

Hegemann, Werner 1930: Das steinerne Berlin. Geschichte der größten Mietskasernenstadt der Welt (Reprint Braunschweig 1976)

Heitmeyer, Wilhelm; Dollase, Rainer; Backes, Otto (Hg.) 1998: Die Krise der Städte – Analysen zu den Folgen desintegrativer Stadtentwicklung für das ethnisch-kulturelle Zusammenleben. Frankfurt/Main: Suhrkamp

Herfert, Günter 1997: Wohnsuburbanisierung in den neuen Ländern – Mobilität und Segregation im Umland ostdeutscher Großstädte. In: Nachrichtenblatt zur Stadt- und Regionalsoziologie, Jg.12, Nr.1, S. 57-70

Herlyn, Ulfert; Lakemann, Ulrich; Lettko, Barbara 1991: Armut und Milieu. Benachteiligte Bewohner in großstädtischen Quartieren. Basel, Boston, Berlin: Birkhäuser

Hess, Henner; Mechler, Achim 1973: Ghetto ohne Mauern. Ein Bericht aus der Unterschicht. Frankfurt/Main: Suhrkamp

Hinrichs, Wilhelm 1992: Wohnungsversorgung in der ehemaligen DDR. Verteilungskriterien und Zugangswege. Berlin: Wissenschaftszentrum Berlin für Sozialforschung (WZB-Papers P92/105)

Hirschman, A.O. 1974: Abwanderung und Widerspruch. Reaktionen auf Leistungsabfall bei Unternehmungen, Organisationen und Staaten. Tübingen: J.C.B. Mohr

Hoffmann-Axthelm, Dieter 1993: Die dritte Stadt. Frankfurt/Main: Suhrkamp

Hoffmeyer-Zlotnik, Jürgen 1977: Gastarbeiter im Sanierungsgebiet. Das Beispiel Berlin Kreuzberg. Hamburg: Christians

Hofmeister, Burkhard 1987: Wilhelminischer Ring und Villenkoloniegründung. Sozioökonomische und planerische Hintergründe simultaner städtebaulicher Prozesse im Großraum Berlin 1860 bis 1920. In: H. Heineberg (Hg.): Innerstädtische Differenzierung und Prozesse im 19. und 20. Jahrhundert. Köln, Wien: Böhlau, S. 105-117

Hofmeister, Burkhard 1990: Berlin (West). Darmstadt: Wissenschaftliche Buchgesellschaft

Holm, Andrej; Zunzer, Daniela 2000: Stadterneuerung als Aushandlungsprozess – Stadtsanierung in Berlin seit 1990. In: Gesellschaft für Regionalforschung. Seminarbericht 42 (2000), S. 27-61

Hoover, Edgar M.; Vernon, Raymond 1959: Anatomy of a Metropolis. Cambridge Ma.: Harvard University Press

Hradil, Stefan 1999: Soziale Ungleichheit in Deutschland. Opladen: Leske + Budrich (7. Auflage)

Hunger, Bernd 1991: Stadtverfall und Stadtentwicklung – Stand und Vorschläge. In: P. Marcuse, F. Staufenbiel (Hg.): Wohnen und Stadtpolitik im Umbruch. Berlin: Akademie Verlag

Huster, Ernst-Ulrich 1993: Neuer Reichtum und alte Armut. Düsseldorf: Patmos

IfS: Institut für Stadtforschung und Strukturpolitik GmbH 1995: Mieterbarometer Marzahn. Befragung der Mieter der Wohnungsbaugesellschaft Marzahn 1995. Berlin: IfS

IfS: Institut für Stadtforschung und Strukturpolitik GmbH 1997: Mieterbarometer Marzahn. Befragung der Mieter der Wohnungsbaugesellschaft Marzahn 1997. Berlin: IfS

IfS; S.T.E.R.N. 1998: Sozialorientierte Stadtentwicklung. Berlin: Kulturbuchverlag (Gutachten im Auftrag der Senatsverwaltung für Stadtentwicklung, Umweltschutz und Technologie; Bearbeitung: H. Häußermann, A. Kapphan, G. Mersch, Chr. Speckmann)

IfS: Institut für Stadtforschung und Strukturpolitik GmbH 1999: Sozialorientierte Stadtentwicklung. Stadt-Monitoring 1997. Berlin: Senatsverwaltung für Stadtentwicklung, Umweltschutz und Technologie (Bearbeitung: H. Häußermann, A. Kapphan)

IfS: Institut für Stadtforschung und Strukturpolitik GmbH 2001: Stadtmonitoring. Soziale Stadtentwicklung 2000. Berlin: Senatsverwaltung für Stadtentwicklung (Bearbeitung: H. Häußermann, A. Kapphan)

Ipsen, Detlev 1981: Segregation, Mobilität und die Chancen auf dem Wohnungsmarkt. Eine empirische Untersuchung in Mannheim. In: Zeitschrift für Soziologie Jg.10, H.3, S. 256-272

Ipsen, Detlev; Glasauer, Herbert; Heinzel, Werner o.J.: Teilmärkte und Wirtschaftsverhalten privater Miethausbesitzer. Analysen zur Miethöhe, Instandhaltung und Renditesituation. Gesamthochschule Kassel, Arbeitsberichte des Fachbereichs Stadt- und Landschaftsplanung, Heft 9

Jacobs, Herbert 1995: Armut. Zum Verhältnis von gesellschaftlicher Konstituierung und wissenschaftlicher Verwendung eines Begriffs. In: Soziale Welt Jg. 46, H. 4, S. 403-420

Kapphan, Andreas 1995: Nichtdeutsche in Berlin-West: Zuwanderung, räumliche Verteilung und Segregation 1961-1993. In: Berliner Statistik 12, S. 198-208

Kapphan, Andreas 1997a: Zuwanderung und Stadtstruktur. Die Verteilung ausländischer Bevölkerung in Berlin. In: R. Amann, B. von Neumann-Cosel (Hg.): Berlin. Eine Stadt im Zeichen der Migration. Darmstadt: Verlag für wissenschaftliche Publikationen, S. 36-41

Kapphan, Andreas 1997b: Russisches Gewerbe in Berlin. In: H. Häußermann, I. Oswald (Hg.): Zuwanderung und Stadtentwicklung. Leviathan Sonderheft 17/1997, S.121-137

Kapphan, Andreas 1997c: Zuwanderung, Arbeitsmarkt und ethnisches Gewerbe. Selbständige Gewerbetreibende aus der ehemaligen Sowjetunion in Berlin. In: I. Oswald, V. Voronkov (Hg.): Post-sowjetische Ethnizitäten. Ethnische Gemeinden in St. Petersburg und Berlin/ Potsdam. Berlin: Berliner Debatte, S. 189-212

Kapphan, Andreas 1998: Soziale Polarisierung und räumliche Segregation in Berlin. In: J. van de Veen, J. van der Weiden (Hg.): Berlin und Amsterdam: Struktur, Bild, Großstadtprobleme. Beiträge der 5. Konferenz Amsterdam- Berlin: Amsterdam: AME, S. 107-115

Kapphan, Andreas 1999: Berlin: Zuwanderung, Segregation und Arbeitsmarkt. In: A. Kapphan (Hg.): Paris – Berlin. Formen und Folgen der Migration. In: Les Travaux du Centre Marc Bloch, Cahier No.14, S. 9-32

Kapphan, Andreas 2002: Das arme Berlin: Zu Entstehung und politischem Umgang mit Armutskonzentrationen. In: U.-J. Walther (Hrsg.): Soziale Stadt – Zwischenbilanzen. Ein Programm auf dem Weg zur sozialen Stadt? Opladen: Leske + Budrich, S. 87-98

Kecskes, Robert 1994: Abwanderung, Widerspruch, Passivität. Oder: Wer zieht wann um? In: Zeitschrift für Soziologie, Jg. 23, H. 2, S. 129-144

Keim, Rolf 1999: Wohnungsmarkt und soziale Ungleichheit. Über die Entwicklung städtischer Polarisierungsprozesse. Basel, Boston, Berlin: Birkhäuser

Keim, Rolf; Neef, Rainer 2000a: Ausgrenzung und Milieu: Über die Lebensbewältigung von Bewohnerinnen und Bewohnern städtischer Problemgebiete. In: A. Harth, G. Scheller, W. Tessin (Hg.): Stadt und soziale Ungleichheit. Opladen: Leske + Budrich, S. 248-273

Keim, Rolf; Neef, Rainer 2000b: Ressourcen für das Leben im Problemquartier. In: Aus Politik und Zeitgeschichte, B 10-11, S. 30-39

Keller, Carsten 1999: Armut in der Stadt. Zur Segregation benachteiligter Gruppen in Deutschland. Opladen: Westdeutscher Verlag

Kil, Wolfgang 1992: Prenzlauer Berg - Aufstieg und Fall einer Nische. In: H. G. Helms (Hg.): Die Stadt als Gabentisch. Leipzig: Reclam, S. 508-520

Kirk, Matthias; Petrowsky, Werner 2000: Kontinuität und Wandel in einer Gartenstadt. Armutslagen in Bremerhaven-Grünhöfe im Kontext einer „schrumpfenden Stadt". Forschungsbericht Nr. 13. Universität Bremen: ZWE

Klagge, Britta 1998: Armut und Sozialhilfebezug in westdeutschen Städten. Ursachen und Hintergründe für die Disparitäten städtischer Armutsraten. In: Geographische Rundschau 50, S. 139-145

Klagge, Britta 1999: Armut in den Städten der Bundesrepublik Deutschland – Ausmaß, Strukturen und räumliche Ausprägungen. Endbericht des DFG-Forschungsprojektes Ta 49/11-1

Kracauer, Siegfried 1930: Die Angestellten. Frankfurt/Main (Nachdruck 1981 Leipzig und Weimar)

Krämer-Badoni, Thomas 1991: Die Stadt als sozialwissenschaftlicher Gegenstand. In: H. Häußermann et al.: Stadt und Raum: Soziologische Analysen. Pfaffenweiler: Centaurus, S. 1-29

Krätke, Stefan 1995: Stadt Raum Ökonomie. Einführung in aktuelle Problemfelder der Stadtökonomie und Wirtschaftsgeographie. Basel, Boston, Berlin: Birkhäuser

Krätke, Stefan 1998: Berlin: Strukturanpassung oder offener Strukturbruch. In: Archiv für Kommunalwissenschaften, Jg.37, H.2, S. 191-209

Krätke, Stefan, Borst, Renate 2000: Berlin. Metropole zwischen Boom und Krise. Opladen: Leske + Budrich

Kreckel, Reinhard 1992: Politische Soziologie der sozialen Ungleichheit. Frankfurt/Main, New York: Campus

Kreße, Jan-Michael 1977: Die Industriestandorte in mitteleuropäischen Großstädten. Ein entwicklungsgeschichtlicher Überblick anhand der Beispiele Berlin sowie Bremen,

Frankfurt, Hamburg, München, Nürnberg und Wien. Berlin: Berliner Geographische Studien Band 3

Kronauer, Martin 1997: „Soziale Ausgrenzung" und „Underclass": Über neue Formen der gesellschaftlichen Spaltung. In: Leviathan, Jg. 25, H. 1, S. 28-49

Kronauer, Martin; Vogel, Berthold; Gerlach, Frank 1993: Im Schatten der Arbeitsgesellschaft. Arbeitslose und die Dynamik sozialer Ausgrenzung. Frankfurt/Main, New York: Campus

Kronauer, Martin; Noller, Peter; Vogel, Berthold 2001: Spatial Dimensions of Urban Social Exclusion and Integration. The Case of Hamburg, Germany. Urbex Series No. 14. Amsterdam: AME

Laurisch, Bernd 1981: Kein Abriß unter dieser Nummer. 2 Jahre Instandbesetzung in der Cuvrystraße in Berlin-Kreuzberg. Giessen: Anabas

Leibfried, Stefan; Leisering, Lutz et al. 1995: Zeit der Armut. Lebensläufe im Sozialstaat. Frankfurt/Main: Suhrkamp

Leisering, Lutz 2000: „Exklusion" – Elemente einer soziologischen Rekonstruktion. In: F. Büchel, M. Diewald, P. Krause, A. Mertens, H. Solga (Hg.): Zwischen drinnen und draußen. Arbeitsmarktchancen und soziale Ausgrenzung in Deutschland. Opladen: Leske + Budrich, S. 11-22

Lenoir, René 1974: Les Exclus. Un Francais sur dix. Paris: Le Seuil

Lewis, Oscar 1966: The Culture of Poverty. In: Scientific American, 215, S. 19-24

Leyden, Friedrich 1995: Gross-Berlin. Geographie der Weltstadt. Berlin: Gebr. Mann Verlag (Reprint von 1930)

Lindner, Rolf 1990: Die Entdeckung der Stadtkultur. Soziologie aus der Erfahrung der Reportage. Frankfurt/Main: Suhrkamp

Ludwig, Monika; Leisering, Lutz; Buhr, Petra 1995: Armut verstehen. Betrachtungen vor dem Hintergrund der Bremer Langzeitstudie. In: Aus Politik und Zeitgeschichte, B 31-32/95, S. 24-34

Marburg, Elena; Gründling, Judit; Gutbub, Anna 2000: Die deutschen Neubürger von Marzahn. Studie über die Ergebnisse einer Befragung unter Aussiedlerinnen und Aussiedlern. Berlin: Bezirksamt Marzahn, Migrantenbeauftragte

Marcuse, Peter 1989: „Dual City": a muddy metaphor for a quartered city. In : International Journal for Urban and Regional Research, Jg. 13. H. 4, S. 697-708

Massey, Douglas S.; Denton, Nancy A. 1993: American Apartheid: Segregation and the Making of the Underclass. Cambridge (MA), London: Harvard University Press

McKenzie, Roderick D. 1967: The Ecological Approach to the Study of the Human Community. In: R. E. Park, E. W. Burgess, R. D. Mc Kenzie: The City. Suggestion for Investigation of Human Behavior in the Urban Environment. Chicago: University of Chicago Press (1. Auflage 1925), S. 63-79

McKenzie, Roderick D. 1983: Konzepte der Sozialökologie. In: K. M Schmals (Hg.): Soziologie der Stadt. München: Academic, S. 319-330

Mingione, Enzo (Hg.) 1996: Urban Poverty and the Underclass. A Reader. Oxford: Blackwell

Müller, Heribert 1985: Berlin (West) und Berlin (Ost). Sozialräumliche Strukturen einer Stadt mit unterschiedlichen Gesellschaftssystemen. In: Geographische Rundschau Jg.37, H.9. S. 427-441

Musterd, Sako 1994: A rising European Underclass? In: Built Environment Jg. 20, H. 3, S. 185-191

Musterd, Sako; Kesteloot, Chris; Murie, Alan; Ostendorf, Wim 1999: Urban Social Exclusion and Modes of Integration. Literature Review. Urbex Series No. 1. Amsterdam: AME

Musterd, Sako; Ostendorf, Wim; Breebaart, Matthijs 1997: Muster und Wahrnehmung ethnischer Segregation in Westeuropa. In: H. Häußermann, I. Oswald (Hg.): Zuwanderung und Stadtentwicklung. Leviathan Sonderheft 17/1997, S. 293-307

Musterd, Sako; Ostendorf, Wim; Breebaart, Matthijs 1998: Multi-ethnic Metropolises. Patterns and Policies. Dordrecht: Kluwer

Myrdal, Gunnar 1963: The Challenge of Affluence. New York: Pantheon

Naroska, H.J. 1988: Urban underclass und „neue" soziale Randgruppen im städtischen Raum. In: J. Friedrichs (Hg.): Soziologische Stadtforschung. Opladen: Westdeutscher Verlag, S. 251-271

Neckel, Sighard 1999: Blanker Neid, blinde Wut. In: Leviathan Jg.27, H.2, 145-165

Neuhöfer, Manfred 1998: Überforderte Nachbarschaften. Eine Analyse von Siedlungen des sozialen Wohnungsbaus und die Wohnsituation von Migranten. In: Aus Politik und Zeitgeschichte, B 49, S. 35-45

Neumann, Udo 1999: Verdeckte Armut in der Bundesrepublik Deutschland. Begriffe und empirische Ergebnisse für die Jahre 1983 bis 1995. In: Aus Politik und Zeitgeschichte B 18/99, S. 27-32

Niederländer, Loni; Gurske, Kirsten; Schuhmann, Wolfgang 1987: Forschungsbericht „Wohnen 1986 – Marzahn". Berlin: HU Berlin

Nitsche, Rainer (Hg.) 1981: Häuserkämpfe 1872, 1920, 1945, 1982. Berlin: Transit

Noller, Peter; Ronneberger, Klaus 1995: Die neue Dienstleistungsstadt. Berufsmilieus in Frankfurt am Main. Frankfurt/Main, New York: Campus

O'Loughlin, John; Friedrichs, Jürgen (Hg.) 1996: Social Polarization in Post-Industrial Metropolises. Berlin, New York: de Gruyter

Offe, Claus; Heinze, Rolf G. 1986: Am Arbeitsmarkt vorbei. Überlegungen „haushaltlicher" Wohlfahrtsproduktion in ihrem Verhältnis zu Markt und Staat. In: Leviathan, Jg. 14, H. 4, S. 471-495

Park, Robert E. 1983: Die Stadt als räumliche Sruktur und als sittliche Ordnung. In: K. M Schmals (Hg.): Soziologie der Stadt. München: Academic, S. 309-318

Park, Robert E.; Burgess, Ernest W.; Mc Kenzie, Roderick D. 1967: The City. Suggestion for Investigation of Human Behavior in the Urban Environment. Chicago: University of Chicago Press (Reprint von 1925)

Paugum, Serge 1991: La disqualification sociale. Essai sur la nouvelle pauvreté. Paris: Presses Universitaires de France

Peters, Günter 1995: Kleine Berliner Baugeschichte. Von der Stadtgründung bis zur Bundeshauptstadt. Berlin: Stapp Verlag

Polanyi, Karl 1978: The Great Transformation. Politische und ökonomische Ursprünge von Gesellschaften und Wirtschaftssystemen. Frankfurt/Main: Suhrkamp

Posener, Julius 1986: Vororte. In: J. Boberg (Hg.): Die Metropole. Industriekultur in Berlin im 20. Jahrhundert. München: Beck, S. 80-85

Rada, Uwe 1997: Hauptstadt der Verdrängung. Berliner Zukunft zwischen Kiez und Metropole. Berlin: Schwarze Risse

Rainwater, Lee; Rein, M.; Schwartz, M. 1986: Income in the Welfare State. A comparative Study of Family Income. Oxford: Clarendon Press

Reichardt, Hans J.; Schäche, Wolfgang 1990: Von Berlin nach Germania. Über die Zerstörungen der Reichshauptstadt durch Albert Speers Neugestaltungsplanungen. Berlin: Transit

Reimann, Bettina 2000: Städtische Wohnquartiere. Der Einfluss der Eigentümerstruktur. Eine Fallstudie aus Berlin-Prenzlauer Berg. Opladen: Leske + Budrich

Reulecke, Jürgen 1985: Geschichte der Urbanisierung in Deutschland. Frankfurt/Main: Suhrkamp

Rhein, Catherine 1996: Social Segregation and Polarization in Greater Paris. In: J. Friedrichs, J. O'Loughlin (Hg.): Social Polarization in Post-Industrial Metropolises. New York, Berlin: de Gruyter, S. 45-70

Ribbe, Wolfgang; Schmädecke, Jürgen 1994: Kleine Berlin-Geschichte. Berlin: Stapp

Richarz, Monika 1986: Jüdisches Berlin und seine Vernichtung. In: J. Boberg, T. Fichter, E. Gillen (Hg.): Die Metropole. Industriekultur in Berlin im 20. Jahrhundert. München: C.H. Beck, S. 216-225

Rodríguez-Lores, Juan; Fehl, Gerhard (Hg.) 1987: Die Kleinwohnungsfrage. Zu den Ursprüngen des sozialen Wohnungsbaus in Europa. Hamburg: Christians

Ruck, Michael 1988: Die öffentliche Wohnungsbaufinanzierung in der Weimarer Republik. In: A. Schildt, A. Sywottek (Hg.): Massenwohnung und Eigenheim. Frankfurt, New York: Campus, S. 268-287

Sailer-Fliege, Ulrike 1991: Der Wohnungsmarkt der Sozialmietwohnungen. Stuttgart: Franz Steiner

Saldern, Adelheid von 1995: Häuserleben. Zur Geschichte städtischen Arbeiterwohnens vom Kaiserreich bis heute. Bonn: Dietz

Sassen, Saskia 1996: Metropolen des Weltmarkts. Die neue Rolle der Global Cities. Frankfurt/Main, New York: Campus

Saunders, Peter 1987: Soziologie der Stadt. Frankfurt/Main, New York: Campus

Schöller, Peter 1987: Stadtumbau und Stadterhaltung in der DDR. In: H. Heineberg (Hg.): Innerstädtische Differenzierung und Prozesse im 19. und 20. Jahrhundert. Köln, Wien: Böhlau, S. 439-471

Schreiber, Helmut 1986: Stadtstruktur und Gleichheit. Eine Fallstudie zu Berlin (West). Berlin: Berlin-Verlag

Schubert, Herbert 1996: Stadt-Umland-Beziehungen und Segregationsprozesse. In: Informationen zur Raumentwicklung, H.4/5, S. 277-298

Schulz, Günther 1993: Von der Mietskaserne zum neuen Bauen. Wohnungspolitik und Stadtplanung in Berlin während der zwanziger Jahre. In: P. Alter (Hg.): Im Banne der Metropolen. Berlin und London in den zwanziger Jahren. Göttingen, Zürich: Vandenhoeck&Ruprecht, S. 43-86

Schulz, Marlies 1991: Der Tauschwohnungsmarkt in der zentralistischen Planwirtschaft – das Beispiel von Ostberlin. ISR-Forschungsberichte H.3. Wien: ISR

Schumann, Wolfgang; Marcuse, Peter 1991: Wohnungsprobleme und widersprüchliche Wohnungspolitiken. In: P. Marcuse, F. Staufenbiel (Hg.): Wohnen und Stadtpolitik im Umbruch. Berlin: Akademie Verlag, S. 157-171

Senat: Der Regierende Bürgermeister von Berlin 1980: Ausländerintegration 3. Befragung deutscher und ausländischer Haushalte zur Ausländerintegration in Berlin. Berlin

Senator für Bau- und Wohnungswesen 1987: Topographischer Atlas Berlin. Berlin: Reimer

SenSoz: Senatsverwaltung für Soziales Berlin 1995: Bericht zur sozialen Lage im Land Berlin. Berlin

SenSUT: Senatsverwaltung für Stadtentwicklung, Umweltschutz und Technologie 1997: Bevölkerungsprognose für Berlin bis zum Jahr 2010. Berlin: Kulturbuchverlag

SenSUT: Senatsverwaltung für Stadtentwicklung, Umweltschutz und Technologie 1999: Bevölkerungsprognose für Berlin 1998-2015. Berlin: Kulturbuchverlag

Siebel, Walter 1997: Armut oder Ausgrenzung? Vorsichtiger Versuch einer begrifflichen Eingrenzung der sozialen Ausgrenzung. In: Leviathan, Jg. 25, H. 1, S. 67-75

Siedler, Wolf Jobst 1999: Weltstadt ohne Weltstädter. In: Berlin. Metropole. Kursbuch, H. 137, S. 151-160

Sieverts, Thomas 1999: Zwischenstadt. Zwischen Ort und Welt - Raum und Zeit - Stadt und Land. Basel, Boston, Berlin: Birkhäuser (3. Auflage)

Silver, Hilary 1996: Culture, Politics and National Discourses of the New Urban Poverty. In: E. Mingione (Hg.): Urban Poverty and the Underclass. A Reader. Oxford: Blackwell, S. 105-138

Simmel, Georg 1906: Zur Soziologie der Armut. In: O. Rammstedt (Hg.) 1994: Georg Simmel. Aufsätze und Abhandlungen 1901-1908, Band II (Georg Simmel Gesamtausgabe Band 8. Frankfurt/Main: Suhrkamp, S. 24-57

Skoda, Rudolf 1985: Die Rosenthaler Vorstadt. Wohnverhältnisse der Stadtarmut 1750-1850. Berlin: Kulturbund der DDR

Süss, Werner; Rytlewski, Ralph (Hg.) 1999: Berlin. Die Hauptstadt. Vergangenheit und Zukunft einer europäischen Metropole. Berlin: Nicolai

Terlinden, Ulla 1994: Gesellschaftliche Modernisierung und Stadterneuerung. In: S. Meyer, E. Schulze (Hg.): Ein Puzzle, das nie aufgeht. Stadt, Region und Individuum in der Moderne. Berlin: edition sigma, S. 65-75

Thienel, Ingrid 1973: Städtewachstum und Industrialisierungsprozeß des 19. Jahrhunderts. Das Berliner Beispiel. Veröffentlichungen der Historischen Kommission zu Berlin 39. Berlin: Colloquium

Tobias, Gertrud; Boettner, Johannes 1992: Wenn die einfachsten Dinge schwierig werden. In: dies. (Hg.): Von der Hand in den Mund: Armut und Armutsbewältigung in einer westdeutschen Großstadt. Essen: Klartext, S. 7-91

TOPOS Stadtforschung 1993: Sozialstruktur und Wohnverhältnisse in SO 36. Berlin (im Auftrag der S.T.E.R.N. GmbH)

Tuchscherer, Cornelia 1993: Die Wohnsituation ausländischer Haushalte in Berlin (West) am 25. Mai 1987. In: Berliner Statistik 10/1993, S. 178-184

Vogel, Berthold 1999: Ohne Arbeit in den Kapitalismus. Der Verlust der Erwerbsarbeit im Umbruch der ostdeutschen Gesellschaft. Hamburg: VSA

Wacquant, Loic 1996: Red Belt, Black Belt: Racial Division, Class Inequality and the State in the French Urban Periphery and the American Ghetto. In: E. Mingione (Hg.): Urban Poverty and the Underclass. A Reader. Oxford: Blackwell, S. 234-274

Weeber + Partner - Institut für Stadtplanung und Sozialforschung 1996: Fluktuation in Marzahn und soziale Auswirkungen. Berlin (im Auftrag der Plattform Marzahn)

Wegener, Bernd 1987: Vom Nutzen entfernter Bekannter. In: Kölner Zeitschrift für Soziologie und Sozialpsychologie, Jg.39, S. 278-301

Weinzen, Hans Willi 1999: Die Hauptstadt Berlin - zu teuer? Daten, Fakten, Positionen zum Streit. In: W. Süss, R. Rytlewski (Hg.): Berlin. Die Hauptstadt. Vergangenheit und Zukunft einer europäischen Metropole. Berlin: Nicolai, S. 415-434

Werner, Frank 1977: Das Stadtzentrum von Berlin (Ost). In: Geographische Rundschau Jg.29, H.8, S. 254-261

Werner, Frank 1981: Stadt, Städtebau, Architektur in der DDR: Aspekte der Stadtgeographie, Stadtplanung und Forschungspolitik, Erlangen: Deutsche Gesellschaft für zeitgeschichtliche Fragen e.V.

Westphal, Helmut 1978: Die Filtering-Theorie des Wohnungsmarktes und aktuelle Probleme der Wohnungsmarktpolitik. In: Leviathan, Jg. 6, H. 4, S. 536-557

Wilson, William J. 1987: The Truly Disadvantaged, the Inner City, the Underclass, and Public Policy. Chicago: University of Chicago Press

Wilson, William J. 1992: Ghettoisierte Armut und Rasse. Zur öffentlichen Meinung in den USA. In: S. Leibfried, W. Voges (Hg.): Armut im modernen Wohlfahrtsstaat. Opladen: Westdeutscher Verlag, S. 221-236

Wilson, William J. 1996: When work disappears. The World of the Urban Poor. New York: Vintage Books

Zapf, Katrin 1969: Rückständige Viertel. Frankfurt/Main: Europäische Verlagsagentur

Zimm, Alfred 1959: Die Entwicklung des Industriestandortes Berlin. Tendenzen der geographischen Lokalisation bei den Berliner Industriezweigen von überörtlicher Bedeutung sowie die territoriale Stadtentwicklung bis 1945. Berlin

Zimmermann, Clemens 1991: Von der Wohnungsfrage zur Wohnungspolitik. Göttingen: Vandenhoeck&Ruprecht

Zorbaugh, Harvey Warren 1929: The Gold Coast and the Slum. A Sociological Study of Chicago's Near Northside. Chicago: University Press (Reprint 1983)

Zunzer, Daniela 1996: Die ‚Arisierung' des jüdischen Grundbesitzes, dargestellt am Fallbeispiel Helmholtzplatz, Berlin - Prenzlauer Berg. Unveröff. Magisterarbeit am Institut für Geschichtswissenschaft, Humboldt-Universität zu Berlin

Zunzer, Daniela 1997: Die Geschichte kommt als Gespenst zurück. Die ‚Arisierung' des jüdischen Hausbesitzes am Helmholtzplatz. In: Kulturamt Prenzlauer Berg, Prenzlauer Berg Museum für Heimatgeschichte und Stadtkultur (Hg.): Leben mit der Erinnerung. Jüdische Geschichte im Prenzlauer Berg. Berlin, S. 316-332

GPSR Compliance

The European Union's (EU) General Product Safety Regulation (GPSR) is a set of rules that requires consumer products to be safe and our obligations to ensure this.

If you have any concerns about our products, you can contact us on ProductSafety@springernature.com

In case Publisher is established outside the EU, the EU authorized representative is:

Springer Nature Customer Service Center GmbH
Europaplatz 3
69115 Heidelberg, Germany

Batch number: 10809466

Printed by Printforce, the Netherlands